Richard Goedeke

Luft unter den Sohlen

Hochbrunner Schneide
vom Aufstieg über die Forcella A
zur Rotwand.

Richard Goedeke

Luft unter den Sohlen

Klettern in den Sextener Dolomiten

Rother

Schutzumschlag-Vorderseite:
Der Autor in der 25. Seillänge der von ihm erstbegangenen „Traumtour“ durch die Nordgipfel-Westwand des Mittleren Zwölfers.

1. Auflage 1985

ISBN 3 7633 7333 0
Lektorat: Helmut Krämer
Graphische Gestaltung: Fritz Ulrich
Hergestellt in den Werkstätten der Bergverlag Rudolf Rother GmbH, München
(2133 / 4174)

Vorwort

Ein Berg ist ein Stück tote Materie, bewußtlos, gleichgültig, passiv. Aber beim Zusammentreffen mit Menschen von ganz bestimmter Prägung und Neigung ermöglicht ihnen solch ein Riesenklumpen Stein großartige Spiele, Kämpfe, Triumphe und Niederlagen, verbunden mit der ganzen Palette intensiver Gefühle, von Maloche und Frust bis hin zum wilden High. Er kann uns durch seinen Anblick begeistern, kann uns mit anderen Menschen zusammenbringen, uns Erfahrungen vermitteln, die uns Einsichten über uns selbst und den Wert und Unwert vieler Dinge eröffnen. Und bei alledem ist er unbeteiligt, nur Anlaß, nur eine Art Katalysator für das Spiel Bergsteigen in allen seinen Varianten.

Ein Gebirge hat viele Gesichter - seine Berggestalten, Wandfluchten, Täler und Bäche, seine Pflanzen, Tiere und Menschen, seine Wege und Hütten. Diese Gesichter verändern sich im Gang der Tages- und Jahreszeiten und im Wechsel der Witterung. Ebenso nehmen wir diese Gesichter - wie alles, was wir sehen und erleben - je nach unserer Stimmung, unseren vorherigen Erfahrungen, unserer eigenen Leistungsfähigkeit und Zielsetzung und der unserer Begleiter in sehr unterschiedlicher Weise wahr. So gewinnt jede Besteigung eines Gipfels und jede Begehung einer Route ihren eigenen, unverwechselbaren Charakter. Und so kann sich einem Menschen in einem einzigen Gebirge, ja vielleicht sogar an einem einzigen Berg, letztlich die ganze Fülle des Erlebnisses Bergsteigen erschließen.

Ich bin nicht so weise gewesen, diese Art von Selbstbeschränkung zu versuchen. Aber unter den vielen Bergzielen, die ich mir im Laufe der Jahre gesetzt habe, sind einige Gebiete, in die ich immer wieder zurückkehre. Eins davon sind die Sextener Dolomiten, - teils bekannt und überlaufen und geschunden - aber zugleich in anderen Teilen eine rührend heile, ursprüngliche Gebirgswelt.

Wenn ich in diesem Buch eine Reihe von besonders interessanten und schönen Anstiegen aus dieser Berggruppe vorstelle, so liegt in der Auswahl unvermeidlich ein subjektives Element, denn meine Einschätzungen sind durch mein Erleben geprägt. Es ist *mein* Bild dieses Gebirges, wie es sich aus einer Fülle von Einzelerlebnissen zu einem vielfältigen Mosaik gefügt hat. Und wenn ich die Steine dieses Mosaiks ausbreite, so ist das zugleich eine Einladung an die Leser, sich aus den Anstiegen die für sie passenden herauszusuchen, um sie selbst zu erleben und sie zu Mosaiksteinen ihres eigenen Bildes von diesem großartigen Gebirge zu machen.

Zum Bild auf dieser Doppelseite: Am Ringband der Großen Zinne (links Westliche Zinne, in der Mitte Hohe Gaisl und Dürrenstein, darunter das Rienztal).

◂◂ ***Zwölfer von Norden.***

Inhalt

Große Zinne, 2998 m
Nordostkante

Die scharfgeschnittene Kante wird gerühmt als klassische Genußkletterei. Sie begrenzt in langer, ungebrochener Linie die senkrechte Mauer der Nordwand. Es gibt meist zwei verschiedene Möglichkeiten der Routenführung: Entweder man folgt fast durchwegs der enorm luftigen und anhaltend schwierigen Kantenschneide, oder man hält sich links davon in der geneigten und weniger ausgesetzten Ostwand. Der Fels ist fest und griffig, die Großzügigkeit der Linie und die Position sind unverwechselbar. Der Anstieg hat nur einen Mangel: Die Schuttbänder im mittleren Teil sind immer noch nicht ganz leergefegt und stellen das Wohlergehen nachfolgender Seilschaften in die Gnade der oberhalb Steigenden. Deshalb wird Begehern dringend geraten, früh aufzustehen – oder erst am Nachmittag einzusteigen, wenn die Frühaufsteher schon am Gipfel sind. Die zweite Möglichkeit ist allerdings für langsame Seilschaften biwakträchtig.
Die üblich gewordene Bezeichnung „Dibonakante" beruht auf einem Irrtum. Es ist heute unumstritten, daß dem berühmten Dolomitenführer Angelo Dibona nur die erste Wiederholung der Kante zufiel und die erste Begehung schon ein Jahr zuvor durch den Alleingänger Rudi Eller erfolgt war.

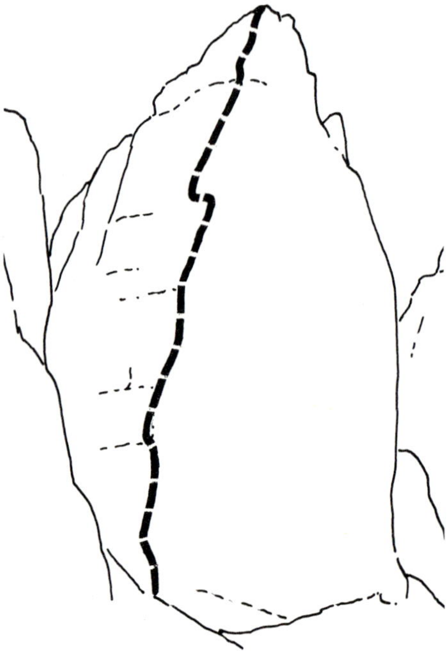

Erstbegehung: R. Eller solo, 1908.
Schwierigkeit: IV (Stellen im ersten Aufschwung; wenn man direkt an der Kante klettert, auch weiter oben), meist III. Abstieg stellenweise III, meist II.
Höhenunterschiede: Zustieg 300 mH, Kante 500 mH (Kletterstrecke etwa 650 m), Abstieg 450 mH bis ins Kar.
Zeiten: Zum Einstieg vom Rif. Lavaredo ¾ Std., ab Drei-Zinnen-Hütte 1 Std., vom Rif. Auronzo 1¼ Std., Kante 4 Std., Abstieg 2 Std.
Ausquermöglichkeiten: Nach dem ersten Kantenaufschwung (kletternd und abseilend) und am Ringband.
Material: 40-Meter-Seil, 10 Karabiner, einige Klemmkeile und Haken.
Routenbeschreibung: AVF Sextener Dolomiten R 975, 971A.

Feuerprobe

Der Fuß der Kante rückte näher, und ich wartete darauf, daß sich die unnahbare Steilheit auflöste. Aber dann standen wir am Einstieg, und der Fels baute sich immer noch senkrecht und überhängend auf. So etwas hatten wir im Kaiser als unkletterbar erlebt. Beeindruckt setzen wir uns hin.

Es war 1958. In der Zeit, als für Normalverdiener und schon ganz und gar für Studenten Bahn und Bus oder Autostop die üblichen Transportmittel ins Gebirge waren. In der Zeit, als die totale Selbstverpflegung der einzige Weg war, mit wenig Geld lange im Gebirge zu sein. In der alpinen Eisenzeit, in der Karabiner fünfmal so schwer waren wie heute, sich dafür aber schon bei einem Fünftel der Belastung aufbogen, um mit den messerscharfen Kanten des Schlosses ins Seil zu beißen. In der Zeit, als Bergsteigerrucksäcke groß wie Wolken und schwer wie Steine waren und wir uns schon allein deshalb als die Extremen fühlten, die wir gerne sein wollten.

Nach den Hochgebirgswanderungen im Allgäu und in Berchtesgaden, die mir meine Mutter in unerwartet erfolgreicher Gegengewichtspädagogik zu einer ihrer Meinung nach übertriebenen Begeisterung für die See nahegebracht hatte, und nach dem Gipfelstürmen über Normalweghatscher auf ostalpine Gletscherberge mit der Alpenvereinsjugendgruppe hatte mich die Faszination des Kletterns gepackt. Sie wurde aufgeheizt in der wechselseitigen Bestätigung durch Kletterfreunde und geprägt durch die Bekanntschaft mit norddeutschen Alpinkletterern. Wenn Klaus Brandes sagte: „Der Kaiser ist noch gar kein richtiges Gebirge“, dann galt das. Und als ich ihn gefragt hatte, ob denn die Drei Zinnen richtiges Gebirge seien, hatte der Wiederholer der Torre-Trieste-Südwand und der Marmolada-di-Rocca-Südwand gesagt, er hätte „den Eindruck gehabt“. Also stand fest, daß nach einer Eingewöhnung im Kaiser die Drei Zinnen zu besuchen seien. Dann würden wir richtige alpine Kletterer sein.

Natürlich war ein Normalweg im Aufstieg unter unserer Würde. Andererseits wollten wir nicht gleich an unserer Leistungsgrenze Klimmzüge machen. Die Routen zum Angewöhnen sollten bekannt sein und auf bekannte Berge führen. Wo schon viele – und auch Norddeutsche – hinauf und wieder herunter gekommen waren, da würden auch wir... Und wenn wir später sagen würden, „Wir haben die Dibonakante gemacht“, dann wüßte wenigstens jeder gleich, wovon wir sprächen und was für verwegene Kerle wir folglich wären...

Die Kante über uns zeigte schon allerlei Bewegung. Der Alptraum des nächtlichen Aufstiegs durch das Altensteiner Tal mit einem 108 (in Worten: einhundertacht) Pfund schweren Rucksack hatte mich erst spät aus den Decken finden lassen. Und auch Peter, der schon vor mir eingetroffen war, hatte nicht gedrängelt. Aber die Route stand auf dem Programm, und deshalb war jetzt einzusteigen. Auch als siebente Seilschaft.

Unser Problem war weniger der Mangel an Bergeinsamkeit. Wir empfanden die beachtliche Bevölkerungsdichte zuerst gar nicht einmal als unangenehm, denn sie erleichterte die Wegsuche. Und sobald wir die verschwenderische Griffigkeit des Gesteins staunend erkannt hatten, stiegen wir mit wachsender Zuversicht dahin, der sechsten Seilschaft immer dicht auf den Fersen.

Erst nach dem unteren Steilaufschwung begriffen wir, worauf wir uns eingelassen hatten: Nicht nur, daß sich plötzlich oben gegen den Himmel eine der Figuren vom Fels löste und die Schwerkraft ausprobierte, zum Glück gehalten von Haken und Seil – mehr noch schockierte uns der Steinschlag. Die reich bestückten Schuttbänder setzten bei dem Gedränge und den darauf herumgezerrten Seilen wenig Mühe voraus, ihn auszulösen. Das schriller werdende Singen und Pfeifen nahender Steine, das dumpfer werdende Surren der sich in die Tiefe entfernenden, das bösartige Brummen der größeren Brocken, dazu das entsetzte Protestgeschrei, wenn die Einschläge dicht bei einer Seilschaft lagen – die akustische Untermalung unserer ersten Dolomitentour war reichhaltig und einprägsam.

Obwohl in der Kindheit durch Kriegserlebnisse erfolgreich gegen Begeisterung für militärische Übungen geimpft, lernten wir rasch das Klettern unter Nutzung auch der kleinsten Deckung und das Nutzen von Feuerpausen zur Überwindung von ungeschütztem Gelände. Mit meinem vorsorglich gekauften Steinschlaghelm Modell Paul Hübel, hauteng und „garantiert bruchsicher“, fühlte ich mich in dieser martialischen Situation weit angemessener bekleidet als Peter, der alle verfügbaren Taschentücher unter seinem stilechten Trenkerhut versammelt hatte. Und anders als im Kaiser fragte man mich hier auch nicht, wo ich denn mein Motorrad hätte, statt dessen öfters, wo man solch einen Helm kaufen könne und was er koste. Aber wenn wieder einmal aus großer Höhe nahe aufschlagende Steine Schwefelgestank verbreiteten, während ich das Seil weit ausgegangen hatte, wurden mir die Knie weich bei dem Gedanken, daß so ein Brocken meine Finger träfe, die doch auch der schönste, garantiert bruchsichere Helm nicht nennenswert schützen würde...

Irgendwie erscheint es mir noch heute unfaßbar, daß wir alle an jenem Tage die Kanonaden ohne größere Beschädigungen überlebten. Aber von der Eleganz der Linie entlang des enormen Abbruchs der Nordwand, von dem gesunden Fels und den eindrucksvollen Kletterstellen habe ich nicht viel im Gedächtnis behalten.

Auch einige Tage später hatten wir wenig Gelegenheit, die Schönheit der Kante zu genießen, als es darum ging, dort einen Verletzten zu bergen. Wir schufteten bis an die Grenze der Erschöpfung, um den Mann im Gramminger-Tragesitz eine Seillänge hinauf und auf einem Band in Richtung Zinnenscharte zu bewegen. Und wir waren froh, als uns die Bergrettungsleute der Scoiattoli von Cortina zu Hilfe kamen und diese routinierten, bärenstarken Kerle den Verletzten übernahmen. Im Schein von Fackeln schleppten wir ihn schließlich mit über die Halden hinab. Jedesmal, wenn einer stolperte, hörten wir das Stöhnen oder Zähneknirschen des gepeinigten Opfers. Aber immerhin lebte der Gestürzte und würde seine Rippenbrüche schon auskurieren. Wir erfuhren an diesem Tage hautnah, daß Bergsteigen nicht immer gut ausgehen muß und wie langwierig, mühsam und schmerzhaft eine Bergung sein kann.

An der Dibonakante hatten wir so allerhand erste Lehren erhalten. Und wenn ich zurückkehren sollte, um sie noch einmal zu klettern, dann nur unter einer Bedingung: Als erste Seilschaft!

▼ Blick von der Großen Zinne nach Südosten. Vorn unten das Rifugio Auronzo und die Forcella Longeres, in der Mitte die Cadinspitzen, in der Ferne links die Marmarole, in der Mitte dahinter der Antelao, rechts der Sorapis.

Große Zinne, 2998 m Normalweg

▶ *Kletterei am Normalweg der Großen Zinne, unterhalb des Kamins. Im Hintergrund links Torre Siorpaes, rechts Cima Cadin di San Lucano und Cima Eötvös, in der Ferne in Bildmitte der Antelao.*

Normalweg – für ehrgeizige Kletterer meist nur ein notwendiges Übel, um wieder ins Tal zu kommen, kaum gewürdigt, nicht einmal recht zur Kenntnis genommen.
Daß er ausgeräumt ist, poliert, verdreckt, verschissen, gehört bei den bekannten Bergen dazu. Auch bei der Großen Zinne. Dort haben sogar schon Leute zum Farbtopf gegriffen und Markierungen gesetzt. Und andere noch einmal, um die roten Kleckse wieder mit Grau zu übertünchen, damit nicht Unerfahrene ins Gemäuer gelockt werden.
Wer ihn bewußt geht, findet auch Schönheit in diesem Aufstieg, die Logik der klassischen ersten Linie, wilde Schluchtszenerien im Wechsel mit Bändern und Wandstufen und nicht zuletzt einen großartigen Rundblick vom Gipfel. Alles in allem eine Menge Fels – bei widrigen Verhältnissen kann die Sache recht lang werden.
Paul Grohmann schildert die Erstbesteigung wie folgt:

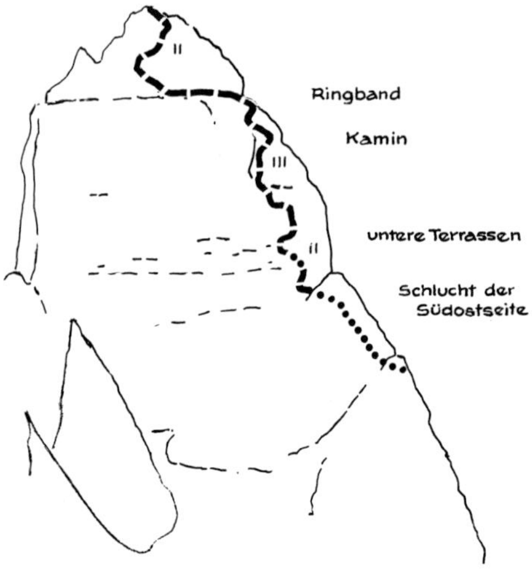

„Aber am nächsten Morgen trat der Ernst der Aufgabe an uns heran und, begleitet von den Händedrücken der lieben Bekannten und dem Kopfschütteln der Belluneser, die es gar nicht begreifen konnten, warum wir uns, wie sie meinten, so großer Gefahr aussetzen könnten, traten wir die Bergfahrt wohlgemut an. 1 Stunde 35 Minuten nach Rimbianco standen wir beim eigentlichen Anstieg. Scharf und steil gings nun durch die Wände zur Linken hinan. Die Wand ist nicht sehr gangbar, aber sie besitzt eine sehr werthvolle Eigenschaft, sie ist nicht sehr brüchig. Wir waren hier stark emporgeklettert und standen nach 25 Minuten auf einem Absaz, der uns den Uebergang auf die andere Seite der Zinne gestattete. Wenige Schritte nur sind gut, dann beginnt die Kletterei aufs neue, zum Teil außerordentlich jäh. Zwei Stellen sind charakteristisch. Eine kleine Klamm, die oben „überhütig" ist, und eine Kluft, über die man hinüberspringen muß. Die Kluft ist, so viel ich weiß, nicht zu umgehen, der Klamm jedoch kann man ausweichen. Spätere Expeditionen haben eine bessere Stelle zu Tage gefördert. Zwei Stunden ununterbrochenen Kletterns waren vom Absaz – Schnackel – weg, noch erforderlich, um die Spitze zu erreichen, die richtige höchste Spize von allen drei Zinnen! Von Rimbianco weg waren wir 4 Stunden gestiegen. Vom Beginn der Felsen hatten wir kaum einen Augenblick pausiert, denn Peter Salcher führte uns mit bewundernswerther Sicherheit und Schnelligkeit durch die Wände. Unter uns war jetzt der merkwürdige Absturz zur Toblacher Langalm, den man vom Toblacher Riedl aus so bewundert, und aus Sexten grüßt anheimelnd der breite Firnrücken der Hochbrunnerschneide herüber! Wir sorgten durch ein gutes „Steinmandl" für die Anerkennung des Sieges, wenngleich dieser Bau ein Luxus war, denn wir wurden von allen Seiten bemerkt, nicht nur von den feinen Sennern in Rimbianco, die uns anticipando ausgelacht hatten, sondern auch von einer Gesellschaft von Bekannten, die unter der Leitung des Bergführers Santo Siorpaes gerade über die Mesurina zog."
(Aus: Paul Grohmann, Wanderungen in den Dolomiten. Wien 1877)

Erstbesteigung: Peter Salcher und Franz Innerkofler mit Paul Grohmann, 21. August 1869.
Höhenunterschiede: Zustieg 300 – 400 mH. Felshöhe 450 mH.
Schwierigkeit: III (im Kamin und oberhalb davon), meist sehr anhaltend II, nur wenig Gehgelände.
Zeiten: Vom Rif. Auronzo oder Rif. Lavaredo jeweils 1 Std. zum Einstieg, von der Drei-Zinnen-Hütte 1¼ Std., Kletterzeit 2–3 Std., Abstieg 1½–2 Std. bis zum Wandfuß.
Material: Wer sich hier nahe an seiner Leistungsgrenze bewegt, nehme außer dem Seil auch einige Bandschlingen und Karabiner mit. Helm!
Routenbeschreibung: AVF Sextener Dolomiten R 971, 971 A (mit UIAA-Skizze). *Siehe auch Skizze Seite 178.*

Der alte Weg

Der Normalweg auf die Große Zinne war der erste Dolomitenabstieg, den wir kennenlernten. Das heißt, wir lernten ihn gar nicht richtig kennen, sortierten uns nach dem Streß der Kante mit Hilfe der Steigspuren und Steinmännchen hinab und waren froh, als alles vorbei war. Wenige Tage später stiegen wir dort aufwärts, um einem in der Dibonakante Gestürzten zu helfen. Vor uns ging ein Bergführer. Zweiundfünfzig Jahre alt war er, und er ging wie ein Uhrwerk. Bald hing uns die Zunge aus dem Halse, während der Mann vor uns stetig und ohne sichtliche Anstrengung stieg. Peters Raucherlunge machte das bald nicht mehr mit. Aber ich mochte nicht klein beigeben. Sollte ich mich als Neunzehnjähriger etwa von einem Zweiundfünfzigjährigen abhängen lassen? Verbissen hechelte ich hinter ihm her. Achtundzwanzig Minuten nach dem Einstieg standen wir am Ringband, begannen den Abstieg in die Ostwand...
Andere Male rannten wir nach berühmten Klettereien hinab wie das erste Mal, nur um die Tour zu beenden, vollgestopft mit den starken Eindrücken, aber auch abgestumpft davon.
Die Schönheit des Weges wirklich empfunden habe ich erst viele Jahre später, als ich meine Frau hinaufführte. Für sie war es ein Gang nahe an ihrer Grenze. Ich mußte mich in ihre Leistungsfähigkeit hineindenken, suchte einen schönen Tag aus nach anderen schönen Tagen, als alle augenblicklichen Interessenten schon oben gewesen waren. Wir gingen früh los. Tuttus Gelenke machten gut mit. Die Steine blieben ruhig. Kein Wölkchen störte den Rundblick von der höchsten Spitze. Und als wir am Nachmittag von den Zinnenseen wieder hinaufsahen zum Gipfel, konnte ich mich über die leuchtenden Augen meiner Gefährtin genauso freuen wie seinerzeit über die Nordwand.

Paternkofel, 2744 m Nordwestkante

▶ *Kletterei an der Patenkofel-Nordwestkante am Kamin der zweiten Seillänge. Historische Aufnahme.*
▼ *Paternkofel von unterhalb der Dreizinnenhütte.*

Dies ist wohl die eleganteste Kletterei am Paternkofel, mit kurzem Einstiegsweg, festem Fels, direkter Linie und eindrucksvollem Blick auf die Drei Zinnen. Allerdings können unvorsichtige Begeher des Nordnordwestgrates an einer Stelle Kletterer im unteren Teil der Kante durch Steinschlag gefährden.

Erstbegehung: H. Bolte, W. Wolf, August 1930.
Schwierigkeit: IV+ (Stelle) und IV (Stellen), überwiegend III. Abstieg I (mit Drahtseilen).
Höhenunterschiede: Drei-Zinnen-Hütte - Einstieg 150 mH. Kante 230 mH. Abstieg 300 mH.

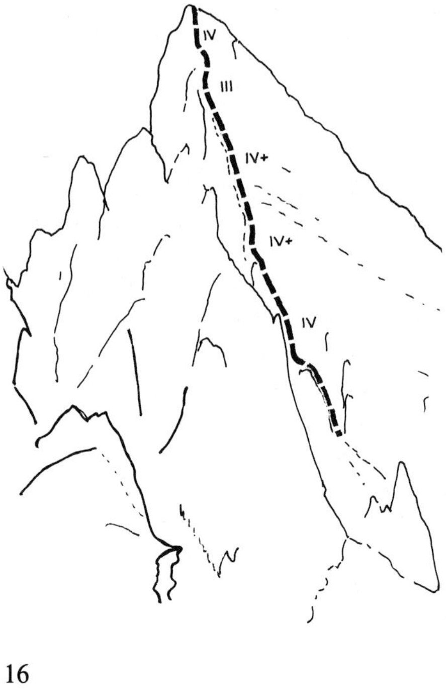

Zeiten: Drei-Zinnen-Hütte - Einstieg ½ Std. Kante 2-2½ Std. Abstieg 1 Std.
Material: 40-Meter-Seil, etwa 10 Karabiner, einige Haken und Klemmkeile empfohlen. Bei Abstieg durch den Stollen auch Lampe!
Routenbeschreibung: AVF Sextener Dolomiten R 1147, Abstieg R 1141 A zur Gamsscharte, von dort R 1101-1104.

Wollen und Können

Die Dibonakante war weniger schwierig gewesen, als wir klettern konnten. Zugleich hatten wir dort Respekt vor den unerfreulichen Auswirkungen von vorauskletternden Seilschaften gewonnen. So wählten wir als nächstes Ziel die damals noch als „Fünfer" bewertete Nordwestkante des Paternkofels.
Diesmal waren wir die einzige Seilschaft und freuten uns darüber. Allerdings nicht lange. Denn schon mit dem Kamin waren alle in der Beschreibung erwähnten eindeutigen Landmarken abgehakt. Das brachte neue Probleme.
Mein Freund Peter, mit dem ich mich schon am Bad Segeberger Gipsberg, am Kanstein und in unvergeßlichen Backsteinmauer-Quergängen am Lübecker Holstentor auf diese dolomitischen Unternehmungen vorbereitet hatte, war mit der Rollenverteilung zufrieden, daß ich

Westliche Zinne, 2973 m Nordostkante

am scharfen Ende des Seils kletterte und er für Rucksacktransport und Hakenrausschlagen sowie als Gegengewicht für eventuelle Stürze zuständig war. Sein Vertrauen in meine alpinistischen Fähigkeiten war beachtlich, zumal er wußte, daß ich zwar nicht sonderlich elegant stieg, aber doch eine intensive Abneigung dagegen hatte, mich und den Rest der Seilschaft den Gesetzen der Erdbeschleunigung auszusetzen. Solches Vertrauen war bei dem damaligen Entwicklungsstand von Sicherungsmitteln und -methoden besonders wichtig, um die Rolle des Seilzweiten ohne Nervenzusammenbrüche zu ertragen.

Aber wenn ich auch vom Klettergarten her von Anfang an gewohnt war vorauszusteigen, so ersetzte das doch nicht die Erfahrung im alpinen Routenfinden. Ich irrte auf Steilfels und Bändern herum und wäre über einige Begehungsspuren froh gewesen.

Geradeaus schien die Kante unkletterbar. Aber weiter rechts sah es besser aus. Dann noch weiter rechts. Und noch weiter.

Schließlich erreichten wir den Gipfelgrat fern der Kante aus der Westwand.

Immerhin waren wir irgendwie oben angekommen. Wir buchten das mit einiger Großzügigkeit als Erfolg und sahen darin genügend Berechtigung, nach weiteren schwierigen Zielen greifen zu dürfen.

Ein Gedicht in Steilfels für gute Freikletterer. In der Art der Kletterei ist dies ein in jeder Hinsicht anspruchsvolleres Gegenstück zur Nordostkante der Großen Zinne. Auch hier steigt man im wesentlichen links der Kante in der Wand, die allerdings öfter senkrecht und überhängend wird. Der Blick rechts um die Ecke in den gähnenden Abgrund der Nordwand ist noch sensationeller und wird ergänzt durch die eindrucksvolle Schrägansicht der Nordwand der Großen Zinne.

Der herrlich feste Fels ist sauber ausgeputzt. Die Route erlaubt auch hier oft Varianten, und für das genaue Auffinden der günstigsten Linie braucht man trotz exakter Beschreibung einen guten Riecher. Die kompakten und abschüssigen Bänder sind teilweise problematisch für einwandfreie Standsicherungen und verlangen im Interesse des Überlebens nachfolgender Seilschaften Sorgfalt der Seilführung. Wer sich die Angst vor Steinschlag ersparen will, wird beim frühen Einstieg durch die Morgensonne unterstützt, die die etwas vorgeschobene Kante ausgiebig streichelt.

Erstbegehung: S. Lichtenegger, F. Demuth, F. Peringer, 24. Juli 1933.
Schwierigkeit: VI– (Sechs-Meter-Überhang, wenn frei geklettert; sonst V / A 0) und V (mehrere Stellen), meist IV und III. Abstieg II.
Höhenunterschiede: Zustieg 300 mH. Kante 500 mH (Kletterstrecke ca. 680 m). Abstieg 350 mH bis ins Kar.
Zeiten: Zustieg 1–1¼ Std. vom Rif. Lavaredo oder der Dreizinnenhütte, Kante 4–5 Std., Abstieg 1½–2 Std. bis ins Kar. Früher Einstieg ratsam.
Ausquermöglichkeiten: In halber Höhe vor dem Sechs-Meter-Überhang (kletternd queren und abklettern) und 100 m vor dem Gipfel über das Ringband links.
Material: 40-Meter-Seil(e), 10–12 Karabiner, Sortiment Klemmkeile und Haken.
Routenbeschreibung: AVF Sextener Dolomiten R 939 (mit Skizze), Abstieg R 931 A.

Heroisches – in Theorie und Praxis

Zu Ende der fünfziger Jahre war die Grundstimmung beim alpinen Bergsteigen noch verdammt heroisch. Zumindest befleißigten sich die aktiven Kletterer gewöhnlich, beim übrigen Volk den Eindruck zu erwecken, als sei die Verachtung von Tod und Teufel Voraussetzung für jede alpine Tat.

Ich hatte zum heroischen Alpinismus von Anfang an ein gespaltenes Verhältnis. Einerseits faszinierte mich der Gedanke, zu solch wilden Gesellen zu gehören, andererseits aber hatte ich den in-

◀ *Der obere Teil der Ostwand der Westlichen Zinne, gesehen vom Gipfel der Großen Zinne. Das Ringband bietet von der Nordostkante nach links einen Fluchtweg zum Normalweg. Im Hintergrund rechts der Monte Piana.*

tensiven Wunsch, meine alpinistischen Betätigungen zu überleben. Dieser Wunsch war sogar entschieden stärker. Einen Weg zu seiner Verwirklichung wies Klaus, dessen Äußerungen und Berichte ich begierig in mich aufsog. Neben seiner Neigung zu Ironie, mit der er die heroischen Phrasen entlarvte, hatte er einen ausgeprägten Sinn für praktisch

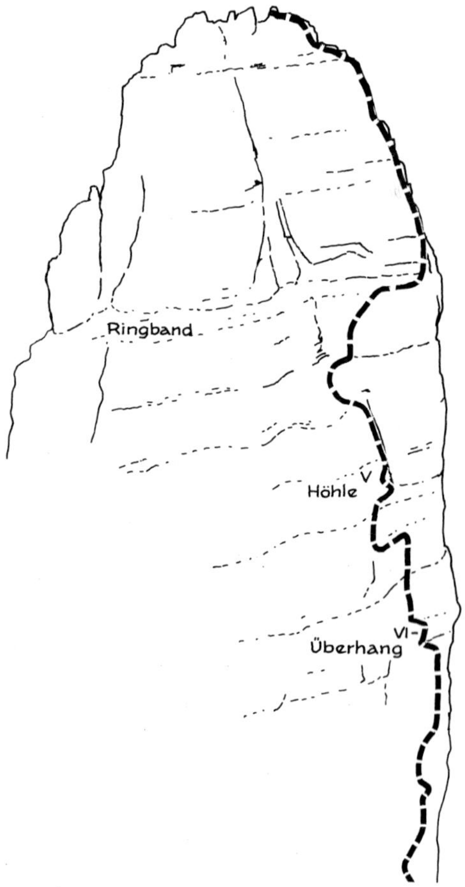

▶ *Teleaufnahme vom Gipfel der Großen Zinne zum mittleren Teil der Nordostkante der Westlichen Zinne. Unmittelbar über der Schattengrenze eine Seilschaft. Im oberen Bildteil ist der gelbe Überhang der Schlüsselstelle zu sehen.*

angewandte Technik. Die Forderung, an jedem Standplatz Selbstsicherung zu schaffen, ergänzte er durch das Motto: „Wo man nicht klettern kann, muß man wenigstens Haken schlagen können" (– obwohl er gar nicht so übel kletterte). Er hatte sich ein entsprechend ausgefeiltes Sortiment von soliden Spezialhaken gebastelt, wie man sie damals noch nicht kaufen konnte. Ihre Anwendung ergänzte er besonders wirksam durch Fifileitern und Fleischerhaken. Ich besorgte mir also im Hamburger Hafen Perlonschnüre, ließ mir zu Hause beim Dorfschmied die Grundlagen seines Handwerks beibringen und schmiedete mir entsprechende Spezialhaken und Fifis. An der Ausrüstung sollte nichts scheitern.
Den zweiten Weg zur Verringerung des Risikos bot verbesserte Information. Es war bekannt, daß der Langes-Dolomitenführer teilweise fehlerhafte Übersetzungen enthielt und außerdem viele lohnende Anstiege nicht ausführlich beschrieb. Wissen ist Macht – auch beim Klettern. Ich lieh mir also in der Bücherei meiner großen Gastsektion den italienischen Berti-Führer aus und machte mich ans Übersetzen. Das war leichter gesagt als getan, denn ich konnte kein Italienisch. Zusätzlich zu leidlichen Französisch- und fast nicht vorhandenen Lateinkenntnissen hatte ich nur ein Langenscheidt-Schummelwörterbuch Italienisch-Deutsch und eine kleine Liste

von Spezialausdrücken. Zu meiner eigenen Überraschung gelang es mir damit, sinnvoll erscheinende Beschreibungen zu produzieren. Es gab zwar immer noch Lücken, aber die überbrückte ich durch Übernahme des italienischen Textes und die Hoffnung, an Ort und Stelle würde sich die Inspiration schon einstellen.
Eine solche Lücke wies auch unsere Beschreibung für die Westliche-Zinne-Nordostkante auf. Da sollte man gleich zu Anfang zu einem großen „spuntone" queren. Das Wort stand nicht in meinem Wörterbuch. Nach Langes sollte da ein Zacken sein. War „spuntone" gleich „Zacken"? Wir würden es sehen.
Wir sahen es. Da war ein großer Zacken. Es war logisch, dorthin zu queren. Es war früher Morgen und nur mittelprächtiges Wetter, und wir stiegen ein. Dies sollte die erste große, schwierige Tour werden. Immerhin war der Überhang mit „VI" bewertet und die Kante einen halben Kilometer hoch. Die Kletterei ließ sich zuerst ganz gut an, wenn auch die Langes- und meine Berti-Beschreibung die Interpretationsschwierigkeiten bei der Wegsuche eher vergrößerten. Vor allem mußte ich mich erst daran gewöhnen, daß die Route weithin einer etwas beliebigen Linie folgt und solche Passagen in beiden Beschreibungen ausgelassen waren.
Aller Materialfetischismus ließ rasch keinen Zweifel darüber, daß hier frei geklettert werden mußte. In den Seillängen Haken dazuzuschlagen, war für mich nicht nur wegen des kompakten Gesteins, sondern auch kräftemäßig nicht drin. Nachdem der Fels im Wilden Kaiser bei diesen Schwierigkeiten im vierten und fünften Grad noch die aus dem Klettergarten gewohnten Eisenmengen enthalten hatte, wurde die Sache hier tatsächlich anspruchsvoller. Jedoch ich bewältigte die Anforderung, genoß es bald sogar, wenn Peter meine Kühnheit bewunderte, daß ich da frei hinaufgestiegen war, wo er gelegentlich Zug brauchte. Ein Teil seiner Bewunderung ging al-

▲ *Materialsortieren am Gipfel. Die Karabiner waren in den fünfziger Jahren noch aus recht weichem Eisen und zogen sich schon unter vergleichsweise geringer Belastung auf. Auch die Haken bestanden aus Weicheisen und hielten nur einen Bruchteil der heute üblichen Stahlhaken, zumal die günstigsten Hakenformen damals noch nicht entwickelt worden waren. Dagegen wog eine solche „Schlosserei" etwa das Dreifache im Vergleich zu der heute üblichen Ausrüstung.*

lerdings auf das Konto des Rucksacks, den er zu bewegen hatte. Und bei der verfügbaren Sicherung war die Situation des Seilzweiten sowieso nicht beneidenswert. Ich versäumte auch nicht, seine Nöte zu würdigen, wenn er mich über sich kämpfen sah. So ein bißchen heroisch war es eben doch.
Es hätte allerdings nicht der wohlmeinenden Ratschläge von Klaus bedurft, daß ich mich bemühte, Standhaken zu schlagen, zumal keine steckten. Stundenlang bosselte ich auf den kompakten Bändern herum und verwandelte mein Sortiment Weicheisenhaken in Korkenzieher. Und Peter drosch seinerseits wieder – manchmal erfreulich lange – daran herum, um sie wieder herauszukriegen.
Irgendwann erreichten wir den Überhang, der äußerst schwierig sein sollte. Entsprechend den damaligen Gepflogenheiten kletterten wir ihn unter hemmungsloser Nutzung der vorhandenen Haken, also mit Leitern. So etwas waren wir vom Klettergarten her gewohnt, und da fühlten wir uns weniger gefordert als in den sicherungslosen Vierer- und Fünferseillängen. Schon damals dämmerte uns, daß mit der Schwierigkeitsbewertung etwas faul sein mußte.
Vor der Höhle bekamen wir Bombardement von zwei Rosenheimern, die auf der benachbarten Langl / Löschner-Führe stiegen und schon die Gipfelschlucht erreicht hatten. Auf den deckungslosen Platten fürchtete ich mich von Herzen, setzte das auch lautstark in Flüche um, die aber den Steinschlag nicht zum Versiegen brachten. Auch dieser heroischen Situation vermochte ich keinen Reiz abzugewinnen. Recht panisch erreichte ich den Schutz der Höhle.
Es fing an zu regnen. Die beklemmende Stimmung weckte Erinnerung an allerlei Gelesenes über Wetterstürze. Abwarten mochten wir deshalb nicht, zumal die Schwierigkeiten nicht mehr lange anhalten sollten. Zu meiner Überraschung ließ sich der nasse Fels ganz gut klettern. Es fehlte eben der aus dem Klettergarten gewohnte Humusschmier, und poliert waren die Haltepunkte noch nicht. Der Himmel hatte auch ein Einsehen. Bevor wir richtig naß waren, stellte er die Dusche wieder ab. So gelangten wir einigermaßen streßfrei auf den Gipfel.
Wir hatten zwar sieben Stunden gebraucht und uns so als Autodidakten ganz schön gefordert gefühlt, aber insgesamt war die Kante ein beflügelndes Erfolgserlebnis geworden.
Am nächsten Tag kamen zwei Freiburger von der gleichen Route zurück. Sie hatten eine Stunde weniger benötigt. An einer Stelle hatte der Voraussteigende einen Zwischenhaken dazugeschlagen, weil er fast am Fliegen gewesen war. Ich war ohne Zwischenhakenschlagen und Beinaheabstürze hinaufgekommen, und das tröstete mich etwas. „Und wieviele Standhaken habt ihr geschlagen?" – „Standhaken schlage ich nie. Den Zweiten hält man schon so, und der Erste darf eben nicht fliegen."
Vor so viel Heroismus wurden wir bleich.

Westliche Zinne, 2973 m Normalweg

Der Nebel reißt auf. Steigspuren, Steinmännchen. Klettern. Pfadfinderfreuden. Auch Bonbonpapier und Stanniol werden dankbar als Wegzeichen registriert. Eigentlich könnte jetzt Schluß sein mit dem Klettern. Ist aber nicht. Die umgehängten Seile verhängen sich. Nicht schlampen! Beim Abstieg sind schon viele Extreme runtergefallen. Und so ein bißchen sind wir doch jetzt . . .
Irgendwann Firnrinne und Schutt, Schutt und Weg.
Der Berg hat uns entlassen.

Das Bessere ist der Feind des Guten. Zwar reicht auch die Westliche Zinne bis fast an die Dreitausendmetergrenze, aber die Große Zinne ist höher und bekannter. Außerdem bietet die Kletterei an der Westlichen nicht so markante Einzelstellen und etwas geringere Schwierigkeiten. So sieht man auf diesem Normalweg wesentlich seltener jemanden aufsteigen. Dabei ist er durchaus reizvoll und bietet am Morgen, wenn die Begeher der schwierigeren Routen noch nicht den Gipfel erreicht haben, eine gute Chance, ihn für sich zu haben.

Erstbegehung: M. Innerkofler, 21. August 1879.
Schwierigkeit: II, teilweise auch I und Gehgelände, bei Verhauern oben auch leicht Stellen III.
Höhenunterschiede: Rif. Auronzo – Große-Zinnen-Scharte 300 mH. Kletterei bis Gipfel 350 mH.
Zeiten: Hütte bis Einstieg 1 Std. Aufstieg 2–3 Std. Abstieg 2 Std.
Material: Für weniger Geübte Seil und einige Bandschlingen. Helm!
Routenbeschreibung: AVF Sextener Dolomiten R 931, 931 A.

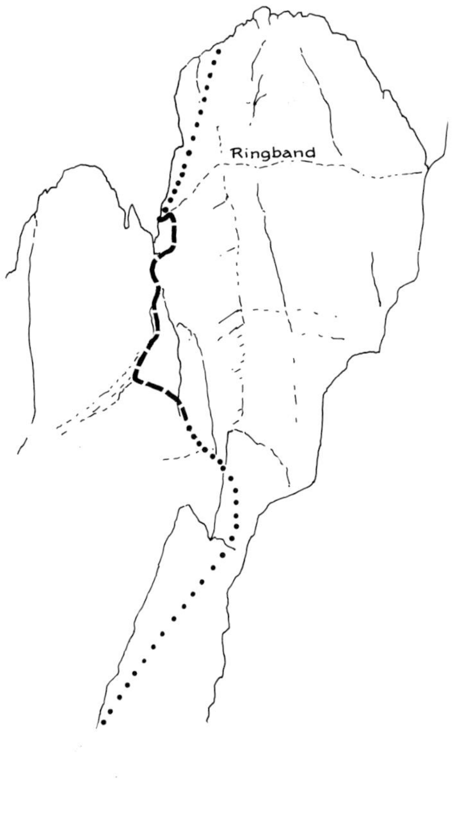

Die wichtigste Route

„Wie kommen wir von diesem Steinhaufen wieder runter?“ – Die klassische Frage nach der anspruchsvollen Tour.
Von der Großen Zinne sind wir schon vorgewarnt. So machen wir uns bald an den Abstieg. Ein Stück Pfad, der vor einem breiten Spalt endet. Darin überraschend viel Schutt. Aber die gegenüberliegende Seite ist abgelatscht. Wir springen. Tatsächlich, drüben geht der Pfad weiter, leitet zu einer Rinne.
Nebel. Die Rinne sieht noch benutzt aus. Steinmännchen. Also runter.
Auf dem Ringband wieder ein Pfad. Steinmännchen links. Biwakmäuerchen. Hinter der Ecke ein benutzter Kamin.

Kleine Zinne, 2857 m
Gelbe Kante

Klassische Extremkletterei von phantastischer Luftigkeit und imponierendem Anblick. Weil der Massenspazierweg darunter entlangführt, kann man hier der Bewunderung großer Volksmengen sicher sein. Zur Beliebtheit haben nicht zuletzt die farbigen Schilderungen der Erstbegeher beigetragen:

„Unerträglich", schreibt Berti in seinem prächtigen Führer der östlichen Dolomiten, „der charakteristische, ungeheure, gelbe Überhang, der unter dem Obelisk des südlichen Vorgipfels schlank bis zur Unmöglichkeit und dünn wie eine Ahle in die Tiefe stürzt."

Die rechte Begrenzung dieses Überhanges ist die Gelbe Kante.

Ich wüßte nicht, wie ich sie beschreiben sollte. Sie gleicht dem Vordersteven eines phantastischen Überseedampfers, der auf diesem Geröllmeer gestrandet ist, oder einer zyklopischen Pflugschar, oder der Schneide eines glühenden Schwertes, das aus ungeheuren, gelben Überhängen heraustritt.

Ich weiß nicht, ob vor mir jemand auf den Gedanken gekommen ist, diese Kante zu ersteigen. Für mich ist sie aber der ästhetisch logischste, wenn auch praktisch unwahrscheinlichste Weg. Wie ich schon an anderer Stelle gesagt habe, das Kunstempfinden ist für uns Bergsteiger jeder anderen Betrachtungsweise über praktische Zwecke und Vorteile überlegen. Das war also der ideale Weg, den es zu beschreiten galt.

Meine Gefährten waren Mary Varale aus Mailand und Renato Zanutti aus Triest. Mit ihnen habe ich die Gelbe Kante bezwungen und damit die luftigste und ausgesetzteste Klettertour ausgeführt, die man sich denken kann; denn die Kante ist tatsächlich wie ein Vordersteven oder eine Pflugschar und scharf wie ein Schwert. Die Leere gähnt nicht nur unter dem Kletternden, sondern auch rechts und links von ihm; der Blick ruht nicht auf Felsen, sondern verliert sich ständig in der Luft.

Zwei Tage eines wütenden Kampfes haben wir auf dieser Kante erlebt, rittlings auf ihr an mikroskopischen Griffen festgeklammert. Währenddessen verteidigte sie sich mit wahren Strömen losbrechenden Gesteins. Die Felsbrocken stürzten auf das darunterliegende Geröll und explodierten dort wie Kanonenschüsse. Sie verscheuchten die Neugierigen, die von der Hütte herbeigeeilt waren, um das Schauspiel zu genießen, wie drei menschliche Eidechsen ganz langsam in die Höhe krochen.

Aber die aufregendsten Augenblicke waren doch jene, als uns der Nebel einhüllte, und sogar die Felsen verschwanden, die über unseren Köpfen hingen. Da verloren wir jedes wahrnehmbare Gefühl für Senkrecht, Raum und Entfernung. Wenn sich der Dunst zuweilen unter dem Einfluß des Windes lichtete, gelang es uns, wie durch einen dünnen Schleier einen Blick in den bodenlosen Abgrund zu werfen. Das ist eine der höchsten Empfindungen des Kletterns: nach unten schauen, den zurückgelegten Weg messen, dem Schwindel trotzen und sich stärker fühlen als alle diese Felsen, alle diese Leere ringsum, ja stärker noch als der Tod, der durch unseren Lebenswillen besiegt wird.

(Emilio Comici in: Berge-Klettern. Deutsch München 1964)

Und auch Renato Zanutti hat von der Erstbegehung der Route berichtet. Nachfolgend einige Passagen aus seiner Schilderung – zunächst die Einstiegsverschneidung:

... Mit angehaltenem Atem stehen wir unten, unbeweglich und stumm, jeder das Seil zur Sicherung um die Schulter gelegt. (...)

Wo wir sind, fühlen wir uns sehr unbehaglich wegen der Steine, die mit immer wachsender Geschwindigkeit herabsausen. Wir haben große Mühe, ihnen auszuweichen. Aber geht es ihm, unserem Ersten, im Ringen um die Überwindung eines schwierigen Überhangs nicht noch schlimmer als uns? Unsere Angst steigert sich noch, als wir sehen, wie er an einen Felsvorsprung geklammert seine Finger in einen engen Spalt stecken muß, der durch einen großen Klemmblock gebildet wird. Wenn dieser Block das Gewicht seines Körpers, der daran seinen einzigen Halt findet, nicht tragen kann und herabstürzt, wäre eine Katastrophe unvermeidlich.

„Das weiß ich auch", antwortete er, „aber ich finde keinen Griff; alles übrige ist glatt und brüchig."

Wir sprechen ihm Mut zu – auf unsere Art. „Nichtsnutz!" ist unser scherzhafter Zuspruch, und dieses Wort hat die gewünschte Wirkung. Wunderbar hält er das Gleichgewicht und bewegt sich an winzigen Griffen. Während er mit der einen Hand allein arbeitet und sich mit der anderen am Fels festhält, gelingt es Emilio, einen weiteren Haken einzuschlagen. Ein Karabiner schnappt, das Seil wird eingeführt. Jetzt kann er die entscheidende Kraftanstrengung wagen.

Mary und mir entringt sich ein tiefer Seufzer der Erleichterung: er ist durchgekommen. (...)

Im mittleren Kantenteil:

Ein fester und gut sitzender Haken sichert uns alle drei. Dann setzt sich Emilio wieder in Bewegung und geht seitlich über die linke Wand vor. Nach ein paar Metern steht er vor einem Überhang. Ein Haken. Ein Steigbügel, in den er einen Fuß einführt. Dann richtet er sich auf und ergreift den oberen Rand des Hindernisses. Er ist oben! Unter unseren besorgten Blicken setzt er den Quergang fort, während wir mit unseren Händen jeder das ihm anvertraute Seil krampfhaft festhalten. Mit größter Aufmerksamkeit passen wir auf jede seiner Bewegungen auf. Es kommt uns vor, als ob wir alle seine vorsichtigen, äußerst

langsamen Verschiebungen an der glatten Wand im voraus wahrnehmen könnten.
Solange wir sehen, daß sein Vorrücken andauert, geben wir sorgsam Seil aus und halten es fest, sobald wir merken, daß er stillsteht und diese ungeheure Mauer angespannt mit seinen Blicken nach einem Riß oder einem Vorsprung absucht, um sich mit dem eisernen Griff seiner Finger daran festkrallen zu können.
Für einen Augenblick gelingt es mir, ihn im Profil zu sehen, wie der ganze Körper überhängt und an winzigen Griffen gehalten wird. In dieser Lage schiebt er sich weiter und verschwindet dann unseren Blicken auf der anderen Seite der Kante. (...)
Nach langem Warten sehen wir ihn über uns am doppelten Seil herabkommen. Gespannte Fragen unsererseits. Er aber schweigt. Wir verstehen sofort: immer schlimmer, immer schwieriger.
Die Betten der Schutzhütte nehmen uns auf, aber der Schlaf vermag nicht über meine Augenlider zu kommen. Ein einziger, lästiger, bohrender Gedanke quält mich, und ich bin überzeugt, daß er auch meine Gefährten peinigt.
„Wird es uns gelingen?“ ...
Es folgen Tage erschöpfenden Hinwartens. Schlechtwetter ist eingetreten und vereitelt jeden weiteren Versuch, das Unternehmen zu Ende zu führen. Wir gleichen den Verliebten, denen es untersagt ist, ihre Herzensdame zu sehen. Die Mienen sind traurig, die Haltung ist müde. Von Zeit zu Zeit packt mich die Wut. Über wen? Es ist schwer zu sagen. (...)
7. September 1933. Der so lang ersehnte Tag ist angebrochen. Nicht als ob das Wetter schön wäre, ganz im Gegenteil, dichter Nebel lastet auf der Forcella Longeres und den umstehenden Gipfeln. Aber die Stimmung unseres Führers hat sich gewandelt. Er spricht nicht mehr davon, daß er nach Cortina hinuntersteigen müsse, weil ihn dort einige Herren für Spaziergänge auf weniger gefährliche und besser entlohnte Gipfel erwarteten. Der Kampf hat lange gedauert, aber der Kämpfergeist hat die Oberhand gewonnen. Seine Seele ist noch die des heißblütigen Fechters, durchglüht von der Leidenschaft, die an seine ehrgeizige und großmütige Kunst gebunden ist. (...)
Die Leere ist vollständig, sie umgibt mich von allen Seiten. Wenn ich den Kopf hebe, so

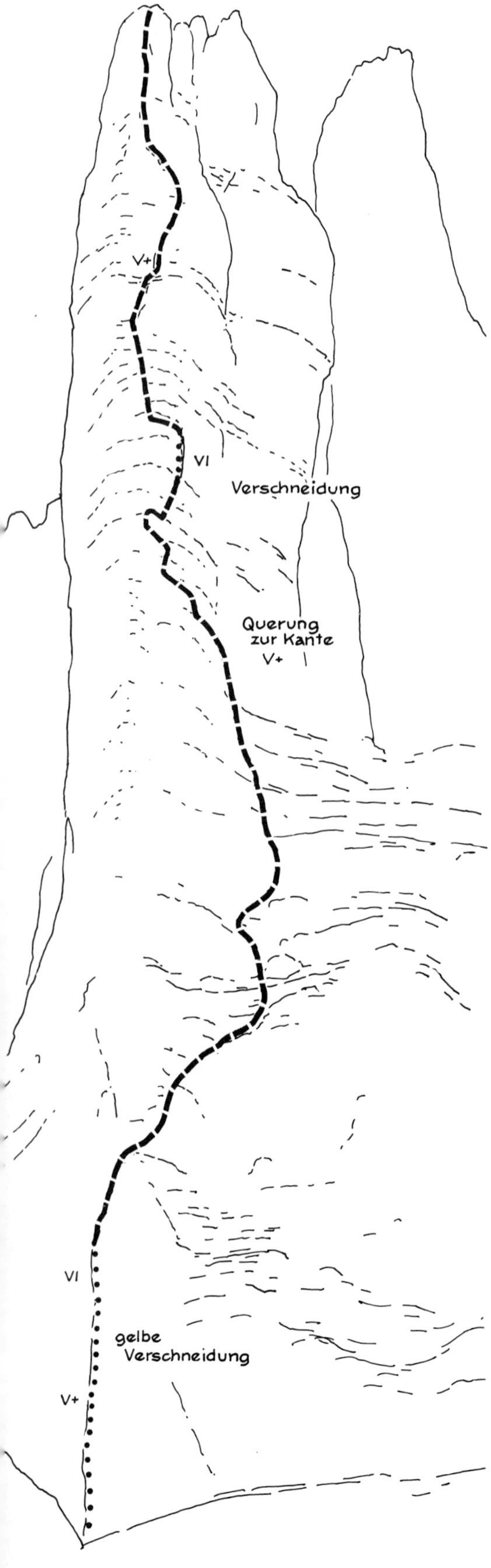

läßt mich ein ununterbrochener Gürtel von Dächern nichts sehen. Ich halte mich einzig durch mein Haftvermögen am Fels. Ein Augenblick der Verwirrung, ein Griff, der mir entglitte, bedeutete einen Sturz und ein „Pendel" von wenigstens 20 Metern, um dann im günstigsten Falle wie ein Eimer aufgehängt zu bleiben, ohne irgendeine Möglichkeit, Hand an die Felsen zu legen. Ich atme ganz langsam, um meinen Körper nicht aus dem Gleichgewicht zu bringen. (...)

In der oberen Verschneidung:

Wir liefern Emilio einen anderen Hammer, und gleich darauf ertönen harte, ununterbrochene Schläge. Die Haken wollen nicht eindringen, sie haben sich mit dem Berg verschworen. Manche dringen nur wenig ein und brechen dann; andere springen beim ersten Schlag zurück und pfeifen im Vorbeifallen über unsere Köpfe hinweg. Emilio verlangt Haken. Ich schicke ihm die von mir unterwegs gesammelten hinauf. Er dankt mir mit einer Verwünschung: sie sind alle gekrümmt, und er befindet sich in einer Lage, die es ihm nicht gestattet, seine Hände zu gebrauchen, um sie geradezuschlagen.

Wir beide halten die Seile gut gespannt und lassen seinen Protest stumm über uns ergehen. Endlich dringt ein Haken ein, der Ton wird bei jedem Hammerschlag höher und lauter. Dieser Haken ist also gut Freund! Die Seile beginnen abzulaufen. Hier und da stehen sie still; dann bewegen sie sich wieder. Aber es verbleiben bloß wenige Meter, und Emilio hat noch keine Stelle erreicht, wo er einen Stand fände.

„Loslassen! Laßt los!" schreit er uns zu. Die Seile gleiten nicht mehr durch die Karabiner. Der Übelstand ist ernst. Emilio kommt nicht mehr vorwärts, weil ihn die Seile zurückhalten. Wenn er trotzdem weitergehen will, muß er auf jede Sicherung verzichten. Mit übermenschlichen Anstrengungen, in einer Lage, die sich nicht alle Bergsteiger vorstellen können, mit Hilfe der Zähne, der Schulter, auf jede nur erdenkliche Art und Weise gelingt es ihm schließlich, beide Seile aus den Karabinern herauszuziehen und sie uns dann sehr langsam wieder herunterzulassen. Sie hängen nun in weitem Abstand von der Wand herab. „Schau, wie weit sie vom Fels entfernt sind!" bemerkt Mary mit ärgerlicher Miene. „Wie sollen wir es fertigbringen, da hinaufzukommen?"

Ich zucke mit den Achseln. „Es wird uns gelingen, weil wir es fertigbringen müssen." (...)

Wir befinden uns nun auf einer winzigen Terrasse, die genau auf der Senkrechten der Kante liegt, und sind froh wie die Kinder. Ein Blick nach oben läßt uns erkennen, daß das Ende nicht mehr weit sein kann. Wir sind außer uns vor Freude.

Von nun an klettern wir immer direkt, manchmal auch über Stellen von äußerster Schwierigkeit, längs der Schneide der Kante empor. Aber dieses „Finale" erscheint uns alltäglich im Vergleich mit den vorausgegangenen Passagen. (...)

(Aus: Berge-Klettern, S. 217–228)

Es liegt auf der Hand, daß die Kante damals nicht nur anders gesehen wurde, sondern auch anders war. Nachdem Tausende von Kletterern die steinerne Herausforderung angenommen haben, sind die anfangs haarsträubend veränderlichen Passagen munter verändert worden, mit dem Ergebnis, daß die „Ströme losbrechenden Gesteins" versiegt sind und man heute auch in den früheren Bruchpassagen lustvoll steigen kann. Das oft auftretende Gedränge kann teilweise über Varianten vermieden werden.

Erstbegehung: E. Comici, R. Zanutti, Mary Varale, 8. September 1933.

Schwierigkeit: VI (2 Stellen), VI– und V, wenn alles frei geklettert wird. Bei Benutzung von Kletterhilfen Stellen V+ / A0. Im mittleren Teil VI und III. Abstieg II und Abseilpiste.

Höhenunterschiede: Zustieg 200 mH von Rif. Lavaredo oder Rif. Auronzo. Kante 330 mH. Abstieg 300 mH bis Schutt.

Zeiten: Zustieg ¾ Std., Kante 3–5 Std., Abstieg 1–2 Std. bis Schutt.

Ausquermöglichkeiten: Im mittleren Teil der Kante rechts.

Material: 40-Meter-Seile, 20–25 Karabiner, einige Klemmkeile zusätzlich ratsam. Prusikschlingen bzw. Steigklemmen!

Routenbeschreibung: AVF Sextener Dolomiten R 1020 (UIAA-Beschreibung mit Skizzen, Detailfotos und Angabe von Varianten). Abstieg R 1011A, Fotos S. 223, 225.

Luft unter den Sohlen

Gleich vom Boden weg schwierig, ein glatter Riß mit schwarzen Stiefelspuren, nach einiger Zeit ein Haken. Es ist klar, wo es langgeht. Und es stecken fast so viele Haken wie im Klettergarten. Die Griffe klingen oft hohl und wackeln teilweise, aber die Politur beruhigt. Irgendwie müssen die Klamotten verzahnt sein. Denn wenn alles so brüchig wäre, wie es aussieht, läge der ganze Kram unten auf der Halde.

Wir gewinnen allmählich an Höhe in der engen, weißen Bruchverschneidung. Weiter oben werkelt eine andere Seilschaft. Bei der Steilheit ist die Steinschlaggefahr nicht so akut. Die Egons fliegen draußen vorbei.

Ich habe allerhand gelesen über die Kante. Comici, Buhl, Kasparek. Das alles spukt mir im Kopf herum, macht mich gespannt. Den Überhang in der dritten Seillänge hat der Kasparek als besonders schwierig erwähnt. Wir packen ihn, genießen das als Bestätigung: Wir kommen über Stellen hoch, die Leute wie der Kasparek als schwierig bezeichneten! Die zwei Haken benutzen wir zwar mit Inbrunst, aber Haken hatte der Kasparek auch, ebenso wie Trittschlingen. Den feinen Unterschied, daß Kasparek die Haken selbst schlagen mußte und daß er nur geknotete Reepschnüre statt Fifileitern hatte, übersehen wir geflissentlich. Was zählt ist, daß uns der Erfolg die innere Sicherheit gibt, auch die übrige Kante zu bewältigen.

Über das Mittelstück hilft uns der Sechserklatsch. Im Vorjahr hat der Uli aus Osnabrück hier durch mehrfaches vorzeitiges Queren zur Kante drei eindrucksvolle Verhauer gebaut – um dann anschließend entnervt die richtige Querung zu verpassen und geradeaus in die schwierige Del-Vecchio-Variante zu rennen. Die Erinnerung an seine deftigen Schilderungen und die genau übersetzte Beschreibung des Berti-Führers lassen mich die Route ohne Nöte in allen Einzelheiten finden. Ich kann sogar den vor uns kletternden Italienern Tips geben und beobachte sorgfältig, wie sie hinausqueren.

Nun bin ich an der Reihe. Zu Beginn noch zwei Haken, dann auf Leisten hinaus über die Leere. Der rostbraune Fels ist fest und rauh und hat scharfe Kanten und Zacken. Die Seile hängen weit durch, und ich konzentriere mich auf jede Bewegung. Es ist das erste Mal, daß ich solche Ausgesetztheit erlebe. Die Stiefelspitzen stehen direkt neben dem Kar, der Einstieg liegt irgendwo innen unter dem gewaltigen Überhang, ein Stein von hier fällt ohne Unterbrechung zum Schutt und meldet nur nach aufregend langer Zeit ein fernes „Klack“. Vor jeder Armkraft fordernden Passage prüfe ich, ob die Kraft wohl reicht, lege mir die Kombination zurecht, gehe dann rasch drüberweg. Irgendwie habe ich auf diesen Augenblick gewartet und ihn zugleich gefürchtet. Ich habe eine lebhafte Phantasie und bekomme leicht Angst. Daß ich jetzt mit dieser Freikletterei in dieser Luftigkeit fertigwerde, erfüllt mich mit unbeschreiblicher Freude. In dieser Wand schüttele ich alle Komplexe ab, die mich von klein auf in bezug auf meine körperliche Leistungsfähigkeit begleitet haben. Das Jungchen, über das noch vor wenigen Jahren eine ganze Klasse und ein hämischer Sportlehrer brüllend lachten, als er sich am Barren nicht im Stütz halten konnte, klettert die Gelbe Kante!

Am Standplatz vor der Verschneidung habe ich zu den Italienern aufgeschlossen. Im Versuch, mit dem Sichernden zu

sprechen, erlebe ich sehr rasch die Grenzen meiner Italienischkenntnisse. Er zeigt mir eine kleine Inschrift im Fels. „Toni Egger" und ein Datum. „Un' ora e mezzo, solitaria" und dann „Morte su Cerro Torre!" Ich verstehe. Wie neulich bei der Bergung an der Dibonakante springt mich wieder die Zerbrechlichkeit der alpinistischen Leistungen an, werde ich darauf gestoßen, wie nahe Triumph und Scheitern oft beieinanderliegen. Vor einigen Wochen sollen ja auch kurz vor dem Ausstieg zwei Berchtesgadener abgestürzt sein. Wir begreifen das alles nicht ganz. Es bleibt abstrakte Formel, wird sofort umgeleitet in fast beschwörende Appelle an unser eigenes Verhalten. Noch vorsichtiger steigen! Alle Griffe prüfen! Standhaken schlagen! Sie sollen die düsteren Gedanken bannen, und irgendwie tun sie es auch.

Die Verschneidung wird eine richtige Materialschlacht. Ich verbrauche alle Karabiner, hole in Leitern nach, mit verkrampften, vom Seil abgeschnürten Armen und einschlafenden Beinen. In den letzten Seillängen stecken zu unserer Überraschung keine Haken mehr. Wir schlagen Standhaken, legen hin und wieder eine Zacken- oder Knotenschlinge und sortieren schließlich in den Abendnebeln am Vorgipfel unser Material, bevor wir den Normalweg seilfrei abklettern. Nach der Kante erscheint er uns geradezu gemütlich. Wir haben uns eingewöhnt.

▶ *Die Gelbe Kante (italienisch „Spigolo Giallo") vom Karrenweg beim Rifugio Lavaredo aus gesehen. Der Einstieg der Comicifühe befindet sich in der Fallinie der Kante, am Beginn des markanten Schichtbandes. Über den Vorbau im linken Teil des Bildes und die darüber aufsteilende Wand führt der Normalweg auf die Kleine Zinne, durch den Riß in der im Schatten liegenden überhängenden Südwand die Egger / Sauscheck-Route.*

Preußturm, 2700 m
Preußriß

Das Kabinettstückchen des streitbaren Vorkämpfers der sportlichen Freikletterei besticht nicht nur durch die Qualität der Route, sondern auch durch die Souveränität, mit der sie eröffnet wurde:

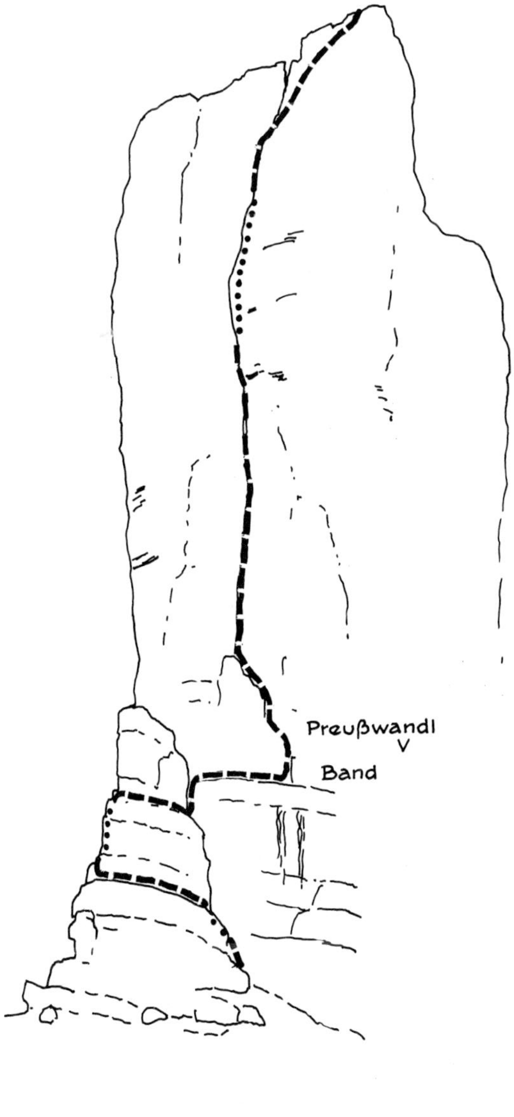

Kleinste Zinne (Sextener Dolomiten). I. Ersteigung und Überschreitung des der Kleinen Zinne (resp. Punta di Frida) östlich vorgelagerten Turms (ca. 2700 m). Mit Paul Relly, Wien. 6. September 1911. Vom Paternsattel auf einen turmartigen Vorbau des von uns »Kleinste Zinne« genannten Turms an der Nordseite in einer Schleife nach links hinauf auf einen vorspringenden Block, der an das Hauptmassiv stößt. Von hier 20 m auf einem Band nach rechts und bei einem angelehnten Block unmittelbar oberhalb zweier von der Hütte aus sichtbarer Wasserstreifen über eine gelbe Wand mit darauffolgendem Riß äußerst schwierig an den Fuß einer markanten Kaminreihe, nach deren Durchkletterung wir etwas rechts haltend den Gipfel erreichten. (2 St. vom Einstieg.) Abstieg auf der der Punta di Frida zugekehrten Seite. Vom oberen Ende der Kaminreihe durch Kamine ca. 50 m hinab. (Hier mußten wir wegen des zu späten Aufbruchs von der Hütte – 3 U.30 nachmittags! – biwakieren.) Dann nach rechts querend mit zweimaligem kurzen Abseilen in die Scharte zwischen »Kleinster Zinne« und Punta di Frida und durch die nach Süden ziehende, von Steilstufen unterbrochene Rinne schwierig hinunter. Die Schwierigkeiten des Aufstiegs dürften denen der schwersten uns bekannten Kletterstellen gleichkommen, die des wohl auch frei kletterbaren Abstiegs entziehen sich infolge der vorausgegangenen Beiwacht unserer objektiven Beurteilung.

Paul Preuß, Wien.

(Aus: Mitteilungen des Deutschen und Österreichischen Alpenvereins. München–Wien, 1911, S. 245.)

▶ *Der Preußturm – hier noch ein Foto mit dem Klemmblock zwischen Vorbau und Turm.*

In einer Gewitternacht des Sommers 1981 verschwand die zimmergroße Klemmblockbrücke zwischen Vorbau und Wand. Seitdem sind außer dem berühmten Preußwandl weitere handfeste Meter im fünften Schwierigkeitsgrad als Eintrittskarte zu dem schönen Rißkamin zu absolvieren. Im Sommer vergeht selten ein Tag, an dem er nicht von mindestens einer Seilschaft durchstiegen wird. Entsprechend ausgeprägt ist die Politur, besonders an der Schlüsselstelle. Wer darüber fluchen will, tröste sich mit dem Gedanken, daß glatter Fels textilfreundlicher ist.

Erstbegehung: P. Preuß u. P. Relly, 6. September 1911.
Schwierigkeit: V (seit 1981 in 2 Seillängen), sonst IV. Abstieg II und Abseilpiste.
Höhenunterschiede: Zustieg 250 mH. Wand 200 mH. Abstieg mit Abseilen in und durch die Nervenschlucht 200 mH.
Zeiten: Zustieg ½ Std. vom Rif. Lavaredo, ¾ Std. von der Dreizinnenhütte. Wand 2 Std. Abstieg 1–2 Std., je nach Andrang und Wartezeiten zur Vermeidung von Steinschlag.
Ausquermöglichkeiten: Keine.
Material: Mindestens 40-Meter-Seil, 8 Karabiner, einige Bandschlingen und Klemmkeile.
Routenbeschreibung: AVF Sextener Dolomiten R 1065, Abstieg R 1061A.

Das Freikletterdenkmal

Als Paul Preuß und Paul Relly noch vor dem ersten Weltkrieg den Rißkamin in der gelben Wand über dem Paternsattel durchstiegen, war das eine Glanzleistung. Die Hochachtung, mit der Klaus vom Preußriß gesprochen hatte, ließ ihn für uns selbst nach der Gelben Kante noch als akzeptabel erscheinen. Wir brauchten ohnehin einmal eine kürzere Tour, da wir uns bei dem sicheren Wetter Ruhetage nicht gönnen mochten. Während wir uns über den Vorbau hinaufarbeiteten, gesellte sich zu uns ein Alleingänger. Nachdem er sich vergewissert hatte, daß wir einsteigen würden und er mit an unserem Seil abseilen könnte, kletterte er ruhig und sicher das Preußwandl hinauf. Ich fühlte mich ganz schön gefordert, faßte auch eifrig in die beiden Haken, widerstand jedoch immerhin im Gedenken an Paul Preuß der Versuchung, meine Leiter einzuhängen. Im Kamin dagegen fühlten wir uns dann rundum wohl. Die Abhärtung durch die Gelbe Kante wirkte nach. Auch das Abseilen bereitete keine Probleme, nachdem wir erkannt hatten, daß teilweise Felsköpfl als Verankerung herhalten konnten. „Nervenschlucht"? Die Bezeichnung erschien uns doch recht übertrieben.

Als wir gegen Ende der sechziger Jahre bewußt die stilreine, sportliche Freikletterei wiederentdeckten, war ich beim Gedanken an unsere Preußriß-Begehung von 1958 gar nicht mehr stolz. So war der Anstieg 1971 eine kleine Herausforderung, als ich ihn mit einem Neuling aus unserer Jungmannschaft ging. Diesmal wurde kein Haken angefaßt und ein oben im Riß dazugewachsener Holzkeil mit Kopfschütteln und Stirnrunzeln bedacht.

Neun Jahre danach stieg ich die Route ein drittes Mal. Der Übergang über den Block erschien mir komplizierter als früher. Der Holzkeil war wieder verschwunden. Dafür erlebten wir dort eine neue Form der Schändung dieser historischen Freikletterstelle, als sie vor uns von einer im EB-Look dahintänzelnden Seilschaft mit Magnesia geweißt wurde. Immerhin, wenn Paul Preuß sich seinerzeit wegen der von mir angefaßten Haken im Grabe rumgedreht hat, dann liegt er jetzt vielleicht wieder richtig. Doch ich habe ohnedies den Verdacht, daß er im Laufe der Zeit auch noch andere Umdrehungen gemacht haben könnte.

▼ *Die schmale Südwand des Preußturms, vom Rifugio Lavaredo aus gesehen. Links des Turmes die tief eingeschnittene „Nervenschlucht", die von Paul Preuß und Paul Relly nach der Erstbesteigung des Turmes bis auf zwei kurze Abseilstellen auch frei abgeklettert wurde.*

Preußturm, 2700 m
Südwand

Diese kurze, aber herzhafte Extremkletterei bietet ein wenig von allem – eine überhängende Wand, ein kleines Dach, einen Genußquergang, ein paar Verschneidungs- und sonstige Risse, ein Stückchen Kante. Alles ist deutlich in die Luft gebaut und besteht aus spürbar beliebtem Fels. Wer wegen der Kürze des Anstiegs zu Übermut neigt, sollte allerdings nicht vergessen, daß ein Rückzug wegen des Überhangs lästig und kompliziert wäre und daß die Abseilpiste durch die Nervenschlucht bei Schlechtwetter rasch ungenießbar wird.

Erstbegehung: R. Cassin, G. Vitali, L. Pozzi, August 1934; frei geklettert schon um 1970 durch Engländer.
Schwierigkeiten: VII– (1 Stelle) und VI (mehrere Stellen) bei reiner Freikletterei. Bei Benutzung der Haken als Kletterhilfen VI– und V mit A 1 und A 0. Abstieg II und Abseilpiste.
Höhenunterschiede: Zustieg 200 mH vom Rif. Lavaredo. Wand 200 mH (Kletterstrecke ca. 280 m). Abstieg 200 mH bis ins Kar.
Zeiten: Zustieg ½ Std. vom Rif. Lavaredo. Wand 3 Std. Abstieg 1–2 Std.
Ausquermöglichkeiten: Keine.
Material: 40-Meter-Seile, 15 Karabiner, Sortiment Klemmkeile, Prusikschlingen bzw. Steigklemmen.
Routenbeschreibung: AVF Sextener Dolomiten R 1063 (mit UIAA-Skizze), Abstieg R 1061 A.

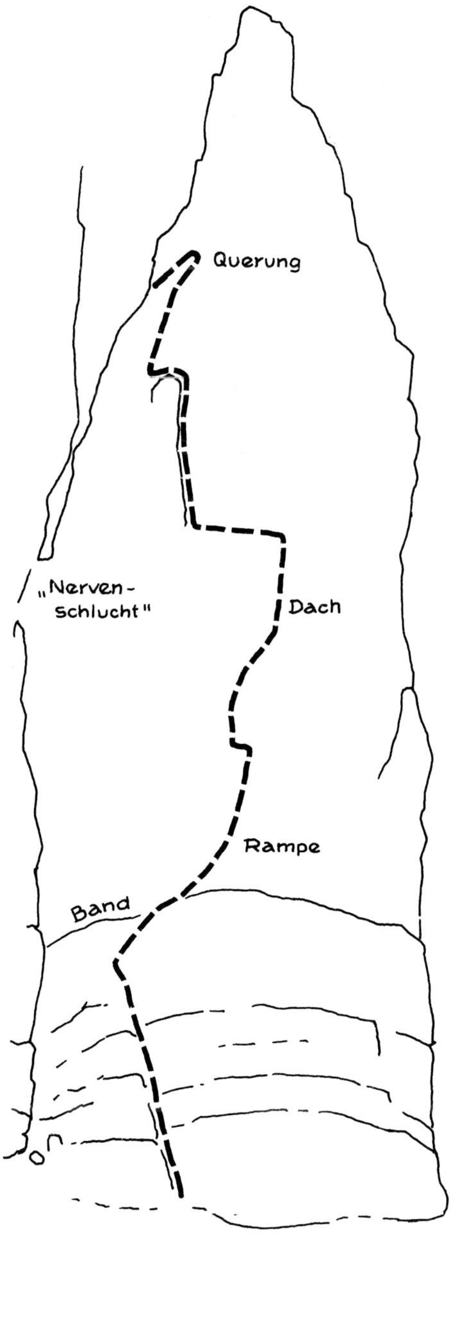

Nur eine kleine Wand

Peter hat eine geschwollene Hand und braucht einen Ruhetag. Da trifft sich gut, daß Martin, der Alleingeher vom Preußriß, wieder auftaucht und bereit ist, die kleine Cassin nachzusteigen. Für Langes-Benutzer gibt es die Route zwar nur als nichtssagenden Einzeiler. Aber ich habe ja meine handgestrickte Übersetzung der Originalbeschreibung.
Es ist schon später Vormittag, und die Sonne scheint ein wenig heißer als sonst. Das bedeutet allerdings gar nichts, denn gestern abend hat Bepi Reider noch „vierzehn Tage schön" prophezeit – und als altgedienter Hüttenwirt muß er es ja wissen.
Hoch in der Wand entdecken wir mitten im Gelb blaue und rote Farbtupfen. Da Germanen bescheiden unauffälliges Felsgrau tragen, müssen es Italiener sein. Nach kurzen Komplikationen am Einstieg erreichen wir das große Band am Fuß der gelben Wand. Zuerst noch frei, dann per Hakenleiter gewinne ich einen dürftigen Stand und installiere mich in Schlingen. Meine Beschreibung stimmt haargenau. Das gibt ein Gefühl von Sicherheit. Beim Nachholen sehe ich den Italienern oben am Quergang und am Pfeilerriß zu. Sie klettern zügig, der eine lässig mit Zigarette im Mund, winken herab. Lockere, sonnige Atmosphäre.

◀ *Im Quergang der Cassinführe am Preußturm. Im Hintergrund ist der Riß zu erkennen, der zum Pfeilerkopf führt.*

Ein glatter Riß leitet weiter. Ich muß aus der Leiter. Vor einem erbsengroßen Trittchen zögere ich lange und philosophiere, ob das wirklich reichen kann. Schließlich nehme ich mit einem Blick auf die Haken unter mir einen moralischen Anlauf, steige auf den Erbsentritt, schwimme den Riß hinauf und erreiche keuchend ein Bändchen mit einem Haken. Der Karabiner klickt –
Plötzlich von oben ein erstickter Aufschrei... fallende Steine nebenan in der Schlucht, dazwischen dumpfes Poltern, vermischt mit Knacken, immer tiefer... Aus der Schluchtmündung kollern zwei bunte Bündel, umwickelt mit Seil, bleiben liegen... rollen doch noch über die letzte Stufe... liegen still.
Die Italiener!
Ich schließe die Augen, reiße sie wieder auf. Das ist Wirklichkeit!
Die gelbe Wand scheint nach innen zu fliehen. Die Tiefe saugt. Die hundert Meter hinab zum Schutt werden zur Leere des Weltraums.
Es geht hier nicht zurück. Wir müssen hinauf. Und ich muß führen! Im Chaos der Angst klammere ich mich an alte Formeln, versuche zu beten. Wie automatisch fange ich an, das Seil einzuziehen. Der Blick gleitet wieder zur Schluchtmündung. Friedlich scheint die Sonne, als sei nichts geschehen. Es ist eine unbarmherzige Sonne.
Es geht jetzt darum, aus der Wand herauszukommen, um weiter nichts. Ein

▶ *Die gelbe Südwand des Preußturms schräg von der Seite gesehen. Eine Seilschaft befindet sich gerade am Standplatz nach der zweiten Seillänge.*

stiller Kampf beginnt. Der Fels ist schwierig, verlangt volle Konzentration. Aber an den Standplätzen sind die Gedanken wieder da: Von dort haben die beiden vorhin gewinkt... Das Bonbonpapier in diesem Felsloch sieht noch ganz frisch aus...

Nebel hüllt uns ein, nimmt den Blick hinunter zum Wandfuß, wo jetzt viele Menschen sind. Nur einmal sehen wir während einer kurzen Aufhellung Männer mit einer Trage.

Das Wetter verschlechtert sich. Bepis obligate Schönwetterprognose scheint nicht zu stimmen. Eine Seillänge über dem Pfeilerköpfl beginnt es zu regnen, hört jedoch bald wieder auf.

Ich versuche, entsprechend der Beschreibung direkt weiterzusteigen. Nach einiger Murkserei kehre ich um. Wieder ist eine Stunde vertan.

Wir queren auf Leisten hinüber zur Abstiegsroute. Uns wird bewußt, daß irgendwo auf diesem Quergang die beiden Italiener abgestürzt sind. Ein Standhaken steckt. Der ziemlich dünne Ring ist nicht einmal zu einem Oval verbogen. Das Seil war also nicht eingehängt. Das leichte Gelände...

Es beginnt wieder zu regnen. An der ersten Abseilstelle finden wir ein hoffnungslos verdrehtes Seil, an dem unten zwei frierende, halb verzweifelte Bürschchen zerren. Wir werden begrüßt wie Engel. Mit dem Seil der beiden und einem von unseren fahren wir gleich durch

bis zur Scharte. Bevor Martin als letzter abseilt, machen wir eine Abziehprobe. Das Seil läuft schwer wegen der Reibung über die Kante der Plattform, aber es kommt. Martin folgt. Wir wollen das Seil abziehen.

Und beim Wollen bleibt es auch. Ich hänge mich ans Seil. Es dehnt sich wie ein Gummiband, rührt sich aber nicht. Wir hängen zu zweit dran, zu dritt, zu viert. Das drückt zwar das Regenwasser aus dem Strick und läßt es uns in die Ärmel laufen, aber der Erfolg bleibt Null. Wir schlenkern am freien Ende, versuchen an der anderen Schartenwand etwas höher zu klettern und von dort zu ziehen. Trotz stundenlanger Versuche ist alles vergebens. Hinaufzuklettern über die nasse Wand trauen wir uns nicht.

Es regnet. Es ist später Nachmittag. Wir haben keine Biwaksäcke dabei, die Aufgelesenen nicht einmal Pullover. Sie sind Südtiroler, kommen ihrer Meinung nach aus der Kleinen-Zinne-Nordwand und behaupten, zwanzig Jahre alt zu sein. Fünfzehn mag stimmen und wir sind am Preußturm, aber das ist jetzt nicht wichtig. Wichtig ist, daß wir hinunterkommen, bevor wir völlig auskühlen. Wir müssen die Seile hängenlassen und riskieren, mit dem verbliebenen Strick weiter abzuseilen, obwohl er um vier Meter geschrumpft ist. Vom Vortag wissen wir, daß die Abseilstellen teilweise genau auf 40-Meter-Seile eingerichtet sind.

Ich seile als erster ab, Martin übernimmt die Nachhut. Die erste Stufe liegt gerade hinter mir, als es aufhört zu regnen und anfängt zu gießen. Im Nu gellt Steinschlag durch die enge Schlucht. Teils kopfgroße Brocken springen im Zickzack in die Tiefe. Es gibt keine toten Winkel. Ich krieche unter den Überhängen in die hinterste Ecke und kämpfe gegen das irrsinnige Verlangen wegzulaufen, einfach irgendwohin. Minutenlang anhaltendes Krachen immer neuer von den Bändern gewaschener Steine. Zum zweiten Mal an diesem Tage ist mir jedes Selbstvertrauen zerstört.

Der Steinschlag verebbt allmählich. Die Regenfluten halten unvermindert an. Das Seil ist wunderbarerweise heil geblieben in dem Inferno.

Langsam gelangen wir tiefer. Seilabziehen klappt. Aber der Strick ist zu kurz. Einmal halte ich schon den Endknoten in der Hand, als ich endlich einen Tritt erreiche.

Die beiden Burschen halten sich tapfer. Sie quälen sich im Dülfersitz zentimeterweise herab und werden, sobald sie in Reichweite gelangen, hereingezogen. Einmal, als Martin kommen soll, wird das Seil plötzlich schlaff. Es ist vom Köpfl gerutscht. Er kann sich halten, hängt es wieder drüber und kommt, als sei nichts gewesen.

Es gießt weiter. Die Bäche schäumen. Im unteren Teil der Schlucht müssen wir direkt durch die Wasserfälle. Eisig schießt das Naß in den Kragen, fließt am Körper entlang, staut sich am Kniebund, rinnt langsam weg. Aber da ist schon der Stand. Mich erschreckt, wie schlapp die Kälte macht und wie rasch das geht. Ein Biwak hier ...

Aber es wird kein Biwak geben. Das Kar ist nicht mehr fern. Die letzten Abseilstellen.

Etwas taumelnd gehe ich Peter entgegen, der mich erlöst in Empfang nimmt. Nachdem er gehört hatte, in der kleinen Cassin seien zwei abgestürzt, hat er einiges durchgemacht.

„Ich hab mir schon überlegt, wie ich das bloß deiner Mutter beibringen soll ...“

Rückblickend gibt das Abenteuer Anlaß zu Betrachtungen über den sogenannten Zufall.

Wären wir glatt durchgekommen ohne die Niedergeschlagenheit über den Tod der Italiener, dann hätten die beiden Südtiroler oben ohne Wetterschutz hilflos festgesessen ...

Wenn sich die Seile nicht verhängt hätten, hätte uns der starke Steinschlag im deckungslosen unteren Teil der Schlucht erwischt ...

▼ *An der letzten Abseilstelle der „Nervenschlucht“. Bei so trockenem Wetter wie zur Zeit der Aufnahme ist sie relativ harmlos – vorausgesetzt, weiter oben löst niemand Steine.*

Hoher Zwölfer, 3094 m
Nordkante

Die gerade zum Gipfel führende Kante löst sich erst im oberen Teil aus den Schluchten und Rampen des Sockels, leitet dann jedoch oberhalb mächtiger Überhänge direkt zum Gipfel. Bei diesem kühnen und großzügigen Anstieg beginnen die Schwierigkeiten erst allmählich, steigern sich nach oben hin und werden zugleich ausweglos. Der Fels ist zwar bis auf einige Seillängen am Beginn des großen Kamins fest, jedoch bleibt er nach Schlechtwetter wegen der schattigen Lage lange naß oder sogar vereist. So ist die Begehung dieses Anstiegs ein ernstes Unternehmen, auch wenn man die Sichtverbindung zur Hütte als moralische Stütze hat.

Erstbegehung: A. u. F. Schranzhofer, 30. Juli 1932, dicht gefolgt von der Seilschaft Hans Steger / Paula Wiesinger.
Schwierigkeit: VI– und A 0 (in 2 Seillängen der Gipfelwand), sonst weithin V, Sockel und Ausstieg IV und III. Abstieg III und II, mehrmals abseilen.
Höhenunterschiede: Zsigmondy-Comici-Hütte bis Wandfuß 250 mH. Kante 700 mH. Abstieg 500 mH bis Schutt.
Zeiten: Hütte bis Wandfuß ¾ Std., Kante 7–10 Std., Abstieg 2–3 Std.
Ausquermöglichkeiten: Keine.
Routenbeschreibung: A VF Sextener Dolomiten R 1379 (mit UIAA-Skizze und Fotos), Abstieg R 1371 A (mit Skizze). Siehe auch R 1381 und R 1379a.

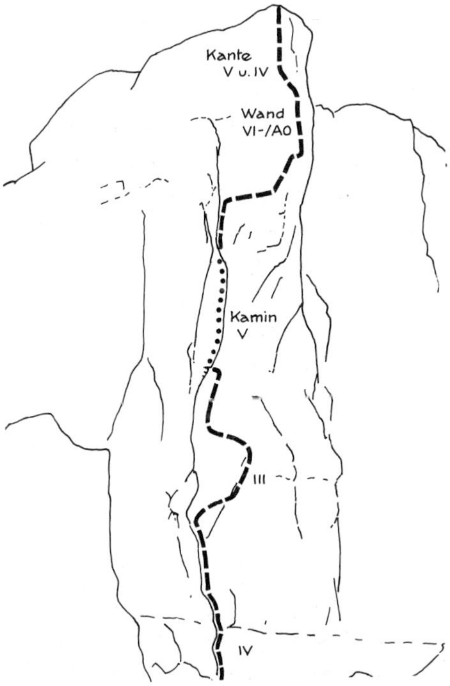

Die stille Gestalt

Wir sind kurz vor Mittag vom Zustieg der Mazzoranakante zurückgekommen, weil Peter am Vortag dem Vino zu stark zugesprochen hatte und mit Brummschädel schon gleich am Anfang aufgab. Vielleicht ist das aber nur vordergründig der Anlaß gewesen. Denn ebenso wie ein Schwungrad sich noch lange nach dem beschleunigenden Impuls weiterdreht, so hatte uns eigentlich nicht die Leidenschaft, sondern die Gewohnheit zum Klettern gezogen. Dabei war unsere Begeisterung durch das Preußturm-Abenteuer tiefer in Frage gestellt worden, als wir es wahrhaben wollten. Fast widerwillig stellte ich fest, daß das faule Herumhängen auf dem quietschenden Etagenbett nach all den Strapazen der letzten Zeit auch ohne vorherige Kletterei gut tat. Und seit draußen ein Gewitter tobte, war ich nicht einmal mehr wütend.

Plötzlich rasche Schritte auf der Treppe, Rütteln und Trommeln an der Tür zum völlig unüblicherweise abgeschlossenen Bergführerzimmer, in das sich Max vorhin gerade etwas verstohlen mit einer Verehrerin zurückgezogen hat. Dann Annas Stimme, aufgeregt und zornig: „Max! Aufmachen! Bergrettung!"

In der Zwölfer-Nordwand sind zwei in Bergnot. Im Nu großes Geschrei und Gerenne überall in der Hütte. Nach zehn Minuten schon sind wir unterwegs, im Laufschritt gen Büllelejoch. Max flucht noch immer über das vermasselte Schäferstündchen.

Unterwegs kriegen wir Einzelheiten mit. Zwei Münchener Kletterer, Brüder, sind in der Schranzhoferführe zu früh aus dem Kamin gequert, knapp oberhalb der großen Dächer. Und in diesem Verhauer wurde der Nachsteigende vom Gewitter überrascht, ist mit dem einzigen Zwischenhaken rausgefallen und in einem gewaltigen Pendler bis unter die Dächer gestürzt. Dort hängt er seit Stunden, unverletzt, aber vom Seil unter den Achseln abgeschnürt, gepeinigt . . .

Immer wieder treiben wir uns zur Eile, rennen, keuchen, und sind schon fünfzig Minuten nach unserem Aufbruch unter der Wand. Oben plötzlich Klagelaute, heiseres, gequältes Schreien. Der im Seil Hängende bäumt sich, zappelt. Versucht er sogar, aus dem Seil zu schlüpfen? Aber da ist er schon wieder ruhig, reglos, dreht sich nur langsam.

Rasch seilen wir uns ein. Bepi Holzer und Much Happacher sind schon vorweg, Max steigt mit einem italienischen Arzt ein, Dieter Hasse mit Karl Schönthaler. Wir sind ganz beeindruckt von all den Berühmtheiten, mit denen wir so überraschend unterwegs sind. Es regnet wieder. Die Kletterei ist nicht besonders schwierig, aber wir werden naß. Seillänge reiht sich an Seillänge. Von den Standplätzen aus wandern die Blicke immer wieder hinauf zu dem Gestürzten. Er rührt sich nicht. Ob er bewußtlos ist? Es wird allmählich dämmrig.

An einem Schuttplatz erwarten uns Bepi und Much. Für den Gestürzten kommen wir zu spät. Er ist schon durch Seilabschnürung gestorben. Sein Kamerad muß bis morgen warten, denn wir werden hier biwakieren. Mein erstes Biwak – unter einem Toten.

Der Platz ist geräumig genug und liegt geschützt unter einem mächtigen Dach, über das außen ein Wasserfall stürzt. Ich finde zusammen mit Max und Karl Unterschlupf in einem Biwaksack, der schon für zwei recht knapp wäre und der deshalb außen überall spannt und die Kälte zubeißen läßt.

Die Dunkelheit umschließt uns. Wir reden uns die Erregung von der Seele. Much schwärmt von der Route, von der großartigen luftigen Gipfelwand. Später erzählt der italienische „Dottore" von den Leiden der Alpini am winterlichen Elfer, von der Sentinellascharte, bringt uns Lieder bei, die noch den exotischen Klang nie gehörter Melodie haben und die ich erst Jahre später in gängiger Aufbereitung bei Weihnachtseinkäufen im Warenhaus fassungslos als kauflust-steigernde Berieselung erdulden muß, „Era una notte", „La Montanara"... Später dösen, Krämpfe massieren, schließlich erschöpft einschlafen.

Frierend und steif erwachen wir im Morgengrauen. Oben an den Dächern hängt immer noch die stille Gestalt, immer mit der gleichen Haltung der Arme, seitlich abgewinkelt. Ganz langsam dreht sie sich, kommt zum Stillstand, dreht sich in Gegenrichtung.

Bepi und Dieter steigen los, um den Lebenden zu bergen, der an einem winzigen Stand in der Wand über den Dächern mit den Armen schlägt, gegen die Auskühlung ankämpft. Das Morgenrosa färbt die Kante, wandert tiefer, wird leuchtend warmes Sonnenlicht, hilft dem Geplagten und seinen Rettern. Es erweckt jedoch den Hängenden zu keiner Regung.

Wir warten, zuerst noch im Schatten, dann in der Sonne, stundenlang. Irgendwann oben Bewegung, Rufen, Reden. Der Mann am Standplatz hat von Dieter und Bepi ein Seilende, will aber zuerst nicht glauben, daß der Bruder tot ist und daß die Seile nicht reichen, ihn hinabzulassen. Das Seil soll er abschlagen. Er protestiert. Stille. Und dann doch Hammerschläge, krampfhaft hastig. Die stille Gestalt löst sich, fällt uns entgegen. Zwei dumpfe Aufschläge seitlich über uns, wieder das furchtbare Plop – Plop. Ein Rucksack fliegt in hohem Bogen davon. Danach Stille. Und plötzlich ein süßlicher Geruch in der Luft.

Vorsichtig queren wir hinaus. Der Tote liegt in einer Rinne. In Sicht der Hütte. „Wir können ihn nicht einfach runterwerfen", murmelt Much. Und dann lauter: „Der Jüngste liest ihn zusammen!" Makabre Pädagogik. Aber Much ist der Leiter der Rettungsmannschaft. Allerdings sieht er in Karl den Jüngsten, und ich komme doch um diese Aufgabe herum, schlage mit Inbrunst Haken für ein Seilgeländer.

Zum Einpacken ist nur ein Biwaksack da. Max hilft Karl, der mit Übelkeit kämpft. Schon will ich aufatmen, da sagt der Happacher: „Richard, du hast einen Helm. Du fährst jetzt mit ihm ab."

Dabei wird versäumt, eine Seilverbindung zwischen dem Toten und mir herzustellen, so daß er und ich an zwei verschiedenen Seilen befestigt sind, die auch nicht ganz gleichmäßig nachgegeben werden. Das plumpe Gewicht, schwerer als ich selbst bin, hängt mal zu tief, so daß ich es tragen muß, dann wieder bin ich unterhalb, komme kaum noch dran, hänge dran, kralle mich in die Reepschnüre, versuche es vom Fels wegzudrücken, schaffe es nicht richtig, kann auch das plötzliche Nachlassen des anderen Seils nicht ausgleichen, das Fallen des schweren Körpers nicht verhindern. An den Bändern muß ich ihn schleifen.

Der Biwaksack, in den der Tote eingepackt ist, zerreißt. Mehr und mehr wird der vom Sturz nackte Leichnam freigelegt, der Brustkorb mit den blutigen Striemen vom Seil, die Beine mit spitz herausragenden Knochen. Nur der Kopf bleibt bis zuletzt gnädig verhüllt im hochgestreiften Hemd. Wie perfekt der Tod doch sonst im täglichen Leben versteckt und verdrängt wird – und jetzt das ganze Entsetzen hautnah.

Ich kämpfe mit Brechreiz, reiße mich wieder zusammen, zerre diesen Fleischklumpen, der gestern noch Mensch war, weiter. Bei jedem Meter bleiben jetzt Fleischfetzen, Stoff und wässriges Blut zurück. Dohlen segeln heran, picken, ziehen einen Bogen, stoßen wieder auf die Bänder über mir. Weiter, nur weiter. Irgendwer muß das doch machen. Das bin ich dem unbekannten Kameraden doch schuldig.

Endlich sind die achtzig Meter Seil aus. Die Gefährten folgen. Ab und zu pfeifen oder brummen Steine herab von Dieter und Bepi, die oben den Lebenden aus seinem Verhauer herausmanövrieren. Ich nehme es kaum wahr, sitze grün in einer Nische.

Noch zweihundert Meter ins Kar. Es ist klar, daß der Abtransport ohne Leichensack sinnlos ist. Pietät hin, Pietät her, Much entscheidet jetzt auf Runterwerfen. Max geht rüber, schneidet das Seil durch, schiebt den Körper über den Rand des Bandes. Wieder das düstere Plop – Plop. Wir halten den Atem an, fürchten nur, daß er sich noch einmal irgendwo an einem Absatz verfängt. Aber das bleibt uns erspart. Andere bergen die Reste aus der Randkluft. Als wir an der Hütte ankommen, steht davor ein Akja mit einem stellenweise rot durchfeuchteten Bündel, das so klein ist, als sei ein Kind drin.

Wir haben trotzdem gegessen, sogar mit Heißhunger und Appetit. Es half zu verdrängen, wenn auch nicht für lange. Und wir haben darüber gesprochen. Das half zu überwinden, damit fertigzuwerden. Soweit wir damit fertigwerden können, daß wir irgendwann alle einmal so reglos und still und tot sein werden.

Das Ereignis hat mich geprägt. Die Erinnerung an die schrecklichen Eindrücke hat mir immer wieder geholfen, in riskanten Situationen den Ehrgeiz zurückzustellen, den Mut zur Umkehr zu finden. Es hat mir in einem umfassenderen Sinne geholfen, das Positive in jedem Tage zu sehen, bewußter zu leben.

Der Unfall löste auch Bemühungen aus, solche Unfallmöglichkeiten zu verhindern. Wir sprangen im Klettergarten ins Seil, übten Stürze und Selbstbergung, Fixieren des belasteten Seils, Entlastung der Brustschlinge durch vor den Seilknoten gehängte Steigschlingen, das Aufsteigen am Seil mit Prusikknoten. Wir übten das mit vollem Einsatz in teilweise fast masochistischen Selbstversuchen, die gelegentlich auch riskant waren. Sie hatten aber das Ergebnis, daß ein Freund, der zwei Jahre später in der Civetta in eine ähnliche Lage stürzte, sich tatsächlich dank dieser Übungen selbst befreien konnte. Und parallel dazu hat dieser Unfall zusammen mit einigen anderen den Anstoß zur Entwicklung der heutigen Klettergürtel und Sitzgurte gegeben, die das Problem der Seilabschnürung wirklich entschärft haben. Insofern ist das Leid dieses Bergunglücks nicht völlig sinnlos geblieben.

Trotz der schrecklichen Erfahrung bin ich weiter geklettert. Auch im Hochgebirge. Aber diesen sicher großartigen Anstieg über die Zwölfer-Nordkante bis zum Gipfel hinaufzusteigen – dazu habe ich die Unbefangenheit bis heute nicht gefunden. Vor meinem inneren Auge hängt die stille Gestalt noch immer vor den Dächern.

Toblinger Knoten, 2617 m Westkante

▼ *Toblinger Knoten. Die Westkante ist links im Bild etwa im Profil gesehen.*
▶ *Kletterei im oberen Teil der Westkante des Toblinger Knotens. Im Hintergrund die Drei Zinnen.*

Landschaftlich reizvolle Kantenkletterei im Taschenformat, luftig, in festem, fast schuttfreiem Fels. Auch etwas für einen Rasttag, ohne daß dieser dadurch Leistungsakzente erhält. Der Anstieg eignet sich gut zum Eingewöhnen für Anfänger. Diese sollten allerdings auf den luftig beginnenden Abstieg vorbereitet sein. Ab der Scharte kann dann der 1981 wiederhergestellte Klettersteig aus dem Ersten Weltkrieg benutzt werden.

Erstbegehung: Sepp Innerkofler, L. Treptow, 22. Juli 1892.
Schwierigkeit: III (mehrere Stellen, auch im Abstieg; dort auch Abseilen möglich), überwiegend II.
Höhenunterschiede: Zustieg von der Drei-Zinnen-Hütte 180 mH. Kante 120 mH. Abstieg 120 mH bis Wandfuß.
Zeiten: Zustieg ½ Std., Kante ¾ Std., Abstieg ½ Std.
Ausquermöglichkeiten: Von der ersten Terrasse links zum Klettersteig.
Material: 40-Meter-Seil, 2 große Bandschlingen und Klemmkeile.
Routenbeschreibung: AVF Sextener Dolomiten R 714, 711 A, 712.

Dennoch

Urlaubsende. Regen. Peter war schon abgestiegen. Aber irgendwie wehrte ich mich dagegen, nach dem Entsetzen der Totenbergung sofort nach Hause zu fahren. Nur so ist erklärlich, daß ich zum Toblinger Knoten noch abends eine gute Stunde vor Dunkelheit aufbrach, mit einem Zufallsgefährten. Immerhin nahmen wir Taschenlampen mit.

Wir rannten zum Einstieg, kletterten dann schnell. Trotz der Nässe machte es Spaß. Am Gipfel ernüchterte uns der Blick in den Spalt zum Ostgipfel. Nach einigem Suchen fanden wir den alten Eisenstift und die Krampen, die den Weg über das beeindruckende Wändchen hinabwiesen. In der Scharte entschlossen wir uns für die Nordseite, wo alte Leitern erkennbar waren. Es war inzwischen nahezu finster. Von Eisenstiften aus seilten wir ab. Das heißt, ich machte alles fertig und merkte dann, daß mein Begleiter vom Abseilen kaum Ahnung hatte. Nach genauen Erklärungen und Übungen tauchte ich in den Kamin, glitt an abstrus und teilweise locker hängenden, halbverfaulten Holzleitern und Balken vorbei. Mein Kamerad folgte, hielt sich wacker. Unterhalb hing der Kamin über. Das Licht der Lampe reichte nur wenige Meter weit. Wir verknoteten die Seilenden doppelt, ich rückte Prusikschlingen bereit. Aber die Vorsichtsmaßregeln erwiesen sich als überflüssig, ich landete auf einem Band. Nach allerlei Manövern mit dem um Leitern verhängten Seil und weiteren Abseilstellen standen wir schließlich im Kar. Daß die Begehung dieser kurzen Route noch etwas abenteuerlich geworden war, hatte mir eher geholfen, die düsteren Erlebnisse am Zwölfer zu überdecken.
Ich fuhr nach Hause mit dem Gefühl, daß auch im Gebirge doch das Leben das letzte Wort hat.

Kleine Zinne, 2857 m
Nordwand

Die klassische Nordwandroute der Kleinen Zinne war ein Markstein in der Entwicklung des alpinen Kletterns. Der Tourist und Erstbesteiger Helversen schreibt darüber:

„Wenige Minuten, nachdem wir auf dem Plateau angelangt waren, stiegen wir in die Wand ein, Veit kletterte voraus, an vielen Stellen half ihm Sepp nach, indem er ihn auf Schultern, Kopf und Hände steigen ließ, ich und Sepp folgten dafür durch das Seil gesichert nach. Verhältnismäßig nicht schwierig gelangt man bis zum Beginne des Kamins. Der unterste überhängende Theil desselben ist nicht praktikabel und wird links über eine sehr schwierige, plattige Wand umgangen. Diese Stelle ist nebst jener rechtseitigen Wandstelle bei dem hellgelben Abbruche die schwierigste der Tour: bei sehr schlechtem Tritte dient in der fast senkrechten Wand ein kleines Blättchen als Griff für wenige Finger beider Hände; mit der linken freigemachten Hand erreicht man sodann, den Körper etwas nach links fallen lassend, den nächsten schlechten Griff. Weiter geht es nun, theils in dem oft sehr schmalen Kamine selbst, theils unmittelbar neben demselben bis zu jener schon erwähnten hellgelben Stelle empor, wo der Kamin durch ganz überhängendes, äußerst brüchiges Gestein gesperrt ist. Mit größter Vorsicht wird hier an der rechtseitigen sehr schwierigen Kaminwand, die wirklich nur das Unentbehrlichste an Griffen und Tritten bietet, hinausgeklettert. Peinlich ist die Aufmerksamkeit, mit der man sich beim Klettern und Stehen vor jeder Berührung des losen Gesteins hüten muß. Eine auf der rechten Kaminseite nun folgende Platte wird am besten über die, wenn auch mehr exponierte Kante überwunden. Nun wieder im Kamine

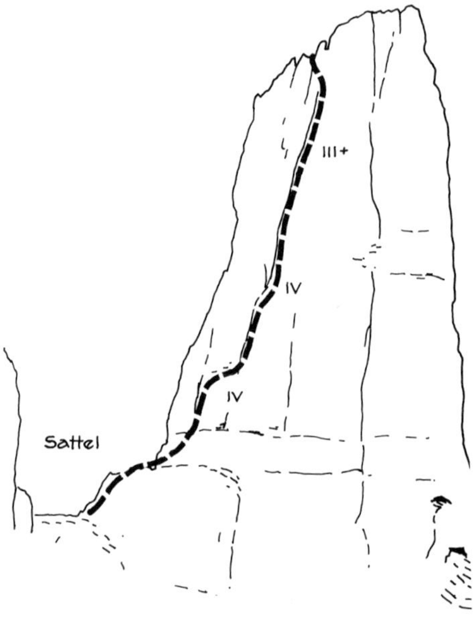

schwer empor bis zu einem links befindlichen kanzelartigen Felsköpfchen, bei dem der Kamin verlassen wird. nach links kletternd, gelangt man bald in einen tieferen Kamin und in demselben in kürzester Zeit auf den Gipfelgrat, der westlich die Spitze trägt; 2.30 h war diese erreicht. Von jenem freudigen Gefühle, das die glückliche Überwindung großer Schwierigkeiten in uns wachruft, getragen, hielten wir auf der luftigen Zinne eine wohlverdiente Rast und sandten helle Juchzer den Genossen in der Hütte und den Touristenkarawanen, den Zeugen unserer Ersteigung, zu. Um 3.05 h brachen wir wieder auf und erreichten um 4.40 h die mir so liebe Hütte.
Die eben beschriebene Tour gehört wohl zweifellos zu den schwierigsten Dolomittouren: einzelne Stellen sind technisch sehr schwer, unschwer fast keine, alle sind äußerst exponiert. Das Gestein ist theilweise sehr schlecht. Unsere Route über die Nordseite ist auch ganz wesentlich schwieriger als der bisherige bekannte Weg."

(Aus: Mittheilungen des Deutschen und Österreichischen Alpenvereins. Wien 1891)

Natürlich haben sich seither Generationen an diesem Markstein versucht, denn er bietet nicht nur einen Hauch von Historie, sondern durchaus schöne luftige Kamin- und Wandkletterei. Der Fels ist der Beliebtheit entsprechend abgenutzt, was besonders bei Nässe empfindlich stören kann. Der Originalroute auch in ihrem unteren Teil zu folgen, tun sich die wenigsten an. Der brüchige Sockel der Nordseite wird gewöhnlich durch den festen und sonnigen Südanstieg zum Nordwandsattel vermieden.

Erstbegehung: Veit und Sepp Innerkofler mit H. Helversen, 1890.
Schwierigkeit: IV– (mehrere Stellen), überwiegend III. Abstieg II und Abseilpiste.
Höhenunterschiede: Zustieg 200 mH vom Rif. Lavaredo. Wand 350 mH (ab Nordwandsattel 150 mH). Abstieg 300 mH.
Zeiten: Zustieg ½ Std. Wand 3 Std. Abstieg 1½ Std. bis Schutt.
Material: 40-Meter-Seil, 6–9 Karabiner, einige Bandschlingen und Klemmkeile. Haken stecken gewöhnlich.
Routenbeschreibung: AVF Sextener Dolomiten R 1015, 1018, Abstieg R 1011 A (mit Fotos S. 223 und 225).

Die erste Zinnen-Nordwand

Sommer 1959. Die Rückkehr zu den Zinnen erfolgte mit einer anderen Einstellung. Waren sie für uns im Vorjahr die großen alpinen Ziele an sich gewesen, so sollten sie diesmal nur Auftakt und Vorbereitung für die Civetta sein. Herrn Rudatis' Schwärmen vom „Königreich des Sechsten Grades" hatte uns darauf neugierig gemacht.
Mein Spezi war diesmal Dieter. Von meinem neuen Studienort Göttingen aus hatten wir uns im Harz und Ith gemeinsam auf die Fahrt vorbereitet. Außerdem war schon eine nasse Woche Oberreintal absolviert, in der wir außer an der Hüttenwand und der Decke des Tagesraumes sogar zwei Tage an Fels klettern konnten. Dabei waren wir uns schuldig, die Wandsockel bis zum vierten Grad seilfrei zu gehen – denn schließlich richtete sich unser Ehrgeiz jetzt auf das „Letzte im Fels."
Unseren Zinnenaufenthalt begannen wir immerhin ganz sachte mit einer Verbeugung vor einigen Dolomitenpionieren: Zur Kleinen Zinne nahmen wir den Siorpaes-Einstieg von Süden, robbten über das Kriechband, kletterten nach dem Wandl die glattgescheuerten Kamine und Rinnen der Langl/Hartl-Variante hinauf zum Nordwandsattel und stiegen dann durch die abgespeckten, mit etwas Neuschnee überzuckerten Kamine der klassischen Nordwand zum Gipfel. Die Steilheit und Luftigkeit der Dolomitenkletterei beeindruckten uns aufs Neue. Wenn wir auch brav angeseilt gestiegen waren, so hatte uns die Route von der Schwierigkeit her nicht sehr gefordert. Aber der Hauch von Historie hatte das ausgeglichen.

▲ Im Zustieg zum Nordwandsattel auf der Langl/Hartl-Führe.
▶ Kleine-Zinne-Nordwand.

Punta di Frida, 2792 m Südostwand

Erstbegehung: E. Comici, G.B. Fabjan, C. Cotafavi, G. Pompei, 1934.
Schwierigkeit: VI– (1 Seillänge, wenn frei geklettert; sonst V/A0), überwiegend V– und IV. Abstieg III– und II (20 m abseilen).
Höhenunterschiede: Rif. Lavaredo – Wandfuß 200 mH. Wand 300 mH (bis Terrassenzone 150 mH). Abstieg 270 mH (ab Terrassen 120 mH).
Zeiten: Zustieg ½ Std. Wand 3–4 Std. Abstieg 1 Std. (bis Terrassen 2–3 Std., von dort Abstieg ½ Std.).
Ausquermöglichkeiten: An der Terrassenzone.
Material: 40-Meter-Seil(e), 20 Karabiner, Sortiment Klemmkeile.
Routenbeschreibung: AVF Sextener Dolomiten R 1045 (mit Skizze), R 1041 A.

Ein hübsches Stückchen Steilfels, hüttennah und mit allerlei Auswegen. Diese mindern nur den Ernst des Anstiegs, nicht jedoch die Schönheit der einzelnen Kletterstellen. Dem damaligen Lebensgefühl entsprechend schildert einer von Comicis Seilgefährten die Erstbegehung recht dramatisch:

„Nach zwei Seillängen von ungefähr 25 Metern erreichten wir eine schmale, rechteckige Terrasse, auf der wir nur mit Mühe Platz fanden. Wir waren jetzt auf der Höhe der Verschneidung, aber um in sie hineinzukommen, mußte noch ungefähr 6 Meter weit nach rechts gequert werden.
Dieser Quergang ist einer der ausgesetztesten, den ich jemals gesehen habe. Um ihn auszuführen, bleibt nichts anderes übrig, als sich seltenen, nur schwach hervortretenden Schuppen anzuvertrauen. Wie ein furchtbares Damoklesschwert hängt über dem Ersten und Letzten der Seilschaft die Gewißheit, daß die geringste Unentschlossenheit in den Bewegungen einen schauerlichen Sturz in den Abgrund zur Folge hätte.
Als es uns mit einem äußerst heiklen Manöver gelungen war, das Hindernis zu überwinden, und wir uns auf der anderen Seite auf einer kleinen, sehr ausgesetzten Terrasse wiederfanden, lächelten wir uns zu. Aber beim Anblick dessen, was uns nun bevorstand, verschwand das Lächeln bald von unseren Lippen. Die wenig ausgeprägte Verschneidung, die sich in die kupferrote Wand einbuchtet, die zu unseren Häuptern niederstürzt, konnte nur durch einen kühnen Gang über dem etwa 100 Meter tiefen Abgrund erreicht werden. (...)
Comici packte das Problem wie einer seinesgleichen an. Lange Zeit widerhallte die Luft von den Stahlschlägen seines Hammers. Die Seile glitten zentimeterweise aus unseren krampfhaft geschlossenen Händen und gaben uns so das Maß an für das langsame, aber sichere Vordringen unseres Führers. Er brauchte fast eine Stunde, um mit ausgesuchtester Kunst und einer Beherrschung der Nerven, wie sie nur wenige besitzen, etwa 20 Meter höherzukommen, so abweisend war dieser Fels, der sich nur dem Einsatz der äußersten Kräfte des Kletterns ergeben wollte ..."
(Aus: Berge-Klettern. Deutsch. München 1964)

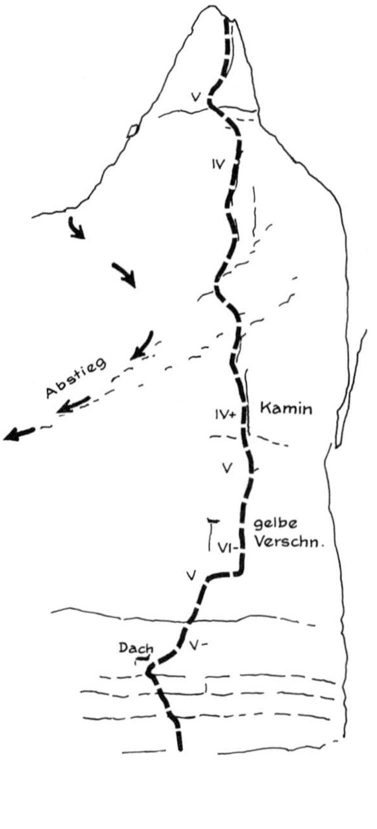

Die Schummelwand

Motivationsforschung darüber, welche Anstiege Bergsteiger wählen, wird rasch erbringen, daß es keineswegs nur guter Fels und ein eindrucksvoller Anblick allein sein können, die eine Route beliebt machen.
Eine fast noch wichtigere Rolle spielt die Faulheit: Je näher der Einstieg am Parkplatz oder an der Hütte liegt, desto besser die Chancen. Daneben ist es die Popularität einer Route, die ihrerseits wieder Popularität schafft. Je häufiger ein Anstieg begangen wird, desto wahrscheinlicher stecken die nötigen Haken (und mehr), was wiederum der Faulheit entgegenkommt. Obendrein ist der Fels ausgeputzt und das Routenfinden unproblematischer. Entscheidend aber ist auch hier die Werbung. Je mehr Leute eine Route kennen, desto mehr erzählen davon. Und wenn jemand aus dem eigenen Bekanntenkreis von einer Tour schwärmt und damit angibt, dann wirkt das ansteckender als jedes noch so ausführliche Anstiegsblatt.

Mit der Punta-di-Frida-Südostwand war es ähnlich. Die hatte sogar schon ihre norddeutsche Mund-zu-Mund-Werbung. Und den Faulheitskriterien genügte sie auch. Obendrein war sie als „V–VI" eingestuft und streckenweise gelb. Beides machte sich gut für das Image aufstrebender Extremer. So sah sie uns an einem schönen Julimorgen.

Gleich am Einstieg gab es allerhand Sucherei, bis wir endlich unter einem großen Dach einen Haken fanden und uns auf der richtigen Route fühlten. Wir kletterten in Wechselführung. Dieter hate den Wunsch angemeldet, und mir fehlten die Argumente, ihn abzulehnen. Das brachte mir auch endlich die Unannehmlichkeiten des Rucksacktransportes nahe, denn auf den Rucksack mit Biwakzeug, Pullovern, Apotheke, Proviant und Wasser verzichteten wir dank der vorjährigen Erfahrungen selbst bei kurzen Touren nicht. Es war jedoch auch angenehm, zwischendurch die Nerven in der Position mit dem Seil nach oben etwas entspannen zu können. Dieter hatte oft Mühe mit seiner mangelnden Körpergröße, aber er stieg sehr ruhig und sicher. Und wenn er wieder einmal unter Absingen seines Standardseufzers, daß die Berge doch nicht für Kindergrößen gebaut seien, eine einschlägige Wandstelle vorgestiegen war, bekam ich geradezu Schuldgefühle, wenn ich dort von einem handlichen Griff zum nächsten reichen konnte...

Von dem Quergang zur Verschneidung hatten wir wegen des Kletterklatsches beachtlichen Respekt. Aber nichts hilft mehr, als vor einer Stelle richtig Schiß zu haben. Auch die gelbe Verschneidung war dank der vielen Haken gut passierbar. Ich hängte schön vorsichtig und sparsam in jeden einen Karabiner ein mit dem Erfolg, mich bald vor Seilzug kaum noch rühren zu können. Die freieren Längen danach waren dann geradezu erholsam.

Nach dem schwarzen Kamin fanden wir uns überraschend in Schrofengelände. Unsere gute Berti-Beschreibung wies weiter gipfelwärts, und wir folgten ihr brav in eine aufsteilende Verschneidung. Sie enthielt mit einem Male zunehmend lockeren Fels. Davon hatte der Kletterklatsch nichts gesagt. Auch am Gipfel deutete nichts auf häufigen Besuch.

Erst später ging uns auf, daß fast alle Begeher der Südostwand nur die halbe Wand klettern und den oberen Teil auslassen. Sogar die Erstbegeher hatten es so gemacht und den direkten Ausstieg erst später nachgeholt. Wie soll man sich da wundern, daß auch die Wiederholer zumeist schummeln. Vielleicht ist sogar die Tatsache, daß „man" von dieser Wand nur die Hälfte zu klettern braucht, um die ganze Wand abzuhaken, das eigentliche Geheimnis ihrer Beliebtheit?

▼ *Punta di Frida und Preußturm von den Moränenbuckeln südlich des Rifugio Lavaredo. Die Aufnahme entstand im Oktober und veranschaulicht, daß in diesen Südwänden bei Schönwetter auch zu später Jahreszeit angenehme Temperaturen zu erwarten sind.*

Einser, 2698 m
Nordpfeiler
„Weg der Jugend“

Die düstere Wand des Einsers hoch über dem Fischleinboden zählt zu den Wahrzeichen und zu den ernstesten Kletterzielen der Sextener Dolomiten. Unter den verschiedenen Anstiegen ist der „Weg der Jugend“ klassisch geworden. Die Schwierigkeiten sind zwar selten extrem, bleiben aber sehr anhaltend im oberen Bereich und sind von der Art, die mit achtungsvollem Unterton „alpin“ genannt wird. Man klettert vorwiegend in Kaminen und an luftigen Rissen, ist nicht immer begeistert über die Qualität des Gesteins und über die stellenweise länger anhaltende Nässe, wohl aber von den markanten Kletterstellen und von dem großartigen Schwung dieser idealen Linie. Den Tag an diesem Pfeiler vergißt man sein Leben lang nicht.

Erstbegehung: Hans Steger, Paula Wiesinger, 10./11. Sept. 1928.
Schwierigkeit: VI– (2 Stellen, wenn frei geklettert), überwiegend sehr anhaltend V und IV. Abstieg II.
Höhenunterschiede: Vom Fischleinboden zum Wandfuß 400 mH, Wand 800 mH, Abstieg 350 mH bis Kar.
Zeiten: Zustieg vom Fischleinboden 1–1½ Std., von der Drei-Zinnen-Hütte ¾ Std. (abwärts und queren), Wand 8–10 Std., Abstieg 1–1½ Std. bis ins Kar.
Ausquermöglichkeiten: Unproblematisch erst ganz oben über Bänder nach links zum Normalweg.
Material: Doppelseil (bei Rückzügen unentbehrlich!), einige Haken für Standplätze, Sortiment Klemmkeile, Biwakzeug.
Routenbeschreibung: AVF Sextener Dolomiten R 1286, 1281 A (beide mit Skizze).

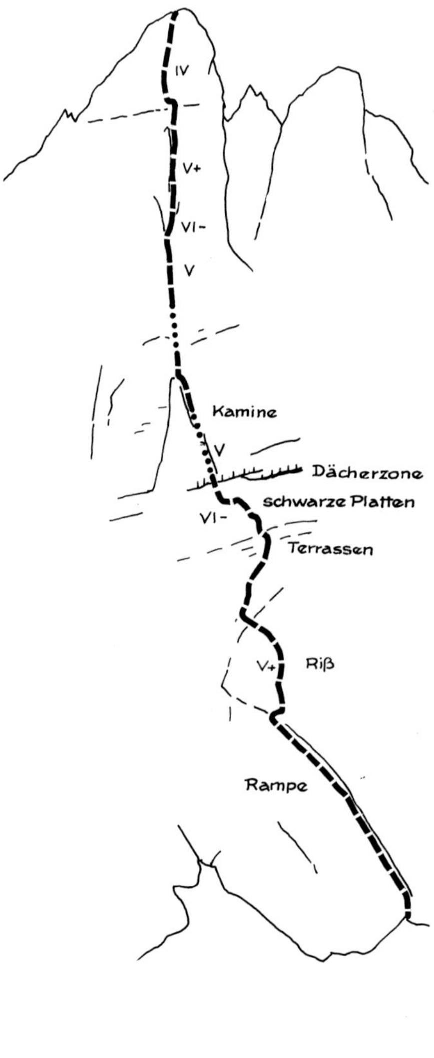

Weg der Jugend

Eigentlich wollten wir uns an diesem Tage in die Große-Zinne-Nordwand wagen. Das Wetter sah gut genug aus. Und auch die nächtlichen Träume von immer kleingriffigeren Quergängen und immer größeren Dächern waren entsprechend gewesen. Aber als wir Bepi gegenüber um 6 Uhr mit dem Plan herausrückten, fragte der nur, ob wir biwakieren wollten. Fünf Seilschaften waren schon in der Wand, und zwei weitere warteten am Einstieg. Was tun? Eine andere Route? „Einserpfeiler“. Der spukte mir schon seit Dieter Hasses begeisterten Erzählungen im Kopf herum. Und er beschäftigte mich noch mehr, seit zwei wildextreme Franken in der Oberreintalhütte mit herablassendem Blick auf unsere Fifileitern gesagt hatten: „Am Einserpfeiler helfen euch eure Klettermaschinen nichts. Da muß man frei klettern, äußerst schwierig.“ Es hatte geklungen, als sagten sie: „Da kommt ihr ja doch nicht hoch!“ Aber gerade dies hatte mich herausgefordert.
Und jetzt, nachdem ich den Pfeiler als Ziel genannt habe und von Dieter kein Protest kommt, kriege ich fast Angst vor der eigenen Courage. Die Sache läuft nun allerdings schon. Rucksack umpacken, einige Karabiner raus, einige Haken zusätzlich hinein, etwas Essen dazu. „Aber am Einser biwakiert ihr sicher!“ ruft uns Bepi noch nach, als wir um 7 Uhr ins Altensteiner Tal hinabtoben. Mit einem Male ist uns das nicht mehr wichtig.
Den Quergang der Halden setzen wir zu hoch an, rutschen im lockeren Schutt heillos herum, finden dann die Schluchtmündung mit der Gedenktafel und danach nichts weiter, was an den Text der Beschreibung erinnert. In der Schlucht gelangen wir immerhin wacker höher, zuerst noch seilfrei, später an einem unserer beiden kostbaren Perlonseile – das zweite trage ich einstweilen noch zur

Schonung über der Schulter. Nach einer Weile verwandelt sich unsere Schlucht in eine Rampe, die vor einem schwindelerregenden Abbruch endet. Ratlos versuchen wir, Beschreibung und Wirklichkeit in Übereinstimmung zu bringen. Vergeblich.
Dieter holt mich auf einer Terrasse nach und bietet mir mit dem Eifer desjenigen, der nicht mit dem Vorsteigen an der Reihe ist, einen langen schrägen Riß an. An seinem Beginn stecken sogar zwei Haken. Das Ding sieht grimmig aus, besonders oben, wo keine Haken mehr zum Weiterklettern überreden. Und es ist grimmig. Bald bin ich hoch genug, daß ein Sturz unweigerlich mit einer harten Landung auf der Terrasse enden würde. Ich fürchte mich höher, klettere verkrampft, kämpfe, habe zugleich das Gefühl, mich immer mehr in einer Falle zu verstricken. Einen Haken müßte ich schlagen. Ich habe auch keine Hemmungen mehr, daß es unsportlich wäre. Aber ich brauche beide Hände zum Festhalten.
Irgendwie erreiche ich nach Ewigkeiten mit flatternden Nerven eine Rampe. Ihr folgen wir nach links, gelangen zu Rinnen, rätseln über den Weiterweg und stehen kurz vor Mittag auf dem Band unter der großen gelbweißen Wand. Als wir gerade beschlossen haben, noch höchstens eine Viertelstunde zu suchen und dann abzuseilen, finden wir schwarze Platten, eine Verschneidung mit einem Stand, einen schräg linksziehenden feinen Riß - und einen Haken. Hurra, wir sind richtig!
Der Fingerriß ist kleingriffig und feucht. Von seinem Ende leitet eine Leiste nach links zu einem anderen Riß. Sollen wir etwa direkt über die riesigen Dächer hinauf? Die sind ja größer als die in meinen Alpträumen der vergangenen Nacht! Aber an den Dächern vertieft sich der Riß und leitet ganz gemütlich hindurch. Es beginnt eine Sinfonie von Kaminen. Variationen über ein Thema. Backenreißend weite und quetschenge, brüchige

und feste, griffige und glatte, trockene und nasse, solche, die sich oben öffnen, und solche, die sich gewölbeartig schließen. Nie wieder werden wir grundsätzlich neue Situationen auf Kamin erleben.

Wir steigen immer noch am einfachen Seil. Das ist an sich völliger Unsinn. Aber vorhin wurde es uns erst bewußt, als wir schon in den Schwierigkeiten steckten. Und bei dem Fehlen von Zwischenhaken ist Sicherung für den Vorsteiger ohnehin nicht vorhanden. Der über die Schulter hängende Strick stört allerdings gelegentlich recht deutlich, besonders, wenn er in den unpassendsten Augenblicken in die Ellenbeuge rutscht und mitten in kitzligen Stellen Entfesselungstricks nötig werden. Andererseits ist der Rucksack ein kaum weniger lästiger Begleiter.

Weiter, höher, immer senkrecht und überhängend, immer in freier Kletterei, fast immer ohne Zwischensicherungen. Grandiose Monotonie. Wieder Kamin, wieder Riß, bald luftig hinausgehalten über die Tiefe, bald im Loch. Später neuerliches Rätselraten über die Route und Verhauer. An einem Schartl, bei einem Zacken, überfällt uns die Nacht.

Es gibt nur ein fußbreites, abschüssiges Bändchen. Wir setzen uns in Schlingen, um nicht hinunterzurutschen, kauen lustlos an Dörrobst, massieren Krämpfe und eingeschlafene Körperteile. Fernes Wetterleuchten nährt Befürchtungen, daß wir selbst diesen bescheidenen Platz räumen müssen. Und irgendwann schlafe ich trotzdem, beneidet von Dieter, dem dies nicht vergönnt ist.

Im Morgengrauen beginnt es zu regnen. Kältesteif und naß kriechen wir aus dem Biwaksack, stopfen schlotternd unseren Kram in den Rucksack. Als Dieter losklettert, wird aus dem Regen plötzlich Schnee. Es ist windstill, und die wattigen

▲ Am schrägen Riß vor dem Dächerriegel.
◄ An den Kaminen oberhalb der großen Dächer, kurz vor dem „Amphitheater".

Flocken sinken herab wie ein Vorhang. Ist das ein Wettersturz? Die Magie des oft gelesenen Wortes würgt unsere Zuversicht.

Dieter tastet sich hinüber in einen Kamin. Ganz langsam läuft das Seil durch meine Finger. Noch lange, bevor es zu Ende ist, meldet er Stand. Als ich nachsteige, bleibt der Schnee schon liegen. Von oben höre ich ein Stöhnen. „Mir ist schlecht!" Ich haste hinauf. Dieter hängt in der Selbstsicherung, mit aschfahlem Gesicht. „Ich kann nicht mehr." Die Welt scheint einzustürzen. Ich kann ihn doch nicht hinauftragen! Und wie soll man uns hier oben hören, wenn ich rufe? Und im Schnee? Wie lange hält man da aus gegen Kälte und Nässe?

Mir fällt das kreislaufstärkende Mittel im Rucksack ein. Ich stecke Dieter eine Tablette in den Mund, stopfe Schnee hinterher. „Kauen! Und sichern!"

Dann raufe ich mich über den nächsten Kaminüberhang, erreiche ein breites Band – wie bequem hätten wir hier biwakieren können! Standsicherung. Ich brülle hinab, ziehe am Seil wie ein Irrer – und Dieter kommt, zwar quälend langsam, aber er kommt.

Ich heule fast vor Erleichterung, unterstütze ihn mit Seilzug, rede ihm gut zu, gehe den nächsten Kamin an. Es hat aufgehört zu schneien, und Dieter folgt, erholt sich sogar allmählich.

Um acht Uhr entsteigen wir direkt am Gipfelkreuz unserer bisher härtesten Tour.

▼ *Fischleintal mit Einser (rechts) und Zwölfer (links), gesehen vom Gipfel des Helm.*

Einser, 2698 m
Normalweg

Für die geringe Schwierigkeit ist dies eine verblüffend hübsche Kletterei. Natürlich nach alpinen Maßstäben, natürlich mit einigem Schutt auf den Bändern und in den Rinnen. Aber mit gesundem Fels. Und auf einen markanten Gipfel.

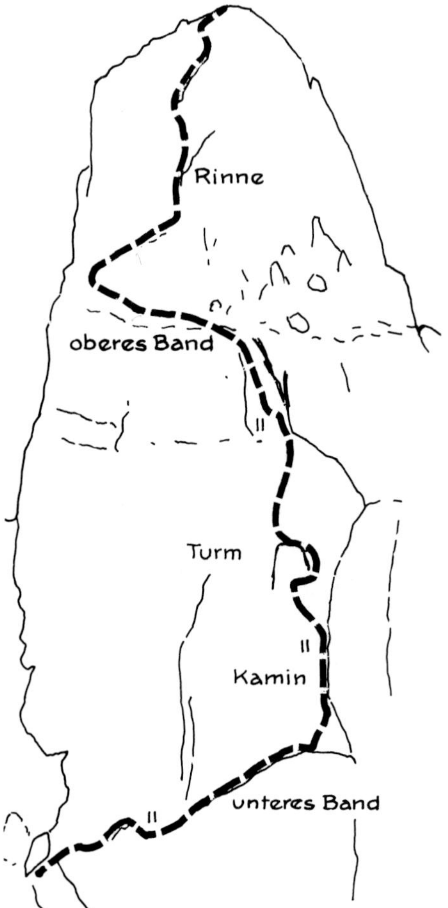

Erstbegehung: M. Innerkofler, Gef., 1879.
Schwierigkeit: II, nur teilweise leichter.
Höhenunterschiede: Zustieg von der Zsigmondy-Comici-Hütte etwa 200 mH. Wand 350 mH.
Zeiten: Zustieg 1 Std., Normalweg 1½ Std., Abstieg 1 Std. bis ins Kar.
Material: Seil, einige Karabiner, Klemmkeile und Bandschlingen.
Routenbeschreibung: AVF Sextener Dolomiten R 1281, 1281 A (mit Skizze).

Nachher

Der Druck der Ungewißheit ist abgefallen. Wir werden zurückkehren von diesem Berg. Die Rinnen und Wandstufen sind nach dem, was vorher verlangt wurde, läppisch leicht, prägen sich so wenig ein wie die Einzelheiten des Straßenpflasters auf dem Nachhauseweg von einer Prüfung. Ab und zu erinnern wir einander: „Wir sind müde, wir müssen ganz besonders gut aufpassen."
Steinmännchen.
Steigspuren.
Karwärts.
Hinterher die Faszination des Gehens auf ebenem Weg. Ohne Griffeprüfen, ohne den Zwang zur Konzentration. Bewußtes Erleben einer köstlichen Selbstverständlichkeit.

Große Zinne, 2998 m
Südwestkante

Die Kante hat ihre Schönheitsfehler – der Sockel und der Gipfelaufbau sind unverhältnismäßig leicht und etwas brüchig. Aber diese Abschnitte lassen sich ohne Probleme vermeiden. Und das senkrechte Kantenstück zwischen dem unteren und dem oberen Terrassenband gehört zu den ganz erlesenen alpinistischen Leckerbissen. Der kompakte Fels wird von der Sonne auch nach Schneefall rasch wieder freigelegt und getrocknet und bietet eine kurze, aber einprägsame Halbtagstour.

Erstbegehung: P. Mazzorana, G. Milani, 28. August 1941.
Schwierigkeit: VI+ (eine Stelle, wenn frei geklettert; sonst V+ und A 0), überwiegend V und IV.
Höhenunterschiede: Rif. Auronzo – Einstieg 300 mH. Kante 350 mH (250 mH bis zum oberen Terrassenband). Abstieg 450 mH bis Schutt.
Zeiten: Zustieg 1 Std., Kante bis oberes Band 2–3 Std., Abstieg 1½–2 Std. bis Schutt.
Ausquermöglichkeiten: Das mittlere Kantenstück ist auch von der Großen Zinnen-Scharte durch eine Rinne oder durch Queren vom Normalweg her zu erreichen. Vor dem Gipfelaufbau kann über das Band zum Normalweg gequert werden, siehe Foto Seite 166.
Die Schlüsselstelle läßt sich rechts weniger schwierig umgehen.
Material: 40-Meter-Seil(e), 10–12 Karabiner, einige Klemmkeile, einige Haken.
Routenbeschreibung: AVF Sextener Dolomiten R 986, 971 A.

Der Leckerbissen

Gelbgraue Folge von kleinen Überhängen, himmelwärts.
Die Griffe sind abwärtsgerichtet, aber fest und zahlreich. Im Zickzack taste ich mich höher, quere, steige, quere wieder, bemerke plötzlich überrascht, daß das Seil frei durch die Luft hinabhängt zu Dieter.
Später direkt an der Kantenschneide. Atemberaubende Luftigkeit. Steigen hinauf ins Blau. Ich möchte den Augenblick festhalten, drücke hilflos auf den kleinen Blechkasten mit dem Glasauge und weiß doch, daß ich damit den Augenblick *nicht* festhalten kann.
Das Dach. Die Kletterei mit der Leiter ist ein Stilbruch, aber schön anzusehen. Wir genießen den Fels, die Sonne, die Ausblicke, die Ruhe, mit der wir klettern. Heute gibt es keine Unsicherheiten, keinen Kampf.
Die Kante legt sich zurück, ohne spürbar leichter zu werden. Das Ringband. Der Gipfel.
Wir sind bereit für die Nordwand.
Morgen.

Große Zinne, 2998 m
Nordwand

Die Nordwand der Großen Zinne ist für Kletterer mehr als irgendeine Wand – sie ist ein Symbol, ein Wallfahrtsort, ein Kultobjekt. Ihre erste Durchsteigung war eine Sensation. Emilio Comici schreibt darüber:

„... Wir überwanden den 25-Meter-Riß, der auf eine kleine Terrasse führte, wo wir uns endlich vereinigen und ausruhen konnten. Gelbe Wände hingen von allen Seiten über. Ich versuchte einen Quergang nach links, indem ich noch fünf oder sechs Meter weiterging; dann kehrte ich zu der kleinen Terrasse zurück. Wir waren ungefähr 30 Meter über die Stelle hinausgekommen, die Steger erreicht hatte. Das genügte für diesen Tag. Wir hatten alle unsere Kräfte erschöpft.

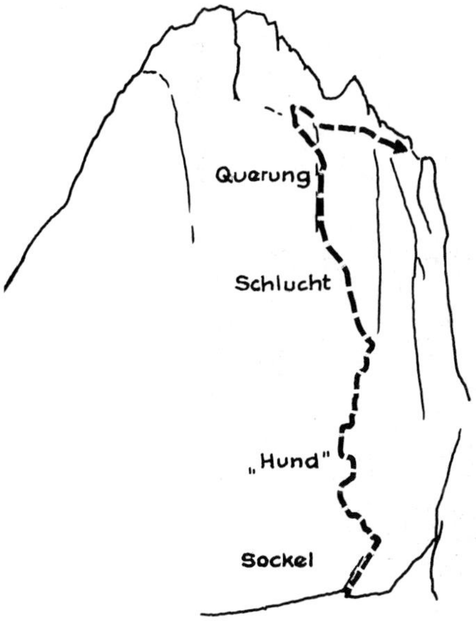

Nun will ich davon sprechen, warum die Schwierigkeiten neuer Kletterstellen in der Beurteilung ihres Bezwingers höher eingeschätzt werden als jene, wo schon ein Mensch durchgekommen ist. Eine Klettertour des äußersten Schwierigkeitsgrads stellt nämlich auch eine gewaltige psychische Leistung dar, die noch größer ist, wenn man sich auf jungfräulichem Gelände bewegt. Das Risiko steigert sich im Verhältnis zur Nervenanspannung. Ich glaube, es wird keinen Felskletterer geben, der anders darüber denkt.
Ein wenig unter dem äußersten an diesem Tag erreichten Punkt wollte ich noch einen Haken einschlagen und ein weißes Taschentuch daranbinden. Als Zeichen unseres Verzichtes? Nein. Wir wollten nur von unten diesen äußersten Punkt erkennen, um den Anblick auszukosten, wie sich dieser kleine weiße Fleck an einer aller Vernunft hohnsprechenden Stelle bewegte, und schaudernd feststellen können: „Bis dahin sind wir gelangt. Wir haben den Berg von seiner schrecklichsten Seite, die zugleich die schönste ist, betreten und es gewagt, bis zu dieser Stelle vorzudringen, die noch nie von einer Menschenhand berührt worden ist." Ist das Eitelkeit? Nein, es ist männlicher Ehrgeiz und die Freude an der eigenen Kraft. (...)

An diesem Tag gewannen wir ungefähr 25 Meter an Höhe. Unter einem Überhang trafen wir alle zusammen. So sehr wir uns auch die Hände aufschürften, es gelang uns nicht, ihn zu überwinden. Zu allem Unglück (oder Glück?) brach ein heftiges Gewitter los. Angesichts des Wütens der Natur fühlten wir uns ganz klein. So standen wir ängstlich an die Wand gelehnt. Die Einschläge der Blitze auf den Gipfeln der Großen, der Westlichen und der Kleinen Zinne hallten wie Kanonendonner wider. Wir sammelten die herabhängenden Seile ein aus Furcht, ein Blitz könnte sich ihnen entlang entladen. Tosende Wasserbäche schossen von der Wand herab und verursachten einen Höllenlärm. Freilich, von einem Wunder habe ich noch nicht gesprochen. Der Vorhang von Wasser und Steinen, der vom Gipfel herunterstürzte, erreichte uns nicht. Er ging drei oder vier Meter von der Wand entfernt an uns vorbei, weil uns die dachartig vorspringenden Felsen schützten. Das ist der große, wenn auch einzige Vorteil für die Kletterer in Wänden, die immer überhängend sind.
Der Gedanke, die Nacht in dieser ungemütlichen Lage verbringen zu müssen, schien uns wenig verlockend. Als das Gewitter zeitweilig nachließ, seilten wir uns daher ab.

Am folgenden Morgen kehrten wir bei strahlendem Wetter zum Angriff zurück. Doch waren nur mehr drei von uns übriggeblieben; denn Verzi und Dibona mußten ihrer Verpflichtung wegen nach Cortina absteigen.
Es gelang mir, den Überhang zu überwinden, der uns am Tage vorher zum Stehen gebracht hatte. Aber das Schlimmste zeigte sich unseren Blicken erst nachher: eine offene und völlig überhängende Wand, keine Kamine, keine Risse, keine Leisten... Das Ringen um den Berg wurde hier zum gefährlichsten, verwegensten und ausgeklügeltsten, das man sich denken kann. Die Haken drangen nur einen Zoll tief ein. Man kletterte nicht mehr auf dem Fels, sondern auf vier Steigbügeln. Dabei ruht der Absatz im Steigbügel, während die Fußspitze nach einer rauhen Stelle im Fels sucht. Weshalb dieses Verfahren? Weil man auf diese Weise so viel Überhang beseitigt, als die Fußlänge beträgt. Ich habe Stunden und Stunden gebraucht, um nur wenige Meter voranzukommen. In diesen Augenblicken hält man sogar den Atem an, weil man sich selbst vortäuschen möchte, daß man dann leichter wird.

Als ich diesen außerordentlich harten Wandabsatz überwunden hatte, entrang sich mir ein Freudenruf; denn ich sah, daß nur noch ein ungemein ausgesetzter Quergang zu bewältigen war, der mir aber wie ein Spiel im Vergleich zu der eben erkämpften Wand erschien. Dann kam eine große Terrasse, der ein gut ausgeprägter Riß im gesunden Fels folgte. Damit wäre also der erste Teil der Nordwand gemacht gewesen, der vom Einstieg bis hierher immer überhängt.
Aber welche Enttäuschung mußte ich erleben, als ich mich anschickte, diesen Quergang auszuführen! Meine Arme gehorchten meinem Willen nicht mehr; die Handgelenke waren infolge der Anstrengungen steif geworden, die es mich gekostet hatte, die Seile heraufzuziehen, die nicht durch die Karabiner laufen wollten... Giuseppe kam nach und im Nu war er drüben. Dann ging es durch den nachfolgenden Riß weiter, bis wir uns alle drei auf einer bequemen Terrasse vereinigen konnten. (...)

Um 10.30 Uhr des folgenden Tages setzten wir unseren Fuß auf den Gipfel der Großen Zinne. Die erste Durchsteigung der Nordwand war geglückt."
(Aus: Berge-Klettern. Deutsch. München 1964)

Die Wand wurde rasch populär, zeitweise übernagelt, dann wieder ausgenagelt. Später pendelte sich die Zahl der Zwischenhaken bei etwa achtzig ein. In den sechziger Jahren verblaßte der Ruhm der Comiciführe hinter den neuen Direktrouten, bis sie als extremes Freikletterproblem wieder im Kurs stieg.

Erstbegehung: E. Comici, G. u. A. Dimai, 12.-14.8.1933. Erste freie Begehung vermutlich durch Engländer, 1965.
Schwierigkeit: V+ und V mit reichlich A 0 und A 1 (frei geklettert - Rotpunkt - recht anhaltend VII und VII-). Im oberen Wandteil IV+ und IV. Abstieg III und II.
Höhenunterschiede: Rif. Lavaredo / Drei-Zinnen-Hütte - Wandfuß 200 mH. Wand 550 mH bis Gipfel (450 mH bis Ringband). Abstieg 450 mH bis ins Kar.
Zeiten: Zustieg ½ - ¾ Std., Wand bis Ringband 5-7 Std., Abstieg 1-1½ Std.

Ausquermöglichkeiten: Keine vor dem Ringband. Dort wird gewöhnlich ausgequert, was auch gesundheitserhaltend für nachfolgende Seilschaften wirkt.
Material: 40-Meter-Seil(e), 25 Karabiner, Sortiment Klemmkeile und einige Haken, Biwakzeug ratsam.
Routenbeschreibung: AVF Sextener Dolomiten R 980, R 971A (beide mit Skizzen).

Schlangestehen in der Senkrechten

Bepi weckt uns um halb vier. Für die Mühe wollen wir ihm auch einen kleinen Verdienst zukommen lassen und bestellen einen Liter warme Milch, den wir auch sogleich bekommen. Aber als wir zahlen wollen, winkt er ab. Ein Geschenk. Wo wir doch heute in die Nordwand gehen. Gerührt machen wir uns auf den Weg.
Die erste Seilschaft sind wir trotzdem nicht, in der Wand basteln schon zwei Schwarzwälder Recken. Den Sockel klettern wir noch seilfrei. Der Fels ist lausig kalt. Dann beginnen die eigentlichen Schwierigkeiten. Zur Eindämmung meiner Ängste mit Doppelseil, 25 schweren Eisenkarabinern und einem dicken Hakenigel nebst Hammer behängt, schwinge ich mich hinaus. Der Fels ist mit Haken gespickt. Ich benutze Leitern, wie in solch eisenhaltigem Gelände gewohnt. Bald jedoch hört die Hakenreihe auf und man muß frei klettern. Die Griffe sind etwas poliert, aber groß genug und nach innen gerichtet. Nur die Kälte macht mir zu schaffen. Alle paar

◄ Mehrere Seilschaften in den schwierigen unteren Seillängen der Comiciführe in der Nordwand der Großen Zinne, gesehen vom Wandfuß.

Meter brauche ich eine Fingerwärmpause. Ich bin erregt von der Position der Kletterei. Und überhaupt von dem Gedanken, jetzt in der Großen-Zinne-Nordwand zu sein.
Dieter geht gleich weiter zum abgebrochenen Riß, steigt als Silhouette vor dem in der Morgensonne leuchtenden Gipfelaufbau der Westlichen. Auf der überraschend bequemen Wandschuppe, auf dem „Hund", sehen wir uns wieder. Über uns wursteln sich die Schwarzwälder höher. Wir warten und verkürzen uns die Zeit mit dem Anbringen eines Schildes „Während des Aufenthaltes auf den Bahnhöfen ist die Benutzung . . .". Das Ding erinnert an ein vorübergehend vergessenes Bedürfnis. Aber seine Befriedigung löst unten Gezeter aus. Dort sind von uns unbemerkt weitere Interessenten eingetroffen, die bei dem strahlend blauen Himmel nicht an Regen glauben wollen. Insgesamt folgen uns noch fünf Seilschaften. Ziemliches Gedränge also auf dem schmalen Pfad zum alpinen Tatenruhm.
In der nächsten Seillänge überholen uns zwei schrecklich hektische Stuttgarter. Besonders nervt uns, daß sie sich nicht entblöden können, ihre Karabiner neben unsere in die dafür zu knappen Hakenösen zu hängen. Wir sind froh, als die beiden uns endlich passiert haben. Vor allem schadenfroh, denn bald sehen wir sie wenig oberhalb hinter den Schwarzwäldern in Leitern hängend warten.
Danach wird die Atmosphäre ruhiger. Wir kommen an den Standplätzen mit den nachfolgenden Münchnern ins Gespräch. Unterhalb hocken drei Augsburger. Einer von ihnen hat eine kleine Mundharmonika dabei, entlockt ihr eine verblüffende Fülle von Melodien. Wenn

▶ *„. . . Dieter geht gleich weiter zum abgebrochenen Riß, steigt als Silhouette vor dem in der Morgensonne leuchtenden Gipfelaufbau der Westlichen . . ."*

wirklich mal eine Note vorkommt, die der Schnauzenhobel nicht hergibt, wird routiniert darüber hinweggehuscht oder etwas Ähnliches hineinvariiert. Niemand schimpft mehr, man hört höchstens mal ein hastiges „Seil ein!“ oder „Wiggerl, ziags dick, dickziagsogi!“
Immer mehr Tiefe. Die Halde unten flach. Die Seile frei in der Luft. Wir haben vorsorglich Prusikschlingen im Seil, eingedenk des Unfalls am Zwölfer. Um bei eventuellen Stürzen die Fallhöhe gering zu halten, hängen wir möglichst alle Haken ein, auch wenn der Seilzug stört. Die Stunden fliegen dahin. Am Nachmittag erreichen wir die Gipfelschlucht. Die Schwarzwälder haben sich verhauen, queren oberhalb vom 27-Meter-Quergang. Entsetzt sehen wir Zentnerblöcke herabbrummen und unten auf dem geneigtenTeil der Schlucht zwischen den Augsburgern einschlagen. Wie durch ein Wunder bleiben alle unversehrt.
Wir finden den richtigen Quergang, der uns in atemberaubender Luftigkeit, aber ohne nennenswerte Schwierigkeit, zu den letzten Rissen bringt. Bei beginnender Dämmerung steigen wir auf das Ringband aus. Pünktlich mit dem letzten Licht erreichen wir das Kar.
Durch neblige Nacht bummeln wir zur Hütte, wo wir schon im Biwak vermutet werden. Aber statt auf harte Steine strecken wir uns diesmal wieder auf heimelig quietschenden Drahtbetten.

◀ *Im 27-Meter-Quergang*
▼ *Steilwandballett (4. schwierige Seillänge).*

Paternkofel, 2744 m Nordverschneidung

◀◀ Der Paternkofel von der Drei-Zinnen-Hütte. Im Vordergrund das Frankfurter Würstl. Die Nordverschneidung leitet direkt zum höchsten Punkt.

▶ „. . . als sich der Fels immer mehr auflöste . . .“ In der ersten schwierigen Seillänge.

Dies ist keine empfehlenswerte Genußtour, sondern ein abschreckendes Beispiel. Allerdings besteht kein Zweifel, daß sich dem, der nur gängige Moderouten gewöhnt ist, auf Anstiegen dieser Art völlig neue Erlebnisbereiche erschließen. Wegen der Passanten auf dem jetzt unterhalb eingerichteten Klettersteig sollten allerdings Interessenten für alpine Horrortrips ihre einschlägigen Bedürfnisse besser anderswo befriedigen. Zumindest muß bei einer Begehung dieser Route unten für eine Verkehrsregelung gesorgt werden, die festlegt, wann der Fußgängerverkehr auf dem Klettersteig und wann der Steinschlag der Kletterer Vorfahrt haben soll.

Erstbegehung: W. Zeller, A. Reiter, 29. Juli 1956.
Schwierigkeit: VI– mit A2 (Stelle) und A1. Abstieg Klettersteig.
Höhenunterschiede: Drei-Zinnen-Hütte bis Einstieg (oberhalb des Tunnels) etwa 150 mH. Wand 200 mH. Abstieg bis Hütte 350 mH.
Zeiten: Zustieg ¾ Std., Wand 3 Std., Abstieg 1 Std.
Ausquermöglichkeiten: In der Wand keine.
Material: 40-Meter-Seile, 25 Karabiner, kleines Sortiment Haken und Klemmkeile, Taschenlampe für den Tunnel.
Routenbeschreibung: AVF Sextener Dolomiten R 1149, 1141A.

Etwas Besonderes

Was bedeutete eigentlich die 1364. (oder die 2593.?) Begehung der Nordwand der Großen Zinne? Wenn die Kletterei uns auch gefordert hatte – irgendwie signalisierte das Gedränge doch, daß es ein Alltagsereignis gewesen war.
Und so war dann neben dem Wunsch, uns an anerkannten Prüfsteinen zu bewähren, der andere Wunsch getreten, etwas Unverwechselbares, Ungewöhnliches zu tun.
Was wäre in dieser Gegend etwas Ungewöhnliches? Eine Erstbegehung? – Sicher. Ebenso sicher erschien es uns allerdings trotz unserer fünfzig Klettergartenneutouren noch einige Nummern zu groß, auch hier im Hochgebirge so einfach ins Ungewisse hineinzuklettern. Und die Nordwand der Westlichen, bis vor kurzem hier noch das Nonplusultra? Auch um uns dort hineinzuwagen, dazu brauchten wir noch mehr Wissen über unsere eigenen Fähigkeiten. Uns fiel die Paternkofel-Neutour im Tourenbuch der Drei-Zinnen-Hütte ein. Hinter dem einen der beiden Erstbegehernamen stand ein dickes Kreuz und eine Notiz, daß er bei einem Erstbegehungsversuch im Wilden Kaiser abgestürzt war. Wir lasen die Routenbeschreibung genauer. Die Führe schien nur kurz zu sein, eigentlich zu kurz für den Zustieg. Aber es würde etwas Besonderes sein, nämlich eine 5. Begehung. Der Hinweis „sehr brüchig“ wirkte fast wie eine Empfehlung. Schließlich soll die Westliche ja auch brüchig sein. Und hatten wir nicht im Lehrbuch von Altmeister Otto Eidenschink gelesen, daß sich gerade im morschen Fels der wahre Könner zeige?!
Nach der ersten Seillänge hat sich das Gefühl vom Besonderen deutlich verstärkt. Die Richtung allerdings, in der es sich entwickelt, behagt uns wenig: Als der Fels sich immer mehr auflöste und die Bezeichnung „sehr brüchig“ sich immer mehr als beschönigende Übertreibung erwies, halfen zwar einige Haken weiter. Aber daß ich jetzt an zwei nur wenige Zentimeter tief steckenden Stückchen Eisen in Leitern sitzend nachhole, nagt an meinem seelischen Gleichgewicht.
Die Verschneidung über mir hat kompakte Seitenwände, zwischen denen in ihrem Grunde lockere Blöcke aller Kaliber hängen. Dieter spreizt weiter und jammert dabei wie üblich über seine kurzen Beine. Keine Haken. Auch keine reinzukriegen. Und dann: „Ich habe einen Block“. – „Schmeiß ihn runter!“ – „Kann ich nicht. Ist zu groß.“ – „??“ – Stille. „Ich versuche, ihn kaputtzuschlagen.“ Hammerschläge. Steine regnen auf meinen Helm. Ich nehme es hin, weil mit jedem Brocken der Damoklesblock da oben kleiner wird. Stille. „Ist er unten?“ Der Abbrucharbeiter ächzt nur.

„Das war das Kleingemüse. Nimm die Stricke ein!“ Als ich sie auf dem Schoß habe, kracht der Block neben mir auf die Kante...
Wieder gewagte Spreizkletterei, ab und zu eine Scherbe Fels. Dann klickt ein Karabiner, noch einer, noch einer. Aber es klingt jedesmal, als läge der Haken lose herum. Zum Schluß ein Quergang, als Schlußpunkt eine Salve Steine. Ich darf nachsteigen.
Die Standhaken gehen beängstigend leicht heraus. Und beim Spreizen in der Verschneidung gelingt es mir spielend, weitere Blöcke zu lösen. Überhaupt genieße ich hemmungslos, daß das Seil nach oben zeigt. Als ich den Stand sehe, bin ich zuerst ganz erbaut von der dicken Klemmblockschlinge. Das dauert allerdings nur so lange, bis ich mich über den Block in den überhängend beginnenden Kamin schwinge. Ich bemerke beim Stemmen mit Entsetzen, daß die ganze linke Wand bebt, weil sie nur durch eine angepappte Felskulisse gebildet wird. Obendrein füllt den Grund eine Mischung aus Trümmern, Lehm und Split. Und einen Haken bringe ich erst nach zehn Metern in den infamerweise völlig kompakten Fels der rechten Wand. Nach zwei Zentimetern sitzt er auf. Entnervt arbeite ich mich weiter. Schließlich läßt sich einer meiner selbstgeschmiedeten Schwerthaken bis zum Auge in einen guten Horizontalriß versenken. Von diesem Schlingenstand aus ist wenigstens kein Mannschaftssturz mehr zu befürchten.
Für Dieter bleibt noch ein über die Tiefe gehängtes Wandl, das stellenweise durchsichtig ist. „Willst du eine Tonne Fels?“ Kalter Schweiß auch noch im Nachstieg. Endlich Schrofen und Gipfelgrat.
Etwas Besonderes hatten wir gesucht. Wir haben es gefunden. Aber wir schwören uns: Wenn wir wieder Gelüste auf etwas Besonderes haben, werden wir genauer hinsehen, worauf wir uns einlassen.

Westliche Zinne, 2973 m
Nordwand

Die erste Linie durch diese mit Dächertreppen gespickte Wand ist und bleibt eine der berühmtesten Routen der Dolomiten. Die kaum zu überbietende Luftigkeit, der heute perfekt ausgeputzte Fels und die Eleganz der vielen Quergänge machen die Kletterei zum Fest.

Berüchtigt wurde die Wand seinerzeit vor allem wegen ihrer kompakten Schlüsselstellen mit riskanter Hakenkletterei. In den dreißiger Jahren, vor der Erfindung von Abbindeschlingen und Spezialhaken, forderte sie eine besondere Mischung von Einfühlungsvermögen und Draufgängertum. In Cassins Routenbeschreibung schimmert das nur in einigen lakonischen Bemerkungen durch wie „... Quergang von 17 Metern, für den die ersten Begeher 6 Stunden brauchten... immer VI. Grad obere Grenze, wobei es unmöglich ist, Haken zu schlagen; man ist am Rand des kolossalen Überhangs, etwa 250 Meter über dem Schuttfeld... (Berti, Dolomiti Orientali, 1973 I 2, S. 182) und auch die Kletterzeit von 27 Stunden spricht für sich. Fritz Kasparek wird da deutlicher:

„Auch ich war platt vor Staunen, als ich nach drei Stunden noch immer keinen Zentimeter weiter gekommen war. Wenn ich etwas riskieren wollte, brachten mich der letzte Haken, welcher verdächtig wackelte, und der Blick ins Kar hinunter zur Vernunft. Bei einem Sturz hätte ich auf den Schutthalden erst zwanzig Meter von der Wand entfernt den Boden erreicht, so überhängend war die Wand.

Erst nachdem ich von Umkehr gesprochen hatte und es vorerst noch das letztemal versuchen wollte, entdeckte ich hinter einer Schuppe eine kleine Ritze. Einen ganzen Zentimeter brachte ich den Eisenstift hinein, machte eine Steigschlinge an und ließ Zug geben. Mit angehaltenem Atem beobachtete ich den Haken, immer auf einen Sturz gefaßt.

„Peng" ging es und der untere, an welchem ich drei Stunden gehangen hatte, ging heraus. Jetzt war mir alles gleich. Einen Meter höher oben brachte ich wieder einen Stift an, und kaum hatte ich Zug verlangt, ging der vorletzte heraus. Dieses nervenaufpeitschende Spiel, bei dem die Sturzhöhe immer größer wurde, wiederholte sich noch zweimal, ehe ich das Schichtband erreichte. Nun brachte ich endlich einen Sturzhaken an, der mich befreit aufatmen ließ."

(Aus: Fritz Kasparek, Vom Peilstein zur Eiger-Nordwand, Salzburg 1951)

Es stecken jetzt meist zwei Dutzend mehr Haken als die Erstbegeher schlugen, und wenn man sie alle als Kletterhilfen benutzt, wird die Schwierigkeit deutlich reduziert. Die Route wurde jedoch auch schon völlig frei geklettert und verlangt dann hochkarätige Artistik.

Erstbegehung: R. Cassin, V. Ratti, 28.–30. August 1935. 1. freie Begehung (Rotpunkt) durch J.C. Droyer und M. Huck, 1979.

Schwierigkeit: VI– (mehrere Stellen) und A1 (Stellen), recht anhaltend V+ und V, im oberen Wandteil abnehmend auf IV und III. Dabei sind 30 Fortbewegungshilfen zugrundegelegt. Eine freie Begehung dürfte mit VII und VIII anzusetzen sein. Abstieg II.

Höhenunterschiede: Zustieg 300 mH. Wand 450 mH (Kletterstrecke etwa 630 m bis zum Gipfel). Abstieg 350 mH bis ins Kar.

Zeiten: 1–1½ Std. vom Rif. Lavaredo oder der Drei-Zinnen-Hütte. Wand 6–8 Std. Abstieg 1½ Std. bis Schutt.

Ausquermöglichkeiten: Erst am Ringband.

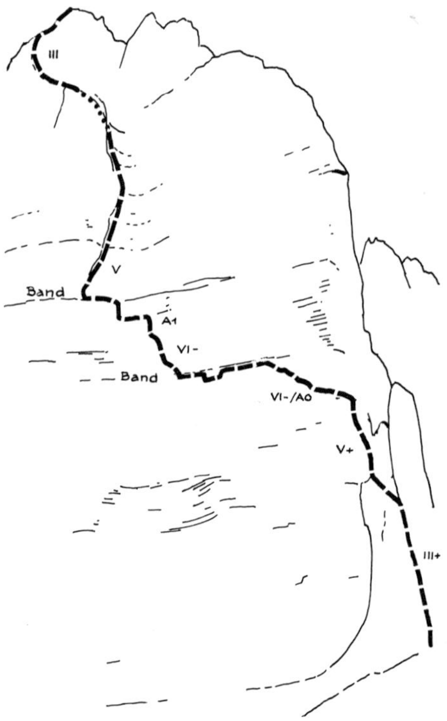

◀ *„... es wird dann aber doch spannend. Zwischen den einzelnen Haken sind immer wieder zwei, drei Meter zu klettern, in überhängender Wand, an scharfkantigen, aber meist nur fingerbreiten Leisten..." (Beginn der schrägen Seillänge).*

▶ *Tiefblick vom Beginn des Dachquergangs zurück in die schräge Seillänge. (Die damals von uns verwendete „karabinersparende" Methode, die Seile zur Vermeidung von Reibung durch Reepschnurschlingen zu führen, kann bei Sturz Seilriß verursachen und wurde zum Glück nie im Ernstfall erprobt.)*

Material: 40-Meter-Seile, einige Normalhaken (auch sehr kurze und dicke mittellange), 25 Karabiner, etwas Dübelholz und Abbindeschlingen, Prusikknoten bzw. Steigklemmen, Biwakzeug. Routenbeschreibung: AVF Sextener Dolomiten R 946 (mit Skizze und Detailfotos), R 971 A. Weitere lohnende Routen: Direkte Nordwand („Schweizerführe"), Nordwestkante („Scoiattolikante").

Über dem großen Dach

Sommer 1960. Civetta-Wochen mit vielen in Regen versunkenen Plänen. Rückzüge an der Busazza, Erfolg am Torre Trieste. Zum Abschluß fahren Dieter und ich noch einmal zu den Zinnen, wo im vorigen Jahr die Zeit für die Westliche nicht mehr reichte.

Aus der Civetta hierher zurückzukommen, ist fast eine Enttäuschung. Die Dimensionen erscheinen geschrumpft. Hier sieht man ja die Kletterer mit bloßem Auge. Man erkennt sogar die Gliedmaßen! Auch in anderer Richtung sind die Maßstäbe verschoben. An der Drei-Zinnen-Hütte herrscht viel mehr Betrieb als in den Vorjahren. Daß wir „nur" die Cassin gehen wollen, weckt ein bloß unvollkommen unterdrücktes Lächeln. „Man" macht jetzt die „Direttissimas".

Bepi will uns nicht wecken. Zu viel Betrieb, zu viele Extreme. Er wirkt müde und abgehetzt, gibt uns einen dicken Wecker. Ich stelle die Höllenmaschine unter das Bett, sinke trotz ihres durchdringenden Tickens schließlich in wilde Träume von Gammelhaken, Bruchkletterei und Kampf um Zentimeter.

Als wir aufwachen, ist es hell. Der Wecker hat nicht geklingelt. Er konnte auch nicht. Irgendein um seinen Morgenschlaf besorgter Mitbenutzer des Schnarchsaales muß ihn gestern abend noch abgestellt haben. Fluchend machen wir einen Blitzstart.

Überlaut klappern unsere Schritte auf dem Weg. Jeden Ton empfinden wir seltsam wach, die Gedanken sind schon im Fels. Wie wird die schräge Seillänge sein? Und wie der Dachquergang?

Wir klettern zuerst noch seilfrei. Bald aber wird das Gelände brüchig, und wir binden uns ein. Während Dieter weitersteigt, kommt von unten ein Italiener, drahtig, mit schwarzen Augen. Auf dem Pullover trägt er das Eichhörnchen-Emblem der Scoiattoli. Mit einem Gemisch von Italienisch, Französisch und Zeichensprache beginne ich ein Gespräch, versuche, die Kluft zwischen den Nationen zu überbrücken. Wir tauschen aus, woher wir kommen, wie lange wir für die Tour zu brauchen meinen. Da ist das Seil aus. Dieter hämmert irgendwo. Nachkommen. Der Rucksack ist schwer, obwohl jeder von uns einen trägt. Das um eine Daunenjacke angewachsene Biwakzeug scheint eine sich selbst erfüllende Prophezeihung zu werden. Und die Schlosserei drückt unverschämt, obwohl wir uns schon den Luxus von drei Aluminiumkarabinern geleistet haben.

Die nächsten beiden Längen sind noch einigermaßen leicht, und ich installiere mich an einem Pfeilerköpfl. Über mir sehe ich den berüchtigten nassen Riß.

◄ *Der Dachquergang. Die Haken stecken teilweise nur locker, mit modernden Holzstückchen verkeilt.*

Der Fels ist beißend kalt, aber wenigstens nicht vereist. Dieter braucht lange, und der vorsteigende Italiener holt mich wieder ein. Er erklärt mir, daß sie umkehren wollen, weil sein Kamerad nicht gut genug geht. Er scheint recht traurig darüber zu sein. Und er schenkt mir noch einen blitzneuen, langen Cassin-Ringhaken, weil unser Sortiment fast nur kurze enthält. Ich bin ganz verlegen über diese kameradschaftliche Geste. Wir verabschieden uns, wünschen einander alles Gute. Jetzt werden wir doch allein in der Wand sein.

Mit gefühllosen Fingern wühle ich mich zu Dieter hinauf, der mitten im eisigen Tropfwasser Stand bezogen hat. Etwas höher leitet ein Band nach links in ungeheure Ausgesetztheit. Die Hauptschwierigkeiten beginnen. Was haben wir schon an haarsträubenden Schilderungen darüber gelesen. Und wie hat die Phantasie das alles noch einmal übersteigert. So erscheint es mir eigentlich gar nicht mehr schlimm, als jetzt die Wirklichkeit einer Hakenreihe vor mir liegt. Es wird dann aber doch spannend. Zwischen den einzelnen Haken sind immer wieder zwei, drei Meter frei zu klettern, in überhängender Wand, an scharfkantigen, aber meist nur fingerbreiten Leisten. Gleich unterhalb flieht die Wand nach innen. Wenn sich ein Stein löst, verschwindet er geräuschlos in der Tiefe. Bald nur noch kriminelle Haken, wackelnd, oft nur mit der Spitze im Fels, einige fast durchgerostet, Alpinschrott. Klettern auf Krawall, der nächste Haken, Karabiner her, Leiter rein. Hält er? – Er hält! – Weiter!

Einmal gelingt es mir nicht, den nächsten Haken zu erreichen. Ich hänge an einer breiten Schuppe, die Füße auf einer winzigen, abgewetzten Leiste. Noch ein halber Meter fehlt mir. Ich stütze mich hoch. Es reicht nicht. Die Finger

▶ *Der untere Teil der Nordwand der Westlichen Zinne mit dem großen Dach. Auf dem Schutt, als Größenvergleich, ein Mensch.*

werden weich. Plötzlich fühle ich mich hilflos. Mir fallen die schlechten Haken ein, nur am Beginn der Seillänge waren zwei gute. Also zurück! Rasch die Leiter her, der Haken macht mit. Und paradoxerweise denke ich in dem Augenblick, als ich in die Leiter springe, an eine Wiese im Wald, ganz grün, und an Tuttu, die ich vor einem Vierteljahr kennengelernt habe und die zu Hause wartet.
Gelb ist der Fels. Die Hand ist aufgeschrammt, blutet etwas. Ich muß unwillkürlich lächeln, als ich mich bei dem Gedanken an die grüne Wiese ertappe. Kann es einen größeren Kontrast geben? „Was ist los?" fragt Dieter.
Ach so, richtig, wir wollen ja hier hinauf.
Ich schlage einen Haken, raufe mich weiter. Oft sind Zentimeter ein Problem. Der Seilzug wirft mich trotz eingehängter Schlingen fast aus der Wand. Und der fußbreite Standplatz am Beginn des Quergangs ist mit seinem Bombenstandhaken ein Himmel an Komfort für Leib und Seele.

▼ *In der kompakten Wand des 16-Meter-Überhanges. In der Bildmitte ist der große, in der Wandmitte verlaufende Wasserstreifen zu erkennen. Der linke Wandteil erscheint durch die stürzenden Linien der Schrägaufnahme geneigt, ist jedoch auch überhängend.*

Der Dachquergang, das Band am Kasparekbiwak, die kompakte Wand, knifflige, begeisternd schöne Kletterei. Unten im Kar wandert der Schatten des Berges – eine riesige Sonnenuhr. Ja, wir sind langsam und werden biwakieren müssen. Aber was macht's. Ich freue mich sogar darauf, es würde sonst etwas fehlen.
Wir sind allmählich müde. Der Tiefblick ist zum vertrauten Begleiter geworden. Die Abendsonne erreicht uns. Alle Farben beginnen zu leuchten, der Fels scheint zu glühen. Blendendweiß ist er zuletzt. Die Wand hat sich ein wenig zurückgelegt. Wir stehen auf einem Band, das einen guten Biwakplatz bietet, sogar mit Wasser. Die Sonne nähert sich dem Horizont. Haben wir je solch ein Farbenspiel gesehen? Oder empfinden wir es nur so, weil wir erwachen aus der Konzentration des Kletterns?
Rot verblaßt zu Braun. Der Himmel wird stahlblau, grau. Nur in der Höhe noch ein flammendes Zirrenbündel im Sonnenlicht. Auch das erlischt. Die Nacht beginnt.
Wir essen und sehen in die Sterne. Dieser Tag ist vollkommen, ein Höhepunkt schlechthin. „Wenn es am schönsten ist, soll man aufhören". – Mir kommt dieser Satz mit einem Mal gar nicht mehr so absurd vor. Soll ich immer weiter nach etwas jagen, was an meiner Leistungsgrenze liegt? Wird durch die Wiederholung das Erleben wirklich tiefer? Plötz-

▶ *Im letzten Teil des großen Quergangs zur Wandmitte lassen die Schwierigkeiten vorübergehend nach. Hinter der Felsecke ist noch eine im Dachquergang hängende Reepschnur zu erkennen. In der Tiefe liegt das Plateau des Monte Piana.*

lich zweifle ich daran. Und dazu mischen sich auch Schuldgefühle gegenüber meiner Freundin, wie ich sie seltsamerweise meiner Mutter gegenüber kaum hatte. Ich habe meine Ungebundenheit verloren – muß ich daraus nicht Konsequenzen ziehen?

„Ich will nicht mehr versuchen, diese Leistung zu steigern." – „Wollen wir mal abwarten", meint Dieter, schrecklich realistisch. Wir sitzen da und schauen in die Sterne. Die Augen fallen uns zu.

Der Morgen graut. Wir packen, klettern ungelenk weiter. Es ist noch schwieriger als erwartet. Immer rundliche Griffe, Wülste, aber alles ganz fest und kompakt. Wir klettern, meist frei, klettern, klettern ...

Oben halten wir uns links zur Demuthkante, marode und hundemüde, und zu faul, die warmen Biwaksachen auszuziehen. Aber wir zwingen uns, bis zum letzten Meter sorgfältig zu sichern. Die Spannung löst sich allmählich. Der Gipfel.

Es ist schon Nachmittag.

Die Berge liegen im Sonnenglast. Wir sind allein und lassen uns Zeit. Die Cassin! – Wer von uns hätte das vor zwei Jahren gedacht? So gehen Träume in Erfüllung. Über solchen Geschenken vergessen wir die unerfüllten, während die Wirklichkeit beginnt, schon wieder Traum zu werden.

Hütten

◀ *Mulis im Aufstieg zur Zsigmondy-Comici-Hütte.*
▶ *Drei-Zinnen-Hütte vom Paternkofel. Oberhalb der Hütte Sextener Stein und Toblinger Knoten, im Hintergrund links Hochebenkofel und rechts Haunold, dazwischen die beiden Birkenschartltürme.*

Das heimelige Wort „Hütte" ist oft irreführend. Die kleinen, primitiven Unterkünfte der Pionierzeit haben meist großen Berggasthäusern Platz gemacht, weil sie dem Ansturm der vielen Besucher nicht mehr gewachsen waren. Die alten, „historischen" Gebäude liegen als Ruinen (wie das Rifugio Olivo Sala und die alte Zwölferhütte) oder dienen als Winterraum, Speicher und Maultierstall (wie an der Drei-Zinnen-Hütte). Gelegentlich sind sie auch, umgeben von Erweiterungsbauten, als Teil der heutigen Hütte erhalten (etwa im Rifugio Carducci).

Trotz der Größe haben die meisten Häuser eigenes Gepräge und Gemütlichkeit behalten. Das wird besonders deutlich, wenn man über Nacht bleibt und auch noch da ist, wenn die Scharen von Tagesgästen sich wieder hinab ins Tal verzogen haben. Das ist die Zeit, in der die Hüttenleute etwas zur Ruhe kommen können, wenn nicht allzu feierfreudige Gäste da sind und vergessen, daß für die Gastgeber der nächste Tag wieder früh beginnt - und daß es Menschen geben soll, die früh zu Bergtouren aufbrechen wollen.

Die Bewirtschaftung der Hütten wird teilweise schon über Generationen in der Familie weitergegeben, wie etwa für die Drei-Zinnen-Hütte bei den Reiders und für die Zsigmondy-Comici-Hütte bei den Happachers. Einige der kleineren Hütten wurden auch nicht von alpinen Vereinen, sondern von Bergführern erbaut, so das Rifugio Lavaredo von Francesco Corte Colo („Mazzetta"), das Rifugio Lunelli von Bepi Martini und die Büllele-Joch-Hütte von Max Innerkofler.

Die Hütten werden nur zum Teil über Straßen und Materialbahnen versorgt. Zum Rifugio Carducci fliegt ein Hubschrauber zu Beginn der Saison die haltbaren Güter an, und danach werden die frischen Lebensmittel von Menschen die eintausendfünfhundert Meter vom Tal heraufgetragen. Zur Drei-Zinnen-Hütte und zur Zsigmondy-Comici-Hütte pendeln im Sommer täglich einige Maultiere und ersparen so den Wanderern Lärm und Abgase. Die Notwendigkeit mancher der angebotenen Getränke ist allerdings schwer einzusehen: Gibt es etwa irgendwo besseres Quellwasser als hier oben? Aber was sagt der Happacher Franz auf solche weltfremden Fragen: „Mag scho soi, daß dös Mineralwasser nit besser is, aber die Leut' verlangen's!" Und so kriegen die Mulis ihre extra Kiste auf den Rücken und die Leute ihr Mineralwasser in der Originalflasche auf den Tisch...

Immerhin werden die leeren Flaschen wieder ins Tal geschafft, am Rifugio Berti sogar schon seit Jahren selbst der kleinste Krümel Müll. Aber Bruno hat eine Materialbahn, und die Besucherzahlen sind bei ihm noch einigermaßen überschaubar. Schlimm mit dem Müll ist es dagegen in der Umgebung der Drei Zinnen. Die besinnungslose Selbstverständlichkeit, mit der Autotouristen ihre Blechkisten und Täschchen auf Kosten der Landschaft sauberhalten, ist immer wieder entwaffnend und erinnert an die Beiläufigkeit, mit der das Rindvieh seine Exkremente fallen läßt. So kann ich verstehen, daß Franco an den Weiten seiner Parkplätze vor dem Rifugio Auronzo zwar Müllbehälter aufstellt und auch leert, ansonsten jedoch resigniert. Und wer einmal kurz vor Saisonbeginn die Müllhalde vor der Eingangstür einer noch geschlossenen Hütte gesehen hat, fühlt sich nicht mehr in hehrer Bergwelt, sondern in einem Slum. Bepi Reider packt bei dem Thema heiliger Zorn: Gut ein Drittel des Mülls schleppen die Besucher heran, gerade den langlebigen, verflucht sei die Getränkedose... Denn es ist schwierig, die Abfälle hier oben loszuwerden. Zum Hinabbringen fehlen billige Transportmittel, und um die Deponie abzudecken, dafür fehlt lockeres Feinmaterial. So bleibt es bei notdürftiger Abdeckung mit Stallstreu, in der Hoffnung auf die Vitalität von Brennesseln und Eisenhut...

In der Energieversorgung sind interessante Ansätze zu finden. Am Rifugio Auronzo und an der Zsigmondy-Comici-Hütte liefern schon seit Jahren Solarzellen den Strom für Telefon und Radio, mit gutem Erfolg. Wird solche sanfte Technik eines Tages sogar das Geknatter der Dieselmotoren verstummen lassen? Schön wär's!

Paternkofel, 2744 m Normalweg

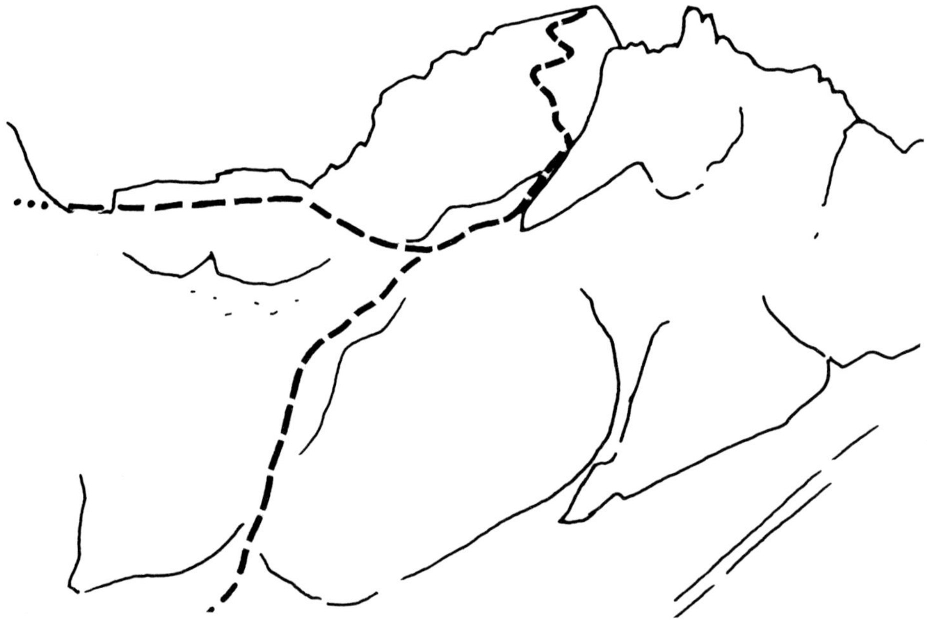

Dieser altehrwürdige Normalweg auf den bekannten Berg ist weitgehend ein menschliches Bauwerk: Die Zustiege führen durch die Galerien und Tunnel ehemaliger Kriegsstellungen, und der Gipfelaufbau wurde recht überflüssigerweise noch zu Beginn der achtziger Jahre mit Drahtseilen behängt. Beim Aufstieg zu dem prächtigen Aussichtspunkt kann man deshalb bei gutem Wetter auch fest mit Gedränge rechnen. Dies ist gewöhnlich an der Gamsscharte am ärgsten, wo ein alpiner Verkehrsknoten nicht weniger als vier Klettersteige verknüpft. Der Blick auf Zinnen, Zwölfer und Dreischusterspitze entschädigt für eventuelle Warterei.

Erstbegehung: F. Innerkofler, E. Künigl, 11. September 1882.
Schwierigkeit: Klettersteig mit Stellen I. (Wenn ohne Steighilfen geklettert: Stellen II).
Zeiten: Drei-Zinnen-Hütte - Gamsscharte 1 Std., Rif. Lavaredo - Gamsscharte 1½ Std., Gamsscharte - Gipfel ¼ Std., Abstieg bis zu einer der genannten Hütten ¾ - 1¼ Std.
Höhenunterschiede: Drei-Zinnen-Hütte - Gipfel 350 mH. Rif. Lavaredo - Gipfel 450 mH.
Material: Lampe, Helm, eventuell Brustgeschirr und Karabiner.
Routenbeschreibung: AVF Sextener Dolomiten R 1101-1104, 1141.

Mit anderen Augen

Anfang Oktober 1970. Zum ersten Mal seit zehn Jahren bin ich wieder in den Sextener Bergen. Nicht, weil ich mit dem Klettern aufgehört hätte. Im Gegenteil. Meine eigene Unfähigkeit zum großen Verzicht habe ich erkannt. Die kleinen Verzichte genügen vollauf - statt zu klettern, sich Zeit zu nehmen für den Beruf, für die Familie, für Bürgerinitiativen, für die Alpenvereinsjugend. Und wenn Zeit bleibt zum Klettern, dann oft nur für Routen weit unter der Leistungsgrenze, weil jugendliche Kletteranfänger nicht überfordert werden dürfen. Aber was an Bergsteigen geblieben ist - schwierig oder weniger schwierig - ist Atemholen vom Alltag, läuft souveräner als früher, geschieht bewußter, auch mit besserem Gewissen. Die Bergziele in diesen zehn Jahren sind vielfältig gewesen, die großen eisigen Klötze der Westalpen, die herben Weiten Skandinaviens, die wildzerrissenen einsamen Bergstöcke am südlichen Alpenrand. Jedoch bei aller Vielseitigkeit und aller Freude am Kontrast sind mir die Dolomiten doch am liebsten geblieben.

Tuttu ist zum ersten Mal hier. Wir sind bewußt so spät im Jahr gekommen, denn die Erfahrung der Idylle der Belluneser Berge hat uns empfindlicher gemacht. Die vielen Menschen können wir so vermeiden, den vielen Abfall jedoch nicht. Aber diese Berge wiederzusehen und von den bestandenen Abenteuern zu erzählen, wird zu einer Begegnung mit einer Lebensphase, zu der ich schon Abstand empfinde. Wie stark war ich doch damals ausschließlich auf die Kletterei konzentriert!

Meine Frau will natürlich auf einen Berg. Auf einen leichten, mit nur kurzer Kletterei. Mehr bringen ihre Kniegelenke nicht, und ihr Nervenkostüm erst recht nicht. Schließlich warten zu Hause in Omas Obhut zwei kleine Töchter. Und wenn beide Eltern zusammen auf

einem Berg sind, schlagen Tuttus Mutterinstinkte ohnehin schon Alarm.
Ein makelloser Herbstmorgen mit tiefblauem Himmel lädt uns ein zum Paternkofel. Wir steigen vom Paternsattel über die Galerien und die Paßportenscharte, um uns möglichst viel im milden Licht der Sonne zu bewegen, die Tuttus Knien guttut. An der Gamsscharte seilen wir uns ein. Diese abgegriffenen, ausgelatschten Steilstufen haben wir früher gar nicht als Kletterei bemerkt. Jetzt bewege ich mich gedanklich mit Tuttus Beinen und finde plötzlich problematische Stellen. Kann sie einen so weiten Spreizschritt machen? Ist diese Drehbewegung vermeidbar? Bleibt die Sicherung immer von oben? Das Erreichen der Schuttabdachung wird auch für mich zum Erfolgserlebnis.
Unsäglicher Friede ringsum, trotz aller kriegerischen Relikte. Die Sonne ist im Windschatten noch mollig warm. Aber die harten, langen Schatten der Berge lassen schon die Winterkälte ahnen. Mein Blick wird nicht mehr nur von den Zinnen gefangen. Er schweift zum Zwölfer, Elfer, Schwalbenkofel, hakt sich da fest und dort. Man müßte im nächsten Sommer wiederkommen...

▼ *Blick vom Monte Cengia zum Paternkofelmassiv: Rechts der Paternkofel, links davon Paßportenscharte und Paßportenkopf, dahinter links Paternsattel, Preußturm und Kleine und Große Zinne.*

Schwalbenkofel, 2873 m
Normalweg

Der mächtige, langgestreckte Felsklotz beherrscht den südlichen Teil der Haunoldgruppe. Allein wegen der Kletterei ist der Normalweg nicht lohnend, wohl aber als einsamer Anstieg auf einen markanten Aussichtspunkt.

Erstbegehung: M. Innerkofler Co, 1878.
Schwierigkeit: III (Stelle), meist II.
Höhenunterschiede: Drei-Zinnen-Hütte – Schwalbenjöchl 600 mH. Normalweg 200 mH.
Zeiten: Zustieg 3 Std., Aufstieg 1 Std., Abstieg ¾ Std. bis Jöchl, Rückweg 2 Std.
Routenbeschreibung: AVF Sextener Dolomiten R 311, 311A.

Das Erstbegehungsspiel

Der Weg zum Schwalbenkofel führt über Matten, Schutt und Karrenfelder, vorbei an alten Kriegskavernen, Unterständen und Schützengräben. Er hat durchaus seinen landschaftlichen Reiz. Aber wir gingen ihn nicht deswegen. Grund für diese erste Unternehmung des Sommers 1971 war die Erkundung einer im Vorjahr von fern gesehenen Neutourmöglichkeit in der Ostwand.

Im Lauf der Jahre haben mich Erstbegehungen immer stärker beschäftigt. Zuerst war es vor allem die romantische Überhöhung des Vorstoßes ins Unbekannte, das prickelnde Bewußtsein, auf einem Fleckchen dieses Planeten noch erster Mensch zu sein. Dazu war es ein Leistungsbeweis, gut genug klettern zu können und obendrein mit der Ungewißheit fertigzuwerden. Es war aber auch ein Beweis, zu neuen Ideen fähig zu sein, neue Probleme zu sehen, auch dort, wo andere, in eingefahrenen Gleisen denkend, sie nicht erkennen. Außerdem war natürlich die Eitelkeit beteiligt, etwas Besonderes zu unternehmen, um dadurch Beachtung zu finden und eine Spur zu hinterlassen. Bald wurde mir allerdings zunehmend wichtiger, wie diese Spur aussieht, daß sie auch Wiederholern Freude bereitet. Und schließlich begriff ich, daß es mir letztlich auch gar nicht um deren Anerkennung und auch nicht um die Neutour als solche geht, sondern daß es vor allem der Vorgang des Suchens und Findens selbst ist, der mich fasziniert. Ich genieße es, bei der Erstbegehung ein schöpferisches Spiel zu spielen:

Eine Wand, eine Kante, eine Verschneidung als Problem zu empfinden – das ist, eine neue Frage stellen.

Das Erkunden, das Sich-Vergewissern, ob es ein schöner Anstieg wird, das Austüfteln der günstigsten Linie – das ist, ein königliches Puzzle spielen, verbunden mit Vorfreude und manchmal auch mit Angst.

Die Durchsteigung, die Verwirklichung der Idee – das ist die Probe, ob der eigene Mut und das eigene Können wirklich dort hinauftragen.

Die fertige Route schließlich – das ist so etwas wie ein Werkstück, und wenn es gelungen ist, eine Art Kunstwerk.

Die fertige Route ist eine imaginäre Linie, hineinkomponiert in das vorgefundene Stück Fels, eigentlich nur erfaßbar in der Begehung als eine Folge von Bewegungsabläufen und Sinneseindrükken. Sie gehört ihrem Erfinder, Hersteller, Schöpfer mehr als eine Route, die man nur wiederholt, bei der man sich auf die Überlegungen, Erfahrungen und Vorarbeiten anderer stützt. Die fertige Route spiegelt natürlich auch etwas von der Art, wie der oder die Begeher an die Aufgabe herangingen. Und ich finde sie gelungen, wenn es die naturgegebene Linie des geringsten Widerstandes über die gewählte Felsstruktur ist, mit möglichst wenig Hilfsmitteln begangen. Wenn sich alles gut trifft, in gesundem Fels, mit schönen, unverwechselbaren Kletterstellen und Ausblicken. Das Problem angemessen zu lösen, das ist mir entscheidend, nicht die Schwierigkeit.

Es ist nicht leicht, für dieses Spiel Partner zu finden. Oft sind sie nicht in gleicher Weise von diesem Spiel ergriffen, manchmal auch überfordert, sind mehr Helfer als Partner und machen meist doch erst durch ihr Mitspielen das Gelingen möglich. Bei dieser Wanderung waren Wolfgang und Klaus dabei, Wolfgang damals begeistert und drängend, Klaus mehr Gelegenheitskletterer. Als die Wand vor uns lag, war klar, daß sie Klaus keine Chance bot, und er befaßte sich nicht mehr damit. Wolfgang und ich begannen das Puzzlespiel, folgten mit den Augen dem Riß, der unten mit Dächern verbarrikadiert, aber auch oben immer wieder durch Überhänge gesperrt war. Da und dort wären Umgehungsschleifen ratsam.

Wir stiegen hinauf zum Wandfuß, querten über dem Sockel zum Beginn des Risses. Eine nasse, scherbige, mürbe krümelnde Dächertreppe, teilweise mit drohend aufgehängten Blöcken, die nur auf eine Erschütterung zu warten schienen. Nein, so hatten wir uns das nicht vorgestellt. Sicher, wenn es sein müßte, würde man auch dort hinaufkommen. Aber mit welchen Mengen an Material und welchem Risiko! Auf jeden Fall würde es kein schöner Anstieg. Alpiner Allesfresser war ich nicht mehr. Ich gestand, daß unsere Idee sich als Illusion entpuppt hatte. Es war nicht sinnvoll, dieses Spiel weiterzuspielen.

Wir waren nun allerdings den weiten Weg hierher gegangen bis zum Schwalbenjöchl. Warum nicht noch auf dem Normalweg weiterklettern zum höchsten Punkt? Mir bereitete das Umschalten auf das Spiel „Gipfelsammeln" keine Mühe. Ich brauchte nur in die Gewohnheit jener Zeit zurückzuschlüpfen, in der ich sowieso nur Gipfel besiegen wollte, ohne Ansehen von Schwierigkeit und Beschaffenheit.

Die Kletterei stellte kaum Probleme. Zumindest Wolfgang hätte das ohne weiteres mitgehen können. Aber ihm, der vom Klettergarten her zum Bergsteigen gekommen war und der nur das Spiel „Schwierigkeiten überwinden" verinnerlicht hatte, war der viele Schutt ungewohnt und lästig. Er verlor die Lust, und ich stieg allein weiter. Bänder und Rinnen leiteten hinaus in die Flanke. Steindauben wiesen den Weg. Nur ein schräger, splittriger Kamin verlangte ernsthaftere Kletterei. Bald danach war der Scheitel des Berges erreicht. Ich fühlte mich etwas allein.

Paternkofel, 2744 m
Nordnordwestgrat

Hübscher Anstieg, beliebt als Anfängertour. Man geht zwar nur am Gipfelaufbau über die Gratkante, aber der Zustieg über den Klettersteig durch den langen Tunnel ist originell, und die kurze Kletterei führt über festen, luftigen Fels.

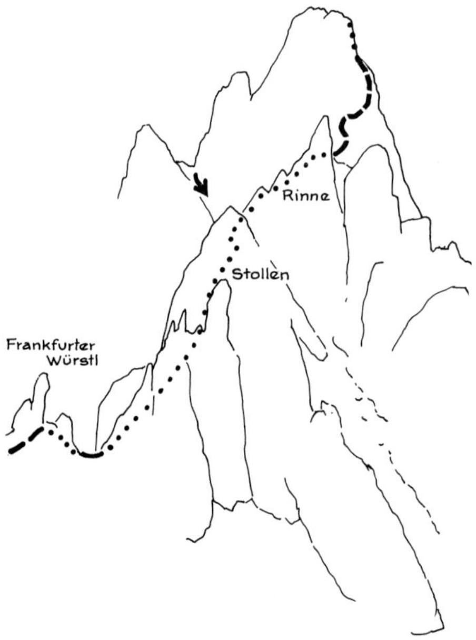

Erstbegehung: S. und C. Innerkofler, E. Biendl, 1886.
Schwierigkeit: III+ (letzter Aufschwung, vermeidbar), sonst III und II. Abstieg Klettersteig.
Höhenunterschiede: Drei-Zinnen-Hütte bis Einstieg (oberhalb des Tunnels) 150 mH, Rinne und Gratkante 200 mH, Abstieg bis vor Hütte 350 mH.
Zeiten: Zustieg ¾ Std., Rinne und Grat 1½ Std., Abstieg 1 Std.
Ausquermöglichkeiten: Vor dem letzten Aufschwung nach rechts (II).
Material: Seil, einige Bandschlingen und Klemmkeile, 6–8 Karabiner, Lampe.
Routenbeschreibung: AVF Sextener Dolomiten R 1148 (mit Skizze), 1141 A.

Ein Sack voll Flöhe

Eine Kletterfahrt ins Hochgebirge mit einer Jugendgruppe und Jungmannschaft – da ziehen viele ein Gesicht. Was dabei alles passieren kann!
Zugegeben, ich habe mich auch erst vorsichtig herangetastet. In Klettergartenfahrten habe ich meine Gruppe kennengelernt und ich konnte mich vergewissern, daß meine Schützlinge trotz aller antiautoritären Kritik die Autorität realer Gefahren und den aus der Sachkenntnis gewachsenen Rat achten. Zugleich wissen die Jungen und Mädchen der Gruppe von diesen Fahrten, daß ich ihnen das Erlebnis gönne und keine überflüssigen Verbote mag. Es sind andere Alpenfahrten zu leichteren Zielen vorausgegangen, und auch die erfahrenen Helfer geben Zuversicht. So habe ich gewagt, die Drei Zinnen vorzuschlagen.
Nach dem Toblinger Knoten ist für diesen Tag der Paternkofel-Nordnordwestgrat ausgewählt. Noch einmal überprüfe ich, ob alle die Klettergürtel dabei haben und die Reepschnüre und alle Seile und die Helme und die Rettungsdecke und das Verbandszeug. Für fünfzehn denken, das ist anstrengend.
Wir steigen am Würstl vorbei, durch die Galerien, zum langen Stollen. Über dem Eingang sehen wir Überreste eines kleinen Betonreliefs – heroisierendes Relikt des Krieges. Es erinnert mich an den anfangs begeisterten Ton im Kriegstagebuch meines Vaters, dem diese Begeisterung dann sehr rasch von der Kugel eines Scharfschützen ausgelöscht wurde. Durch diesen Stollen hatte man genauso arme Kerle ins Geschütz- und Maschinengewehrfeuer geschickt, das ihnen entgegengehalten wurde von anderen armen Kerlen. Die Ideologien, die sie trieben, gegen die sie sich nicht wehren konnten und für die sie starben, sind uns heute blaß und hohl.
Alle sind recht still geworden. Erst bei den kleinen Zwischenfällen während des Aufstiegs im finsteren Stollen unterm Gefunzel der Taschenlampen kommt das Geschnatter wieder in Gang. Wir steigen durch Seitenfenster ans Licht, umgehen die letzten Zacken und erreichen die Scharte vor der Gratkante des Gipfelaufbaues.
Das Anseilen ist noch alles andere als Routine und geht nicht ohne Seilverhau ab. Die Knoten werden überprüft. Dann setzt sich die erste Seilschaft in Bewegung. Ich lege selbst die Zwischen- und Standsicherungen. Dank der genialen Erfindung des Klemmkeils, dem ich vor drei Jahren in Cornwall zum ersten Mal begegnete, sind sie ohne den Aufwand der Hakenschlagerei viel häufiger möglich und haben die früher üblichen sicherungslosen Sieg-oder-Tod-Seillängen selten gemacht. Die Schlingen und Keile werden von den nachfolgenden Seilschaften übernommen. Der Lindwurm ist in Bewegung. Alle sind mit großem Ernst bei der Sache. Schlampereien in der Seilbedienung oder dolomitische Luftverschmutzung werden sofort lautstark gerügt – viele Augen sehen viel,

▶ *Unterwegs am Klettersteig zur Paßportenscharte.*

▼ *Der Eingang zum 600 Meter langen Kriegsstollen im Paternkofler-Nordnordwestgrat, der jetzt Teil des Innerkofler / De-Luca-Klettersteiges ist.*

und keiner hat Hemmungen, seine Kritik anzumelden. Es gibt allerhand Warterei, und aus dem kurzen Grat machen wir spielend eine Tagestour. Der Blick hinab auf meine Steilfelskarawane ist erhebend und beängstigend zugleich. Trotz aller Vorsicht bleiben immer noch Risiken übrig. Aber kann dieses Erlebnis sie nicht zugleich vor anderen Risiken bewahren? Etwa davor, daß sie den Ausweg aus dem allzu geregelten und umsorgten Leben der Städte in viel problematischeren Ausbrüchen suchen, in Drogen etwa, oder in Wohlstandskriminalität?

Wir steigen direkt an der Kante aus. Die Luftigkeit macht einige beklommen. Aber gutes Zureden und das Beispiel der nach oben entschwindenden Vorgänger geben auch den Zögernden Mut. Der Anblick des inneren Kampfes, des Überwindens, der Freude erinnert mich an meine eigene Anfängerzeit. Die Begeisterung ist übergesprungen. Und die leuchtenden Augen sind mir der eigentliche Dank.

Nach dem ersten Überschwang kommt Entrüstung auf über den Gipfelmüll. Schließlich haben wir nicht umsonst zu Hause im Frühjahr anläßlich des Europäischen Naturschutzjahres eintausend weggeworfene Getränkedosen gesammelt und der Firma, die dieses Wegwerfprodukt herstellt, vor die Tür der Hauptverwaltung gekippt. „Sammeln wir den Kram doch mal zusammen!“

Rasch häufen sich, nur aus dem unmittelbaren Gipfelbereich:

38 Bierdosen
48 Fruchtsaftdosen
43 Fisch- und Fleischdosen
9 Fruchtsafttüten
18 Bier- und Weinflaschen
3 Zigarettenschachteln
63 Zigarettenfilter (unverrottbar, nur von den obersten 1,5 Metern unter dem höchsten Punkt)
dazu diverse Limopulvertüten, Schokoladenpapiere, Plastiktüten, Stanniolpapier usw.

Um nicht als zu großer Tugendbold zu erscheinen, muß ich allerdings eingestehen, daß eine dieser Ölsardinendosen wahrscheinlich von mir selber hier belassen wurde, vor zwölf Jahren, nach der Nordverschneidung, in jener Zeit, als man Müll noch als eine Art Siegeszeichen über den Berg empfand und nicht als eine aus der Bequemlichkeit geborene Sauerei, die er tatsächlich ist. Ich habe dazugelernt und schäme mich für damals. Die Verpackungsschau beeindruckt auch die Hartgesottensten.

Aber wohin mit dem Zeug? Das können wir doch nicht so liegen lassen. Und es über die Wand runterzuwerfen, ist auch keine Lösung. In die Rucksäcke? – „Nicht in meinen!“ – „Und in meinen auch nicht!“ Einige konstruktive Figuren bieten sich an, am nächsten Tag noch einmal mit Müllsäcken raufzugehen und das Zeug runterzuholen. Allgemeiner Beifall. Bis dahin soll das Gipfelkreuz noch die Deponie ertragen. Das Bild als solches ist unvergeßlich. Ich hoffe, es hilft, die Ex-und-Hopp-Bewegung meiner Gruppenmitglieder auch dann zu verhindern, wenn keiner zuguckt...

Als die Müllwerker am nächsten Tag auf dem Gipfel eintreffen, finden sie den Platz „sauber“. Irgendwelche anderen Bergfreunde sind ihnen zuvorgekommen. Wir haben nur den Verdacht, daß sie den Müll nicht hinuntergetragen haben.

Pala Val dei Toni, 2490 m
Südwand

Elegante Freikletterei in wilder, einsamer Felslandschaft. Die ideale naturgegebene Linie folgt luftigen Verschneidungen und Rißkaminen in fast überall festem, kompaktem Fels. Die Schwierigkeiten beginnen erst allmählich, steigern sich dann nach oben hin und sind besonders in der Gipfelwand eindrucksvoll exponiert. Daß dieses Problem erst so spät entdeckt wurde, erklärt sich aus der versteckten Lage der Wand an einem von den Zinnen aus unscheinbaren Vorbau des Zwölfers. Dabei ist die oben überhängende Südwand immerhin fast genauso hoch wie die Große-Zinne-Nordwand.

Erstbegehung: R. Goedeke, W. Burgdorf, 7./8. August 1971.

Schwierigkeit: Etwa VI– (mehrere Stellen) und V+ (Stellen), überwiegend V, außerdem 2 m A 1 (sicher auch frei kletterbar). Im Zustieg Stellen II und I (auf 200 mH). Abstieg I.

Höhenunterschiede: Zwölferscharte – Einstieg etwa 500 mH Abstieg. Wand 490 mH. Abstieg 100 mH bis Gehgelände.

Zeiten: Zustieg vom Biv. dei Toni 1 Std., von der Drei-Zinnen-Hütte 2½ Std. Wand etwa 6–7 Std. Abstieg ½ Std. bis zur Zwölferscharte.

Ausquermöglichkeiten: Keine einfachen.

Material: 40-Meter-Seile, 12 Karabiner, Sortiment Haken und Klemmkeile.

Routenbeschreibung: AVF Sextener Dolomiten R 1562 (mit Skizze), R 1561 A.

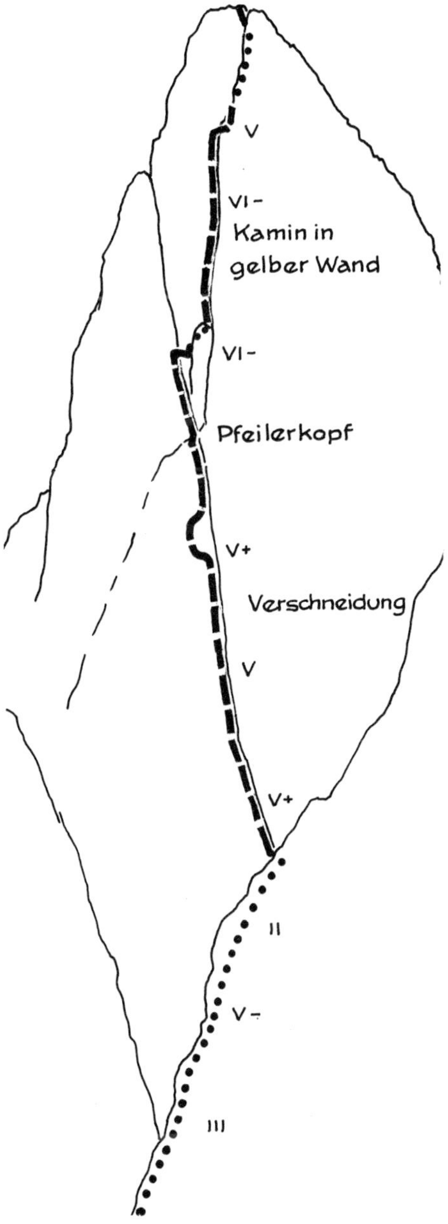

Das verborgene Juwel

Für diesen Tag haben Wolfgang und ich uns Urlaub von der Gruppe genommen. Hatschi und Joachim werden allein die Flöhe hüten. Früh aufstehen gelingt halbwegs. Der Sonne entgegen tappeln wir in Richtung Zwölfer. Hinter dem Oberbachernjoch verlaufen wir uns erst einmal in einer verrotteten Kriegssteiganlage. Reichlich verspätet und warmgeflucht biegen wir schließlich um die Ecke, wo der ansonsten unauffällige P. 2492 wieder seine Südwand zeigt. Sie sieht abweisender und höher aus als nach meiner Erinnerung vom Vorjahr. Unser Projekt „Preuß '71" zu nennen, das war wohl doch etwas Tiefstapelei. Die in der Hütte gelassenen Bohrhaken und der recht bescheidene Hakenvorrat geben Anlaß zu elegischen Betrachtungen. Aber Bohrzeug zu Hause zu lassen ist ja „in".

Zögernd steigen wir hinab ins Val dei Toni. Unten muß man abklettern, nie heikel, aber weiter, als ich gedacht hatte. Am Wandfuß zeigt der Höhenmesser 2000 Meter. Die Wand ist einen halben Kilometer hoch.

Die Kriegssteiganlage und die Wandhöhe bleiben nicht die einzigen Überraschungen. Es stellt sich heraus, daß unser Einfachseil vom Vortag einen Steinschlagschaden hat, bis auf den Seilkern, hübsch nahe der Seilmitte. Das Zweitseil ist nur neun Millimeter dünn.

Immerhin macht sich das Wetter gut. Das und der lange Zustieg verpflichten zu einem Versuch. Die Einstiegsschlucht geht allemal mit den Stricken. Schon krebse ich die Blocksperre hinauf, über weißen, glattgescheuerten Fels. Wolfgang ist noch nie an Schluchtgestein geklettert und muß sich erst hineinfinden. Gegen Mittag stehen wir unter der großen Verschneidung, die vom Fuß der gelben Wand mit elegantem Schwung hinaufzieht zum Kopf des Vorbaus. Klar, das ist der von der Natur vorgezeichnete Weiterweg. So eine großzügige Felsstruktur als erste Menschen zu betreten, weckt geradezu feierliche Stimmung. Und zugleich Spannung, ob wir das frei klettern können. Den Fels der geneigten linken Wand hat zwar herabstürzendes Gestein stellenweise angeschlagen, in der Substanz ist er jedoch fest und kompakt. Die Standplätze lassen sich gut absichern. Die Schwierigkeiten sind nirgends extrem. Die nur seltenen Klemmkeilmöglichkeiten für Zwischensicherungen zwingen allerdings zu besonders sorgfältigem Steigen, fast wie im Alleingang. Mich läßt das heute völlig ruhig. Ich fühle mich stark und klettere ohne Bedenken. Die Welt schmilzt zusammen auf den Fleck Fels vor mir.

Im oberen Teil wird die Verschneidung auch links gelb. Wir packen das Stück zuerst am Handriß in ihrem Grund, weichen dann in eine Umgehungsschleife aus. Einige abgespaltene Blöcke verlangen gefühlvolle Behandlung, und ein paar Wackelgriffe wollen zugunsten der kleineren festen Haltepunkte mißachtet werden. Einmal fährt uns der Schreck in die Glieder, als sich in einem Kaminstück beim Stemmen hinter meinem Rücken ein zentnerschwerer Klotz löst. Wolfgang steht zum Glück vorsorglich in Deckung unter einem Überhang. Nur das dicke Seil wird an einer weiteren Stelle beschädigt. Aber daß wir die gesamte Verschneidung in lupenreiner Freikletterei und sogar ohne einen einzigen Zwischenhaken hinaufkommen, das erfüllt uns mit Stolz und Begeisterung. Es ist schon ein tolles Gefühl, zu spüren, wie mit der Folge der einzelnen Kletterstellen eine wunderbare Route Wirklichkeit wird.

Plötzlich ist Schluß mit der dauernden Ausgesetztheit. Wir sitzen auf der Schulter des Vorbaus. Die Gipfelwand ragt noch einhundertfünfzig Meter über uns auf, kernig gelb, lockend und einschüchternd zugleich. Das eigentliche Fragezeichen wartet dort über uns. Und es wird uns fordern.

Der pfeilgerade hinaufführende, überhängende, mehr als faustbreite Riß sieht griffarm aus und scheint keine Sicherungsmöglichkeiten zu bieten. Ich laufe nicht gern in ein offenes Messer. So probiere ich erst einmal an einer links emporziehenden Steilrampe. Von dieser führt ganz überraschend ein versteckter Riß hinter einer abgespaltenen Wandkulisse zum geraden Riß. Allerdings hängt seine Außenkante auf mehreren Metern locker. Innen ist er mir ein paar Nummern zu eng. Also weiter oben hineinqueren über die weiße Bruchwand. Dort bequemt sich ein dünner Simondhaken in einen Riß. Einen Sturz zu halten traue ich ihm nicht zu, ebensowenig wie dem angeschlagenen Seil. Zwar würden wir auch hier gern das alte neuentdeckte Ideal des sportlichen Freikletterns durchhalten, das wir an der Pala Tissi vor drei Jahren zum ersten Mal ganz bewußt vom Klettergarten auf das Gebirge übertragen haben. Aber um den Preis eines Sturzes unter diesen Bedingungen? Der Ehrgeiz wird schon vom Selbsterhaltungstrieb gebremst und erst recht gestoppt, wenn ich mir ausmale, was mein Absturz für Wolfgang bedeuten würde... und für die Jugendgruppe... und für Frau und Kinder...

Ganz behutsam belaste ich den Haken, schlage noch einen, belaste auch ihn, säubere die Rißkante von lockeren Klamotten. Dann mit innerem Anlauf hinein in den Riß. Handgemenge. Strampelnd kämpfe ich gegen den mehrfach anlaufenden Countdown, ehe ich mich hinter der Felsmasse der Kulisse am Hauptriß verankere.

Was folgt, ist prächtige Freikletterei in idealer, unausweichlicher Linie. Ungemein luftig geht es im Riß über zwei Dächer hinweg. Der Fels ist ausgezeichnet, eigentlich zu fest, kompakt zum Fürchten. Keuchend finde ich mich schließlich im Grund einer Kaminerweiterung. Vierzig Meter höher ist eine einschüchternde Sperre in Sicht gekommen. Die Mühe mit dem Anbringen der Standhaken verstärkt gewisse Besorgnisse. Obendrein wird es allmählich Abend. Wir müssen unbedingt noch über die Sperre, denn morgen, marode von einem Biwak, wäre alles viel härter. Wie würde von hier ein Rückzug aussehen... Quatsch!

Sobald Wolfgang die Sicherung übernommen hat, stemme ich los, mit fiebernder Spannung. Die erste Etappe führt zu dem großen Klemmblock, der eine Oase von Sicherheit verspricht. Der sehr weite Kamin bietet kaum Tritte und ist stellenweise mit Flechten überzogen. Je weiter innen man geht, desto glatter ist er, je weiter außen, desto akrobatischer wird das Spreizen. Die letzten Meter zum Klemmblock werden eine wilde Balgerei. Endlich beruhigt eine gute Schlinge die bibbernden Nerven.

Noch fünf Meter bis zum Dach. Eigentlich wäre es besser, hier nachzuholen. Aber die Neugier über den Weiterweg treibt mich höher. Schönes Stemmen auf sauberem Fels, in der Kuppel des Kamingewölbes, mit phantastischem Tiefblick. Und da ist die Lösung: Einen Meter unter dem Dach zieht eine Leiste nach rechts, darunter gibt es sogar fingerbreite Tritte. Und drüben führt ein grauer Riß weiter. Triumphgebrüll.

Allerdings: Gleich hinüberqueren kann ich wegen der Seilreibung nicht. Erst muß Wolfgang zum Klemmblock. Ich nagle mich mit drei Dekorationshäkchen an den Fels. Entscheidend bleibt jedoch die Stemmstellung, mit zwei spitzen Zacken im Kreuz und einem drei Finger breiten Tritt. Nach der Stemmerei ist das zuerst Entlastung, aber bald wird es Folter. Besonders, als Wolfgang Zug braucht und am Seil hangelt, um mit dem Rucksack auf den Block zu gelangen, den ich mir sogar ohne Gepäck nur mühsam erwuzelt habe. Die Füße schlafen ein. Rein zufällig entdecke ich hinter meinem linken Ellenbogen auf einer Leiste einen losen Felsbrocken von Kindskopfgröße, den es zu bewachen gilt, damit er Wolfgang nicht erschlägt...

Vor dem Weitergehen sind erst die Seile zu richten und die Füße wachzumassieren. Immerhin kann auf den nächsten Metern noch ein unbeschädigtes Seilstück die Sicherung übernehmen. Im Halbdunkel fummele ich mich an Aufliegergriffchen nach rechts hinaus. Verdammt luftig. Schließlich rastet die Hand in dem grauen Riß ein. Geschafft! Wenig oberhalb installieren wir uns bei einem schönen Zacken. Wenn der Mond schon da wäre, könnten wir vielleicht noch aussteigen. Aber warum eigentlich? Ein Biwak gehört doch zur Bergromantik. Drüben steht der Zackengrat von Punta Vitalini und Torri Piatte wie ein Scherenschnitt.

Wir planieren einen Platz im Kamingrund, um uns zu Wolfgangs drittem und meinem zweiundzwanzigsten Biwak hinzuhocken. Und um dann festzustellen, daß der Platz zu unbequem ist. So richten wir uns lieber auf dem Zacken ein, teils auf dessen flachem Kopf, teils auf dahinter in den Spalt gesteckten Steinen, mit der Wand als unfreundlich profilierter Lehne. Anzuziehen haben wir nicht viel, weil wir bei diesem besseren Preußriß nicht biwakieren wollten. Essen und Trinken gibt es noch.

Später schüttet der Vollmond sein Licht in unseren Kamin und weckt fast Lust weiterzuklettern. Aber das ganze Gerümpel jetzt aufzuräumen, dafür sitzen wir nicht unbequem genug.

Wolfgang hat die zur Isolierung angebotenen Seilschlingen verschmäht und versucht, seinen steinernen Sitz anzuwärmen. Ich probiere mit ähnlich mäßigem Erfolg, meinen Hintern den kippelnden Klemmblöcken anzupassen, die sich immer wieder zwischen den Seilschlingen herausarbeiten. Die Stellungswechsel werden immer häufiger. Mal so rum und mal so rum sitzend, mal in der Selbstsicherung hängend, mal an die spitzen Vorsprünge der Wand gelehnt, leiden wir uns durch die Nacht.

Eine unvorsichtige Bewegung schickt einen meiner Zackenkopfverbreiterungsklemmblöcke zu Tal. Es dauert eine ganze Weile, bis es unten in der Schlucht lärmt.

Die untere Rückenhälfte wird immer wunder, als hätte man uns jämmerlich verprügelt. Ein gar nicht so gemütliches Biwak. Die Romantik ist eigentlich nur was fürs Auge.

Und die Augen sind müde.

Der Mond ist immer noch drüben über dem Scherenschnittgrat an der gleichen Stelle wie vor mindestens zwei Stunden. Ich schaue trotzdem nicht auf die Uhr. Die Enttäuschung erspare ich uns lieber.

Einmal kommt eine silbrige Wolke von rechts.

„Guck mal, wie ein Fisch".

U-Boot.

Blauwal.

Jetzt franst er aus.

Noch eine Wolke.

Ente, lahme. Auto. Küken.

Komischer Vogel. Mondfähre.

Auch um die Ecke.

Nur noch der Mond ist da und die drei Sterne, die er übriggelassen hat.

Durst. Wo ist die Flasche?

Eisiger Sanddornsaft rinnt erfrischend durch die Kehle und gerinnt im Magen zu einem kalten Klumpen. Zähneklappern.

Der Mond ist jetzt vielleicht schon ein bißchen weiter.

Dösen aneinandergelehnt. Ein Bein schläft ein.

Dösen an den Fels gelehnt. Wird kalt.

Dösen mit einem Bein flach. Auch kalt.

Dösen aufrechtsitzend.

Hinten zieht es. Biwaksack richten.

Eklige Nässe.

Dösen und einnicken.

Wachen auf, Augen auf. Mond noch da.

„Zieh nicht so am Biwaksack!"

Dösen ein und nicken.

Augen auf. Torre Piatta noch da, Mond noch da, Scherenschnittzackengrat noch da.

Wenn man bloß schlafen könnte vor lauter Rücken.

Und vor Kälte.

Und vor Müdigkeit.
Dösen. Schönes Biwakieren.
Drei Sekunden Traum von etwas belanglos angenehm Normalem, Gartenputzen oder Fahrradumgraben.
Mond noch da. Der Wind weht durch den Spalt. Wolfgang hat seinen Sitzstein immer noch nicht warm. Mein Hintern ist eingeschlafen - mal was anderes. Tut dann nur um so mehr weh.
Der Mond ist jetzt hinter der Ecke.
Die Nacht ist noch lange nicht zu Ende.
Irgendwann dämmert es.
Zerschlagen hocken wir noch rum.
Die Farben kommen wieder. Seile rot und gelb.
Schnauze voll.
Entwirren. Einpacken. Los!
Die geborstenen Fingerspitzen schmerzen zum Schreien. Aber nach einigen Metern wird es schon besser. Hübsch unelegant wurstele ich mich bis zu einem Klemmblockstand. Wolfgang kraucht herauf. Standwechsel. Über der Blocksperre kommt mir lockerer Schutt entgegen. Es scheppert laut, Stein auf Helm. „Wolfgang?" - Stille. - „Wolfgang?!" Erleichtert höre ich ihn antworten. „Nur 'ne kleine Pause. Geht schon wieder." Wozu trägt man auch so einen Schädelschoner . . .
Ein paar letzte Klemmblöcke, dann die Scharte, der Gipfelgrat. Über Schuttrinnen und Scharten steigen wir ab. Auf einer schütteren Wiese seilen wir uns aus, wohlig liegend.
Wir haben zwar zeitweise kämpfen müssen, aber trotz aller Widrigkeiten ist dieses Juwel von Problem jetzt sauber gelöst.
Abenteuer sind besonders schön, wenn man sie gut überstanden hat.

◀ *Am Beginn der großen Verschneidung in der Südwand der Pala Val dei Toni.*
▶ *Am Normalweg der Kleinen Zinne.*

Kleine Zinne, 2857 m
Normalweg

▶ *Kleine Zinne vom Ringband der Großen Zinne. Rechts der Südkante des Vorgipfels das Rifugio Lavaredo, links der Punta di Frida der Paternsattel.*

In der „Goldenen Zeit" des Alpinismus war die Besteigung der Kleinen Zinne eine der unerhörten Taten. Über die Fähigkeit der Erstbegeher sagt es einiges aus, daß sie in nur eineinhalb Stunden vom Fuß der Südwestwand bis zum Gipfel kletterten. Das ist eine Zeit, die auch heute noch von den meisten Seilschaften spielend überboten wird.
Wenn man den häufig auftretenden Andrang zu vermeiden versteht, bietet der sauber ausgeputzte, sehr griffige Fels eine der genußvollsten Klettereien, die man in diesem Schwierigkeitsgrad überhaupt auftreiben kann.
Der Zustieg ist kurz wie zu einem Klettergarten, schon der Sockel bietet angenehme Kletterei, die Wand von der „Nische" bis zur „Schulter" originelle, sehr fotogene schräge Seillängen entlang einer Rampe, die geräumige Schulter dann Auslauf und Stauraum für wartende Seilschaften, der Gipfelaufbau schließlich nochmals luftige Kletterei durch den Zsigmondykamin mit seinem unglaublich abgespeckten Bierhenkel-Überhang. Für den Abstieg schließlich nehmen die gebohrten und einbetonierten Elefantenhaken alle Besorgnis und bescheren ungetrübte Abseilfreuden.

Erstbesteigung: M. u. J. Innerkofler, 1881.
Schwierigkeit: IV (1 Stelle, oben), überwiegend III und II. Abstieg Abseilpiste und II.
Höhenunterschiede: Zustieg 200 mH ab Lavaredohütte, Wand 300 mH.
Zeiten: Zustieg ½ Std., Aufstieg 2 Std., Abstieg 1½ Std.
Material: 40-Meter-Seil, einige Bandschlingen und Klemmkeile, 5-6 Karabiner. Haken stecken, an Abseilstellen betoniert.
Routenbeschreibung: AVF Sextener Dolomiten R 1011, 1011A.

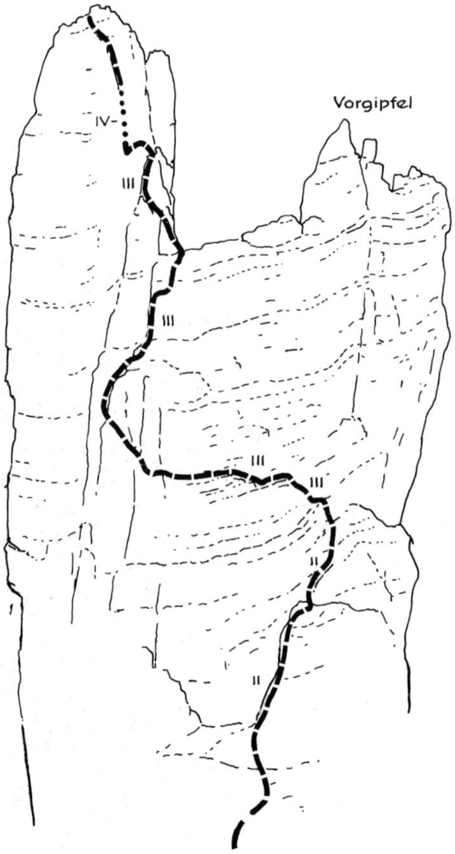

Massenauftrieb

Das Volk will Fels. Bei dem sicheren Wetter leisten wir uns trotz der Langsamkeit unserer Mannschaft die Kleine Zinne. Die Stärkeren steigen in drei Seilschaften durch die Nordwand, die anderen über den Normalweg. Unser Grupenküken, den zehnjährigen Burkard, nehme ich selbst ans Seil. Der Bursche ist zwar noch eine Taschenausgabe, aber behende wie ein Gummiball und mit Begeisterung und großem Ernst dabei. Vom Stand aus verfolgt er jeden meiner Schritte, wartet brav, bis ich ihn zum Nachkommen auffordere, steigt locker nach, an der „Nische" vorbei, den „schrägen Riß", die „Stütztraverse", all die klassischen Stellen. Kein einziges Mal muß ich Zug geben. Selbst der glatte Block im Zsigmondykamin gelingt ihm ganz aus eigener Kraft.
Gleichzeitig mit uns erreichen die ersten Nordwandbewerber den Gipfel. Zusammen mit ein paar Lauterberger Freunden sind wir schließlich siebzehn. Aber das ist das Dilemma mit Gruppenfahrten: wen hätte ich ausschließen sollen?
Das Gedränge überträgt sich bald auf die Abseilpiste. Langwieriges Sichern, Menschentrauben an den Standplätzen. Jedoch alle kennen sich, und es gibt keine Hektik. Bloß gut, daß sich an diesem Tage keine weiteren Seilschaften diesen Zapfen in den Kopf gesetzt haben ...

Pala del Márden, 2475 m
Nordwestwand

▶ *Im Schluchtkamin kurz vor dem Gipfel, wo die Schwierigkeiten noch einmal anziehen.*
▼ *Die Nordwestwand der Pala del Marden vom Rand des Zinnenplateaus.*

Wem es am Paternsattel gelingt, den Blick von den Zinnen abzuwenden und nach Südosten zu blicken, dem fällt in den Vorbauten des Zwölfers sofort der mächtige Eckpfeiler der Pala del Márden auf. Die knackige Nordwestwand ist mit ihrem besonders kompakten Fels widerborstiger als sie von ferne aussieht. Daß Sicherungsmöglichkeiten selten sind, verlangt von Begehern Gefühl für die Grenzen der eigenen Fähigkeiten. Wer allerdings solchen Schwierigkeiten gewachsen ist, dem bietet die ausgesetzte Kletterei an dieser einsamen Wand hoch über der sonnigen Weite des Val Marzon ungetrübtes Vergnügen.

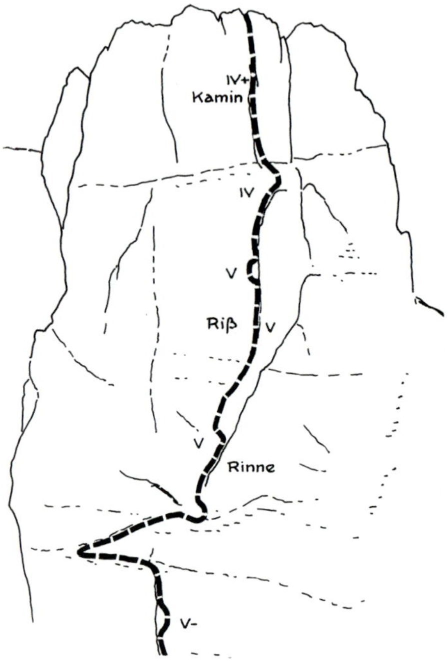

Erstbegehung: R. Goedeke u. H. Weninger, 14. August 1971.
Schwierigkeit: Etwa V (in 5 Seillängen), sonst meist IV. Abstieg II und I.
Höhenunterschiede: Biv. dei Toni – Wandfuß 500 mH Abstieg. Wand 450 mH. Abstieg 300 mH, danach 300 mH Gegenanstieg zum Biv. dei Toni.
Zeiten: Zum Biv. dei Toni vom Rif. Auronzo 3 Std., vom Rif. Zsigmondy-Comici 1½ Std., Biv. dei Toni – Wandfuß ½ Std., Wand 6 Std., Abstieg ¾ Std. bis in Val del Márden. Aufstieg zum Bivacco ¾ Std.
Material: 40-Meter-Seile, Sortiment Haken (auch kurze und dünne, dazu reichlich Abbindeschlingen), Klemmkeile nur selten verwendbar. 8–10 Karabiner.
Routenbeschreibung: AVF Sextener Dolomiten R 1643 (mit UIAA-Skizze), R 1641 A.

Der Kuhhandel

Die Jugendgruppe ist abgestiegen, eine munter winkende Karawane, quirlig wie am ersten Tag. So viel Spaß es mir gemacht hat, ihnen Meister, Lehrer, Vater und sonstwas zu sein, so sehr bin ich zugleich erleichtert, daß alles gut gegangen ist. Und auf die Dauer wird auch der unterschwellige Konflikt zwischen Eingehen auf die Gruppe und eigenem Ehrgeiz etwas anstrengend.
Wolfgang bleibt zwar noch, will aber mit Peter klettern, wobei er – verständlich – die ihm in dieser Seilschaft zufallende Rolle des Erfahrenen und Überlegenen genießt. Ich versuche deshalb, Hansi für mein Projekt Pala del Márden zu erwärmen. Hansi klettert sehr gut, sehr elegant, mit großem Ehrgeiz, dabei sehr sicher. Aber als Mathematiker ist er Redundanzen abgeneigt. Das ganze Drum und Dran einer alpinen Neutour, das Fehlen einer Garantie für glattes

Durchkommen, guten Fels und interessante Kletterstellen ist ihm im Grunde zuwider. Es kostet einige Mühe, ihm die so weit entfernte Wand nahezubringen. Zuletzt schließen wir einen Handel. Hansi ist nämlich scharf auf die Direkte an der Großen Zinne, wo Garantie für Qualität gegeben ist und die nötigen Vorarbeiten schon von anderen Seilschaften erledigt sind. Die große Route reizt mich natürlich auch. Wir werden also jetzt in die Nordwestwand der Pala del Márden gehen und dann in die Hasse/Brandler.
Zusammen mit Liesel, Wolfgang und Peter wandern wir hinüber zum Bivacco dei Toni. Dort sind schon einige andere Leute. Zu neun Personen in den acht Kubikmetern Blechkiste zu übernachten, schafft gewisse Organisationsprobleme.
Am frühen Morgen laufen wir hinab ins schattenkühle Val del Márden. Seit Ettore Castiglioni und Gefolge dort vor dreißig Jahren einige schöne Routen legten, hat sich nichts weiter getan. Doch was für interessante Objekte da noch unberührt herumstehen!
Wolfgang blüht sichtlich auf, mit Liesel und Peter zusammen loszuziehen und für sie der Macher zu sein. Mit Hingabe widmet er sich der Auswahl eines für ihr Können passenden Problems, während Hansi und ich das Tal weiter hinabsteigen.
Den unteren Wandteil überwinden wir an einem Verschneidungskamin. Der Fels ist sehr kompakt. Zum Klettern ist das ja angenehm, aber sobald wir uns eine Sicherung wünschen, wird es kompliziert. Und wenn sich ein Riß findet, erweist er sich gewöhnlich rasch als blind, oder er trennt einen lockeren Block ab. Wir steigen in Wechselführung, gelangen rasch zur schrägen Schluchtrinne. Darin geraten wir zu hoch, sind zu faul, zurückzusteigen und strampeln uns über eine häßliche naßglatte Querung hinaus in die offene Wand. Dort sieht es wieder so aus, wie wir es uns gewünscht haben: In kurzen Zickzacks zwischen kleinen Überhängen gewinnen wir den langen überhängenden Riß. Es ist ein reines Vergnügen, ihn hinaufzuspreizen.
Oben wird er von einer lockeren Kaminfüllung gesperrt. Damit sie mir nicht auf den Kopf fällt, ist Hansi so nett, links vom Riß weiterzusteigen, über pralle, kompakte Wand. Haken gehen bestenfalls zwei Zentimeter rein. Mit dekorativen Abbindeschlinglein bieten sie wenigstens dem Auge etwas Halt. Zum Glück brauchen wir sie nirgends zur Fortbewegung.
Die Schwierigkeiten halten an bis kurz vor das Ende des Rißkamins. Hansi vermerkt, daß die Wand doch wirklich eine Menge interessanter Kletterei bietet. Die Ausblicke erinnern mich an die Südwand der Rocchetta Alta. Blaugrünsamten im Dunst liegende Tiefe. In der Ferne Felsburgen.
Und eine hirnbratende Sonne.
So ganz geruhsam wird auch das Finale nicht. Der Schluchtkamin steilt bald wieder auf. Und was ihm an Schwierigkeit tatsächlich fehlt, wird durch die Affenhitze und Hansis Bereitschaft zu übermütigen Fleißaufgaben ausgeglichen.
Am Gipfel beschauliche Rast. Mit Gelegenheit zum Sonnenbad, zum Austrinken des heraufgeschleppten Ballastwassers, zur Kontaktnahme mit den Freunden drüben am Torre Piatta. Auch Hansi ist nun zufrieden.

Große Zinne, 2998 m Westwand

◀ *Die markante Rißverschneidung der Großen-Zinne-Westwand ist ganz rechts im Bild.*
▶ *Am Beginn der großen Kaminverschneidung im oberen Teil der Punta-Grigia-Südwestwand.*

Vor den Genuß haben die Götter zwar den Schweiß gesetzt, aber die Mühe des Aufstiegs über den Schutt wird belohnt mit eleganter Kletterei an prächtigen Verschneidungsrissen. Nach Regen oder Schneefall sollte man der Route einige Tage Zeit zum Abtrocknen lassen.

Erstbegehung: H. Dülfer, W. v. Bernuth, 18. Aug. 1913.
Schwierigkeit: V+ (1 Stelle, wenn frei geklettert; sonst V/A0), meist V, V– und IV. Abstieg III und II.
Höhenunterschiede: Rif. Auronzo – Große-Zinnen-Scharte 300 mH. Wand 250 mH bis Ringband. Abstieg von dort ins Kar 350 mH.
Zeiten: Zustieg 1 Std., Wand bis Ringband 2–3 Std., Abstieg 1–1½ Std.
Material: 40-Meter-Seil, Sortiment Klemmkeile, etwa 10 Karabiner.
Routenbeschreibung: AVF Sextener Dolomiten R 985 (mit Skizze), R 971A.

Die Bilderbuchverschneidung

Der Tag begann verkorkst.
Im Morgengrauen hatten Hansi und ich uns aus der Hasse/Brandler abgeseilt, weil ich mich dafür nicht genug in Form fühlte. Hansi war sauer, denn ich ließ damit meinen Teil aus unserem Pala-del-Mården-Handel unerfüllt. Aber ich fühlte mich in dem Augenblick tatsächlich überfordert.
Hansi wollte daraufhin nach Hause, schon am nächsten Tag. Weil Wolfgang bei ihm im Auto mitfahren wollte, war dieser damit um die Dülferroute gebracht, die er sich ausgeguckt hatte. Um wenigstens seine Enttäuschung zu mildern, ging ich mit ihm noch am späten Vormittag los.
Wir vergaßen einen Teil der Karabiner, gerieten beim Zustieg auf lockeren Schutt, verhauten uns in der ersten Seillänge.
Aber dann lief es plötzlich. Herrlich steile Verschneidungskletterei, oft weites Spreizen, mit den Händen im Riß und bei guter Sicherung. Wir gingen in Wechselführung, und ich freute mich, wie sicher und überlegen Wolfgang dieses Gelände jetzt auch schon im Vorstieg bewältigte. Er wiederum sonnte sich in meinem Lob.
Oben sperrte den Kamin ein gewaltiger Klemmblock, den wir rechts an der Kante phantastisch luftig umgingen. Danach brachte ein weiterer Stemmkamin zu einem Band.
Risse und Rinnen rechts der Südwestkante leiteten weiter.
Im flimmernden Licht der Mittagssonne stiegen wir am Ringband aus.
Happy.

Punta Grigia, 2607 m
Südwestwand

Läge die Wand nicht versteckt im Val del Márden, sondern an den Zinnen, so hätten wohl schon Preuß oder Dülfer und danach tausend andere sie durchstiegen. Die Kletterei beginnt sachte mit einem Allerweltssockel und gewinnt nach oben hin zunehmend an Klasse. Zusammen mit dem kurzweiligen Abstieg läßt sich die Route ohne Probleme von den Zinnen aus in einem Tage gehen – wenn man sich aus deren Bann lösen kann und den Weg zu diesem Berg überhaupt unter die Beine nimmt.

Erstbegehung: R. Goedeke u. I. Blechschmidt, 5. Juli 1976.
Schwierigkeit: V+ (1 kurze Stelle), sonst V- und IV+, Sockel III und II. Abstieg II und 20 m abseilen.
Höhenunterschiede: Zustieg vom Biv. dei Toni 250 mH Abstieg, vom Rif. Auronzo 400 mH Aufstieg, 500 mH Abstieg (bei 9 km horizontaler Entfernung). Wand 300 mH. Abstieg 100 mH. Rückweg 300 mH Aufstieg und 300 mH Abstieg (8 km).
Zeiten: Zustieg vom Biv. dei Toni ½ Std., vom Rif. Auronzo 2–2½ Std., Wand 3 Std., Abstieg ½ Std. Rückweg 2 Std.
Ausquermöglichkeiten: Vor der Schlüsselstelle könnte man links eine Rampe weiterklettern und irgendwo in der Westwand in Kaminen den Gipfel erreichen. Unbegangen, sicher weniger schön.
Material: 40-Meter-Seil(e). Sortiment Klemmkeile (auch kleine) und einige Haken.
Routenbeschreibung: AVF Sextener Dolomiten R 1341, 1351, 1574 (mit Skizze), 1572A.
Weitere lohnende Routen: Südsüdostkante; Torrione-Graffer-Westkamin.

Kontraste

Sommer 1976. Zwei Wochen Familienurlaub am Keutschacher See. Zwei Wochen Sonne, Wasser, Faulenzen, ein paar Bergwanderungen. Jetzt rolle ich allein zu den Zinnen, um schwierig zu klettern. Es ist mir wichtig. Nicht nur, weil Tuttu bei den extremen Unternehmungen die eventuellen kritischen Situationen lieber nicht vom Wandfuß aus miterlebt. Mir ist auch wichtig, die gewohnten Menschen zeitweilig hinter mir zu lassen. Ich habe lange gebraucht, mir und anderen einzugestehen, daß ich nur ein Halbseßhafter bin. Ich lebe aus Überzeugung als Flachlandbewohner, verheiratet, in einem festen Beruf, in festen Wirkungskreisen, in denen Kontinuität nötig ist. Aber gezwungen, immer am gleichen Fleck und mit den gleichen Menschen zu leben, fühle ich mich bald gefangen. Ich kann dann nicht mehr würdigen, was ich an ihnen habe, werde überkritisch. Erst aus der Distanz und aus dem Kontrast zu anderem Erleben gewinne ich wieder die Fähigkeit, mich den vertrauten Menschen und Aufgaben ganz zuzuwenden. Tuttu kann es verstehen und zugleich nicht verstehen, es wird immer ein Konflikt zwischen uns bleiben. Aber es ist ein Konflikt, der unsere Beziehung lebendig erhält.
Ingo, dieser strahlende Riese, ist pünktlich angekommen. Sein Glaube an die

Solidarität aller Bergsteiger ist erschüttert, seit man ihm vor zwei Tagen in der Sella seine gesamte Bergausrüstung geklaut hat. Aber als wir uns vergewissert haben, daß mein alpiner Kramladen für uns beide reicht, kann nichts mehr die Stimmung trüben.
Wir sind noch nie zusammen geklettert. Auch nach unserer Verabredung beim Jugendleitertag hat es wegen Ingos Vorexamen nicht mehr zu einem Treffen im Klettergarten gereicht. Aber ich habe bei ihm von Anfang an das Gefühl, daß ich mich trotz seiner erst zweiundzwanzig Jahre voll auf ihn verlassen kann. Und neben seiner Begeisterung für die Kletterei insgesamt verbindet uns eins: Er ist begierig auf Neutouren. Bei ihm wird vor solchen Zielen nicht erst langwierige Überzeugungsarbeit nötig sein.
So wählen wir uns auch als Eingehtour gleich ein neues Problem. Das Foto der Punta Grigia liegt seit fünf Jahren bereit. Die Wand wird nicht allzu schwierig sein, aber sie bietet eine klassisch vorgezeichnete Linie. Der Anmarsch weckt Erinnerungen, Pala Val dei Toni, Pala del Màrden. Schön, solche logischen Routen in solch großartiger Lage eröffnet zu haben. Es ist wie Freude über wohlgeratene Kinder. Die Stunden von damals werden lebendig, die Luftigkeit, der kompakte Fels, die zügige Freikletterei. Ob es auch heute so wird?
Am Einstieg spüre ich gar nicht die Beklommenheit wie früher. Obwohl es für mich die erste alpine Kletterei des Jahres ist, empfinde ich alles als Routine. Ich bin zu Hause.
Über den günstigsten Einstieg sind wir unterschiedlicher Meinung. Den Widerspruch akzeptierend steigt jeder, wo er es für besser hält. Der Sockel ist ohnehin leicht. In einem Kamin seilen wir uns an. Ingo ist ganz die erwartete Mischung aus Lässigkeit, Flachserei, Ruhe und Elan. Es tut wohl, mit ihm zu klettern.
Die Stufe vor der großen Kaminverschneidung ist schwieriger als erwartet. Ein Überhang sperrt den Zugang. Natürlich würde ein Hilfshaken die Sache rasch erledigen. Aber wir wollen in Freikletterei hinaufkommen. Links kompakte Wand. Rechts? Die „echt dolomitische Lösung?“ Ingo kennt den Spruch nicht, sieht irritiert zu, wie ich in die gelbe Wand steige. Der Fels ist hier etwas brüchig, aber kletterbar. An einem Absatz vergrabe ich einen Haken. Links vermittelt der erwartete Kulissenriß die Schleife zurück. Er ist kleinsplittrig, nimmt jedoch brav zwei Klemmkeile auf. Sorgfältig greife ich daneben in den Fels, schiebe mich auf kleinen Tritten höher, kann oben die Hand verklemmen und auf ein Band aussteigen.
Der Weiterweg ist problemlos. An prächtigen Kaminen steigen wir die große Verschneidung empor. Wir spreizen ganz außen, jubeln uns hinauf zum Gipfel.

▶ *Mittlerer Zwölfer von Westen.*
▼ *Punta Grigia von Südwesten.*

Mittlerer Zwölfer, 3029 m
Nordgipfel – Westwand. „Traumtour“

Natürlich ist die „Traumtour“ schön – in den einzelnen Kletterstellen, in ihrer Abfolge und Position am Berg, aber auch im Detail des Gesteins. Sie ist zugleich eine naturgegebene Linie auf einen der höchsten Gipfel der Dolomiten. Die interessante, teilweise scharfe Freikletterei läßt sich überall gut absichern. Weil er abseits der vielbegangenen Steige gelegen ist, wird der Anstieg immer seinen ernsthaften Charakter bewahren.

Erstbegehung: R. Goedeke u. I. Blechschmidt, 7./8. Juli 1976.
Schwierigkeit: Etwa VI (2 Stellen) und A2 (1 kurze Stelle mit 2 Hilfshaken), sonst V+, V und IV. Das Dach frei zu klettern, dürfte auch sehr leistungsfähige Sportkletterer vor Probleme stellen. Abstieg III.
Höhenunterschiede: Zum Wandfuß vom Biv. dei Toni 100 mH, von der Büllelejochhütte 200 mH, von der Zsigmondy-Comici-Hütte 350 mH, vom Rif. Auronzo 450 mH.
Zeiten: Zustieg vom Biv. dei Toni ½ Std., von der Büllelejochhütte ¾ Std., von der Zsigmondy-Comici-Hütte 1¼ Std., vom Rif. Auronzo 1¾ Std., Wand 8–10 Std., Abstieg 2 bis 3 Std. bis zum Wandfuß.
Ausquermöglichkeiten: Erst ganz oben von der Nordwestkante (über heikle Bänder).
Material: Mindestens 40-Meter- (besser 45-Meter-)Seile, Sortiment Klemmkeile und 10–15 Haken für Standplätze (alle Zwischenhaken der Erstbesteiger stecken), Fifi-Leiter ratsam.
Routenbeschreibung: AVF Sextener Dolomiten R 1433 (mit Skizze), R 1431 A und 1371 A (mit Skizze).

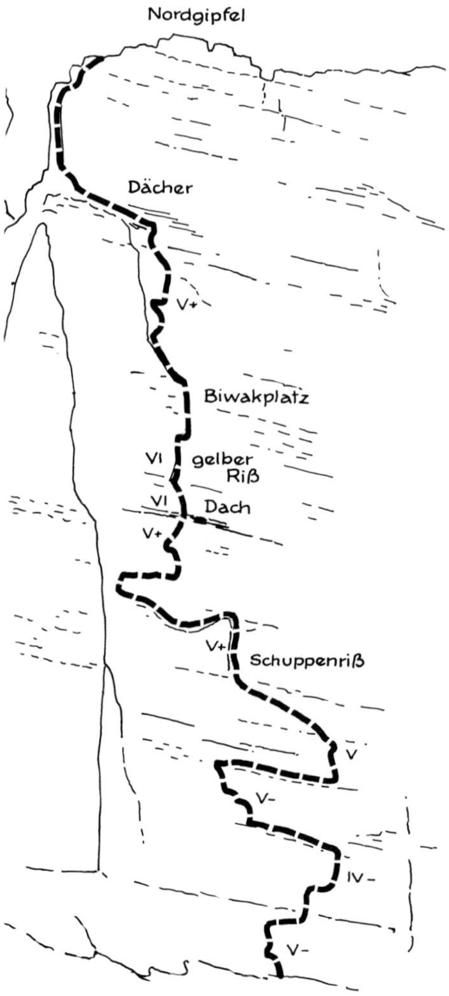

Traumtour

Da ist ein Traum – eine große, neue Extremroute zu finden, auf einen mächtigen Gipfel, entlang natürlichen Strukturen, mit der Schwierigkeit in der Problemstellung, in der Durchführung der Linie des geringsten Widerstandes folgend, ohne billige seitliche Ausweichmöglichkeiten, steil, luftig, in festem Fels, möglichst in reiner Freikletterei zu gehen, mit guten Sicherungsmöglichkeiten, schwierig, aber nicht gefährlich. In einer Art Schwierigkeit, die mehr Erfahrung, Intelligenz und Mut verlangt als bloß rohe Kraft. Dabei aber so weit entfernt von der nächsten Hütte oder Straße, daß man den Ernst der Einsamkeit atmet, und doch so gut zu erreichen, daß der Aufwand des Zustiegs nicht von der Kletterei abschreckt.
So viele Wünsche zugleich erfüllt zu bekommen, kann man eigentlich kaum hoffen. Dennoch war ich einige Male nahe daran, in den Südabstürzen von Burèl und Pala Tissi, am Tagtoppen-Nordostpfeiler, in der Pala-Val-dei-Toni-Südwand... Alles prächtige Anstiege – aber einmal waren die Wände abgelegen, versteckt hinter Dolomitenschluchten oder in den Weiten Skandinaviens, dann wieder gab es gemütliche Auskneifmöglichkeiten. Oder der Gipfel war unbedeutend. Oder die Schwierigkeiten waren nur kurz und unausgegli-

chen. Die Suche nach der extremen Traumtour ging weiter.
Die Westwand des Mittleren Zwölfers? Von der Punta Grigia aus haben wir die Riesenmauer direkt vor uns, eine faszinierende Folge von Platten und Überhängen. Ein Anblick, der zugleich begeistert und einschüchtert. Schon vor sechs Jahren habe ich sie zum ersten Mal durchs Fernglas studiert, Linien ausgetüftelt, mich hinaufgeträumt. Unser Blick entläßt bald die gelbe Wand, weil dort zu viel Bruch und zu viel künstliche Kletterei zu erwarten wären. Aber links zieht in Fallinie des Nordgipfels eine Rißreihe empor. Sie beginnt zwar nicht ganz unten und endet oben unter großen Dächern, jedoch die lassen sich wohl seitlich vermeiden. Auch Ingo erwärmt sich zusehends für diese Möglichkeit. Und ich habe heute gesehen, daß er das Zeug dazu hat, so etwas zu steigen.
An der Hütte die unlösbare Optimierungsaufgabe, Rucksäcke zu packen, die alles Nötige enthalten und trotzdem federleicht sein sollen. Biwakzeug, genug Haken, Bohrzeug für alle Fälle, auch wenn ich entschlossen bin, es ebensowenig für Fortbewegungshilfen einzusetzen wie auf all meinen anderen Neutouren, höchstens zur Standsicherung, wie damals am Burèl, oder für einen Rückzug. Der Wetterbericht verheißt für die nächsten Tage keine grundlegende Änderung, höchstens eine vorübergehende Stärkung des herrschenden Hochdruckeinflusses. Wir zotteln los unter dem üblichen abendlichen Gewitter, das zu diesem Hoch anscheinend dazugehört

◀ ***„. . . eine eindrucksvolle Verschneidung mit großen, im Riß verklemmten Felsschuppen lädt ein. Schwarze Platten leiten zum Riß. Das Steigen wird zur Zeremonie . . .“ (Schuppenriß, 13. Seillänge.)***

und uns in eineinhalb Stunden zur roten Blechschachtel des Bivacco dei Toni jagt. Ein wildschöner Platz, diese Forcella dell'Agnello. Im letzten Licht holen wir uns noch Wasser, kochen, essen und legen uns hin. Morgen früh!

Der Einstieg im ersten Licht, eine gestufte Verschneidung. Einseilen? Ist vielleicht doch schon besser hier. Mein Rucksack ist danach angenehm leichter. Dafür hat Ingo etwas mehr drinbehalten. Er wird aber einstweilen nur nachsteigen.

Ich gehe tapsig los, wie mit zwei linken Händen und Füßen. Der Fels sieht gar nicht schwierig aus, ist jedoch abwärtsgeschichtet und sehr kompakt. Die Standhaken dringen nur widerwillig ein. Mit Argwohn beäuge ich die Zirren, die den Himmel von Westen her überziehen. Sie erinnern mich an ähnliche Eröffnungen und nachfolgende Kämpfe ums Überleben, machen mich unsicher.

Weitere Verschneidungen bieten sich an, aus schönem Fels, schwarz, rauh, mit kleinen Löchern und weißen Zäckchen. Wo habe ich schon solchen Fels gefunden? Am Torre Venezia? Aber hier sind wir die Ersten! Standhaken schlagen. Nachholen. Weitersteigen. Allmählich finden wir unseren Rhythmus.

Querung nach links. Wieder so ein abschüssiges Plattenband mit Rollsplit. Die Überhänge oberhalb sind irritierend geschlossen, auch noch nach einer Seillänge Queren. Irgendwo muß ja einmal

▶ *„... und tatsächlich, dort leitet ein versteckter Riß hinauf, dann eine Leiste nach rechts zurück. Es ist mir ein Fest, das erspürt zu haben. Noch dreißig Meter zum Dach ... " (Schwarze Wand, 16. Seillänge.)*

eine Bresche sein, wir wollen uns doch nicht phantasielos irgendwo hochnageln. Aber Freikletterei bedeutet, die schwachen Stellen aufzuspüren, auch Umwege in Kauf zu nehmen. Nach einer weiteren halben Seillänge wird unsere Geduld belohnt. Ein Riß leitet einige Stufen höher. Dann läßt sich eine Leiste queren, ein zuletzt spröder Überhang mit Untergriffen ohne Anstrengung überspreizen. Das erinnert mich an die Detassisroute der Brenta Alta. Wieder ein Band. Wieder darüber kompakte Überhänge. Wieder queren, diesmal nach rechts. Aber schließlich findet sich der gewünschte Riß. Oben steht an der Rißkante eine originelle Felsnase hervor. Kurz unter ihr schluckt der Riß einen Klemmkeil, weit spreizend nähere ich mich der Nase, ziehe mich rechts hinaus in die Luftigkeit – Ingo stöhnt verzückt bei dem Anblick. Wir kriegen Auftrieb. Der geneigte, aber wenig gegliederte Sockel ist überwunden. Die Wand steilt auf, zeigt markantere Strukturen. Eine eindrucksvolle Verschneidung mit großen, im Riß verklemmten Felsschuppen lädt ein. Schwarze Platten leiten zum Riß. Das Steigen wird zur Zeremonie. Ein Überhang sperrt den Weiterweg, ein Klemmkeil zur Sicherung, dann hinausschwingen, durchstützen in eine Nische. Links über eine Platte, winzige Griffe, ein Balanceakt – und das Seil verklemmt sich. Zurück, zusätzliche Schlingen einhängen, wieder hinüber. Aber ich komme nicht weiter. Von hier sieht außerdem die Platte drüben besser aus. Haken schlagen will ich nicht und so beschäftige ich mich einstweilen mit dem Aufspüren und Auswendiglernen von Rauhigkeiten. Es hilft mir trotzdem nicht weiter. Die Seile müßten besser laufen. Wieder zurück. Zur Abwechslung ein Versuch am Nischenüberhang. Ein lockerer Stein läßt sich aus dem Riß nehmen, gibt Platz für die Hand, sie klemmt, trägt das Körpergewicht. Ich hole Ingo ein Stück nach, hisse meinen Rucksack, bevor ich weitersteige. Die Hand klemmt wieder, das Steigen ist schwierig, aber ich bin jetzt warm und locker, fühle mich sicher, genieße die Souveränität, juble, singe, raufe, keuche, bin ganz aus dem Häuschen. Das ist Freikletterei!

Zur Abwechslung heißt es dann wieder einmal zu queren, voller Spannung auf den Weiterweg zum großen Dach. Da ist eine Verschneidung in der Fallinie – jeder Direttissima-Anhänger würde dort gehen. Aber ich habe beim Wandstudium gesehen, daß aus der Verschneidung ein weißbrüchiger Überhang den Zugang zur schwachen Stelle des Daches sperrt, der kaum ohne Hakenhilfe zu überwinden wäre. Für uns ist das Grund genug, es weiter links zu versuchen. Und tatsächlich, dort leitet ein versteckter Riß hinauf, dann eine Leiste nach rechts zurück. Es ist mir ein Fest, das erspürt zu haben. Noch dreißig Meter zum Dach. Das Wetter mickert weiter, der Himmel ist wolkenverhangen. Wir sollten umkehren, das steht fest. Noch bis zum Dach die Route austüfteln, das Dach präparieren und dann Rückzug ... Ingo grinst breit und holt aus seinem behäbigen Optimismus hervor, daß das Wetter ja auch wieder besser werden könne.

Der Riß scheint nicht schwierig. Trotzdem mag ich ihn nicht, gucke erst einmal weiter rechts. Dort ist herrlicher schwarzer Fels. Eine senkrechte Kante hält mich hinaus über die Verschneidung. Die Griffe und Tritte sind fest, aber teilweise recht mager und weit auseinander. Ein Haken würde schon fällig – drüben am Riß vielleicht nicht. Ich klettere wieder zurück. Ingo verfolgt aufmerksam, wie ich so herumprobiere, welche Passage wohl die schönste und logischste ist. Nun also den Riß. Unten hängen lockere Trümmer drin, und einen Meter weiter rechts zieht ein Sekundärriß empor, der nach oben hin breiter wird. Fünfzehn Meter Rißkante stehen auf einem halben Quadratmeter Grundfläche, und die Einzelheiten der Statik werden nicht mitgeteilt. Stützen die Trümmer die Rißkante? Oder steht sie noch selbständig? Hat da nicht eben etwas geknackt? Mir wird mulmig. Neben diesem Russisch Roulette erscheint die schwarze Kante noch viel schöner. Also wieder hinüber, noch etwas höher als vorhin, dann einen Sicherungshaken hinein – den ersten Zwischenhaken überhaupt. Schön daneben greifen, das sind wir dieser Prachttour schuldig, und in einem Rausch von Konzentration die herrliche Folge von Haltepunkten hinauf über die schwarze Wand – das ist alle Kletterfreude, die die Dolomiten schenken können. Ich bin ganz aus dem Häuschen, erreiche den Kopf der Kulisse, wische mir den Schweiß aus den brennenden Augen, zufrieden, stolz auch. „Ingo, es darf geklatscht werden!"

Wir haben jetzt die Dächer über uns, Direttissimalandschaft, mehrere Meter herausragend, aus weißen Bruchschuppen zusammengepappt. Standhakenschlagen im Duett. Es geht genug rein, daß wir uns sicher fühlen können. An sich sollten wir jetzt umkehren. Es ist schon früher Nachmittag und wird bald regnen.

Ingo möchte noch das Dach angucken. Also schön, guck mal. Er hängt seinen Rucksack hin und übernimmt dafür den sportlichen Part. Eine kleingriffige Stufe leitet zu einem Absatz unter dem Dach. Eine richtige Arbeitsplattform ist das. Noch einmal ein Sicherungshaken – und da ist der Punkt, wo für uns die Freikletterei zu Ende ist. Der Überhang ist wuchtig genug, uns die Kapitulation nicht allzu schwer fallen zu lassen.

Aber einen Haken benutzen wollen und einen Haken reinkriegen sind zwei verschiedene Dinge. Die Felsschuppen werden immer weniger. „Draußen" gießt es, und Donnergrollen sorgt für stimmungsvolle Untermalung der Klopferei. Bei uns ist es trocken. Folglich treibt nichts zu Eile. Als Ingo jedoch zum zwanzigsten Male einen Stift reingehämmert und mit der Hand wieder herausgebrochen hat, zeigt auch seine Geduld erste dünne Stellen: „Vielleicht doch bohren?" – „Nein, *soo* schnell ganz bestimmt nicht. Und vorher will *ich* erst noch probieren." Das weckt natürlich in Ingo neuen Ehrgeiz, und er pocht weiter. Irgendwann einmal sieht ein Haken passabel aus. Behutsam gleitet Ingo in die Leiter, drückt sich sachte höher. Und schon zeigt die Schwerkraft, was sie kann. Die dynamische Halbmastwurfsicherung allerdings auch: Der windigste Haken am Standplatz allein hat den Sturz gehalten, die anderen drei sind gar nicht einmal belastet worden.

Es ist nichts passiert. Ungerührt hangelt sich Ingo wieder hoch, klopft diesmal links im Überhang, hebt ab, hängt unter dem Dach. Donnergrollen dazu, ein zweiter Haken. Danach höher in der Leiter, Steine fallen, schlagen unten in der Verschneidung auf. Dann sehe ich Ingos Fuß auf einem Tritt stehen, nach oben verschwinden. Keine weiteren Hammerschläge. Wieder Trümmer, wieder Stille. Scharren. Das Seil geht zentimeterweise aus, stockt wieder. Ich bin neugierig, aber Ingo ist nicht zu sprechen. Oben wird gewerkelt. Wieder fallen Steine, diesmal weiter außen, schließlich außerhalb des Daches. Eigentlich wollten wir ja von hier zurück. Aber Ingo meint, ich müsse das noch sehen, und überhaupt könne man auch von da oben noch und so ... Naja, ich binde die Rucksäcke an das rote Seil, lasse das gelbe einziehen und klettere los. Die Platte ist wirklich kleingriffig. Am Absatz unter dem Dach ziehe ich die Säcke nach, lasse dann Ingo hissen. Sie pendeln mehrere Meter weit hinaus. Das wieder abseilen? Wir werden wohl nur noch nach oben aussteigen können. Daß dies jetzt bei dem miesen Wetter ein Zwang ist, verkrampft mich. Ich klettere nicht mehr locker. Und was Ingo da gemacht hat, ist einfach verrückt. Diese überhängende Verschneidung frei und auch ohne weitere Sicherungen hinaufzusteigen und dabei noch die lockeren Trümmer rauszuschmeißen – das ist eine Tat.

Etwas aufgelöst erreiche ich den Stand, gratuliere ihm zu dieser Bravourleistung. Lächelnd nimmt Ingo meine Komplimente entgegen. Wie zur Ermunterung bricht die Sonne für einen Augenblick durch die Wolken und läßt die Wände um uns grellorange aufleuchten. Das ist die richtige Stimmung für den nächsten Riß. Auch er wartet mit einem saftigen Überhang auf. Ein guter Klemmkeil davor zerstreut alle Bedenken, dann mit vollem Einsatz hinauf, in extrem schwieriger Freikletterei. Ein Höhlenüberhang läßt sich links atemberaubend luftig in praller Wand umgehen, ein Quergang bringt danach zurück zum Hauptriß. Hier, oberhalb der Höhlung, öffnet er sich zum Kamin. Schwarzer Fels, besser kletterbar. Es regnet wieder und wird allmählich dunkel. Rechts bietet sich ein abschüssiges Band für das fällige Biwak an, besseres wird sich kaum finden.

Wir zitieren Livanos: „Das ist die Stunde, da Alpinisten zu Architekten werden." Schließlich reißen sogar die Wolken auf und erlauben, den Freunden an der Auronzohütte mit der Taschenlampe das vereinbarte Signal zu geben. Wir sprechen über die Eindrücke des Tages, schätzen die Bewertung der Schwierigkeiten. Es ist uns natürlich klar, daß wir mit einer tiefstapelnden Bewertung die Erwartungen der Wiederholer auf Unterschätzung der Route und damit auf Ehrfurcht vor unserer Leistungsfähigkeit programmieren könnten: „Wenn die zu so was IV oder V sagen, was müssen die gut klettern können... Aber ich bewerte trotzdem im Zweifelsfall lieber ein wenig zu hoch; denn das Gegenteil kann für Wiederholer leicht gefährlich werden – und wenn die sich wegen der Kultivierung unserer persönlichen Eitelkeit das Genick brechen, würde uns das Schuldgefühle bereiten. Was mich dagegen tatsächlich treffen könnte, wäre der Vorwurf, einen Anstieg unlogisch und

▲ *Ingo*

mit unangemessen hohem Einsatz an Fortbewegungshilfen eröffnet zu haben. Aber das kann man dieser Route bestimmt nicht nachsagen.

Wir beschließen zu schlafen, solange wir nicht zu sehr frieren. Und unsere Körper gehorchen sogar zeitweilig. Irgendwann hat der Regen aufgehört. Sterne blinken. Der Mond kommt heraus. Die Tiefe wird sichtbar. Dort unten in der Wand der Pala Val dei Toni saß ich mit Wolfgang vor fünf Jahren auch bei Vollmond. Und noch hat niemand diesen eleganten Anstieg wiederholt, obwohl sich zur gleichen Zeit die Leute in den Zinnenwänden gegenseitig auf den Füßen stehen.

Ein makelloser, beißend kalter Morgen zieht herauf. Wir brauchen uns heute nicht zu beeilen. Die Kaminreihe ist gutmütig, der Fels weiterhin ausgezeichnet. Allmählich werden die Knochen wieder gelenkig. Das Zusammenspiel zwischen Ingo und mir ist harmonisch und selbstverständlich, als ob wir schon ewig miteinander klettern. Überhänge lassen sich in der rechten Wand umgehen, in herrlich luftigem Zickzack. Die letzte Ungewißheit ist gewichen. Das öffnet alle Sinne für das Genießen des Augenblicks, für die Farben, den Tiefblick, die Weite. Nach einem splittrigen Wandl ist das Band unter der Dächerzone erreicht. Von hier ein halbes Dutzend Seillängen über abschüssige Schuttbänder nach rechts queren, um zwei nette Seillängen zu klettern und uns dann wieder über Bänder nach links zu arbeiten? Das erscheint uns jetzt an Ort und Stelle genauso als Krampf, wie der Gedanke, nun einen halben Tag lang den Hammer zu schwingen und uns direkt über die Dächer zu nageln. Unser Anstieg ist im klassischen Stil gesucht und gefunden und bis hierher der Linie des geringsten Widerstandes gefolgt. Diese Linie ist hier zu Ende. Wir gehen die fünfzig Meter links zur Kante, um über die Castiglioniführe auszusteigen.

Nach zwei steilen Kaminseillängen legt sich der Fels zurück. Mir ist zumute wie beim Durchschlagen der Gipfelwächte nach den drei Tagen auf dem firngepanzerten, spurenlosen Walkerpfeiler. Wie sagte doch der alte André Contamine, als wir hinterher in Chamonix in einem Café zusammensaßen, ganz versonnen, in Gedanken an seine eigene Begehung des großen Weges: „Au sommet on pleut, parce qu'un rêve c'est fini." – Am Gipfel weint man, weil ein Traum zu Ende ist...

Selbst wenn wir zurückkämen – unseren Gang durch die Westwand des Mittleren Zwölfers werden wir *so* nie wieder erleben können. Das Bewußtsein der Einmaligkeit schmerzt. Denn der Traum hat sich erfüllt.

◀ *„... ungerührt hangelt sich Ingo wieder hoch, klopft diesmal links im Überhang, hebt ab, hängt unter dem Dach.. " (Direttissimalandschaft, 18. Seillänge.)*

▶ *„... ein makelloser, beißend kalter Morgen zieht herauf..." (Blick vom Biwakplatz zu den Drei Zinnen.)*

▶ *„... Überhänge lassen sich in der rechten Wand umgehen, in herrlich luftigem Zickzack. Die letzte Ungewißheit ist gewichen. Das öffnet alle Sinne für das Genießen des Augenblicks, für die Farben, den Tiefblick, die Weite..." (Blick aus der 25. Seillänge zum Torrione Graffer und Punta-Grigia-Vorgipfel.)*

Zwölfer, 3094 m
Normalweg

Auch im Aufstieg ein lohnender klassischer Weg auf einen großartigen Berg. Manche stramme Seillänge ist zu klettern, über Wandstufen und durch Kamine, an festem, steilem Fels. Die Erstbegeher fanden mit dieser Route eine Möglichkeit, das Kanonenrohr von Eisrinne zu vermeiden, durch das die erste Besteigung erfolgte. Das Aufsuchen der etwas komplizierten Linie wird durch Steigspuren, Steinmänner und neuerdings gelegentliche rote Farbkleckse erleichtert, kann aber bei schlechter Sicht trotzdem spannend werden.

Erstbegehung: M. u. J. Innerkofler, J. Reichl, M. Simon, 6. September 1887.
Schwierigkeit: III (mehrere längere Passagen), überwiegend II. Im Abstieg normalerweise mehrere Abseilstellen.
Höhenunterschiede: Zustieg von der Büllelejochhütte 150 mH, von der Zsigmondy-Comici-Hütte 300 mH, vom Rif. Auronzo 400 mH.
Zeiten: Zustieg von der Büllelejochhütte ¾ Std., von der Zsigmondy-Comici-Hütte 1 Std., vom Rif. Auronzo 1½ Std., Normalweg Aufstieg 3 Std., Abstieg 3 Std. bis zum Wandfuß, neuerdings auch über Abseilpiste neben der Eisrinne möglich.
Ausquermöglichkeiten: Keine.
Material: 40-Meter-Seil, einige Bandschlingen und Klemmkeile. 6 Karabiner.
Routenbeschreibung: AVF Sextener Dolomiten R 1371, 1371 A (mit Skizze).

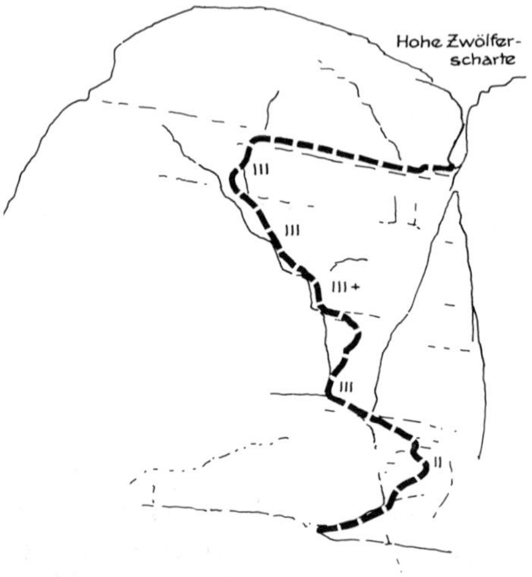

◄ ***Abseilstelle im Normalweg auf den Zwölfer, kurz unterhalb vom Ringband.***

Der Weg zurück

Es gehört zum Leben, daß selbst die erhebendsten Augenblicke vergehen und von alltäglichen gefolgt werden. Auch wenn man am Zwölfer die Traumtour entdeckt hat.
Bis zum Ausstieg hatten wir nur das Durchkommen als Ziel gesehen. Als wir im blendenden Glanz des Mittags vom Gipfel hinabblickten zu den Seen bei der Carduccihütte, wurde uns erst richtig bewußt, wie weit es bis unten war. Das neue Ziel hieß Gehgelände.
Es forderte noch einmal Konzentration, Wegsuche, Vorsicht. Abklettern und Bänderquerungen. Abseilstellen und Abklettern. Stundenlang. Der Fels war gut und sauber, und das Wetter hatte Nachsicht mit uns. Kein Nebel störte, noch nicht einmal Regen oder Wind. Wir konnten uns Zeit lassen und taten es. Erst am Abend stiegen wir die letzte Rampe hinab zum Schutt.
Den Weg säumten die ersten Blütenpolster und Bergdisteln. Jetzt sahen wir auch die Wand wieder. Unsere Wand. Immer wieder drehten wir uns um, blickten hinauf, lachten einander an – wir hatten es geschafft.
Aber allmählich ließ der Überschwang nach. Die Tour war vorbei, das Erleben wurde schon wieder unwirklich, verwandelte sich in Erinnerung.
Kurz vor der Lavaredohütte trafen wir ein paar Freunde beim Bouldern an einem Felsblock. Sie waren ganz absorbiert von ihrem Problem, fragten zwar, woher wir kämen, doch nahmen sie unsere Antworten kaum auf. Das Blockproblem war hier und unsere Wand weit weg. Das Blockproblem war *die* Herausforderung, das mußte man gemacht haben. Auch wir.
Wir schafften es nicht.

Zinnenplateau, um 2350 m

Die weiten Karrenplatten und Moränenrücken des Zinnenplateaus stehen in eindrucksvollem Kontrast zur vertikalen Welt der Drei Zinnen und ihrer Trabanten. An den Rändern tun sich neue Tiefblicke in stille Täler auf, und man ist immer wieder überrascht, wie selten einem hier Menschen begegnen.
Man sollte bei solchen Streifzügen Tüten mitnehmen, denn fern der Wege liegt nur wenig Müll herum, und es lohnt sich, alles wegzusammeln. Das stellt nicht nur die Ursprünglichkeit der Landschaft wieder her, sondern setzt zugleich ein Signal für jeden folgenden Besucher: „In diesem Stückchen heiler Welt wirst **Du** *doch wohl nicht anfangen, Abfälle wegzuwerfen...“*

Erstbegeher: Gemsen, Murmeltiere, Mäuse, Kühe, Hirten, bald nach der Eiszeit.
Schwierigkeit: Gehgelände mit Boulderblöcken hier und da.
Höhenunterschiede: 50–150 mH, je nach Ziel und Wegwahl.
Zeiten: Von den Hütten bis zu den Rändern des Plateaus ½–1 Std.
Ausquermöglichkeiten: Überall.
Material: Mülltüten, Sonnenschutzmittel, Karte.

Der Tag danach

Wir hatten die Traumtour gefunden und waren zurückgekehrt in die gewohnte Welt.
Essen. Schlafen. Aufwachen in einen neuen schönen Tag. Was tun damit?
Für Ingo war alles klar. Klettern natürlich.
Zehn, fünfzehn Jahre vorher hätte ich genauso empfunden. Aber an diesem Tag erschien mir das völlig ausgeschlossen. Nicht, daß ich den Rasttag unbedingt körperlich gebraucht hätte (obwohl die Ausruhzeiten tatsächlich im Laufe der Jahre etwas länger geworden sind). Vielmehr, weil ich es nach dieser Tour als Barbarei empfand, die frischen Eindrücke dieses großartigen Abenteuers gleich durch eine andere Tour zu überdecken, statt sie nachwirken und ausklingen zu lassen.
Zum Glück war auch Nero da. So konnte Ingos Erlebnishunger gestillt werden und ich meiner Regung folgen, ohne ihm etwas zu nehmen. Die beiden waren schon in der Verschneidung der Gelben Kante, als ich inmitten der Ausflüglerscharen zur Lavaredohütte bummelte. Danach verließ ich den Weg und wanderte über die begrünten Moränenhügel und Karrenplatten hinaus. Schon bald war weit und breit kein Mensch mehr zu sehen.
Auf einer Kuppe mit Blick auf den Zwölfer legte ich mich ins Gras. Die große Wand zog wieder meine Blicke in ihren Bann. Ich erlebte die Durchsteigung noch ein zweites Mal, während ich die Routenbeschreibung zusammenbastelte. Ich hatte auch Block und Stifte dabei und zeichnete wieder einmal. Zuerst den Zwölfer natürlich. Aber danach schweiften die Augen auch wieder in die Runde, zu anderen Erinnerungen und möglichen neuen Zielen.
Mein Körper genoß die Ruhe, die Wärme der Sonne, den Anblick der hauchzarten und doch so robusten Blumen, das knallige Gelb der Aurikel, das verträumte Blau der Enziane, die flusigen, feingefiederten Strähnen des Wilden Männle. Es wäre schön, mit Tuttu und den Kindern hier zu sein, auch wenn es dann eine andere Stimmung wäre, die mir nicht in dem Maße das Wahrnehmen der Umgebung erlauben würde.
Ingo und Nero waren schon weit oben. Ich beneidete sie keinen Augenblick. Aber ich konnte Ingo verstehen. Schließlich hatte man mir selbst oft genug zuviel Lebenshunger vorgeworfen.

Große Zinne, 2998 m
Direkte Nordwand

▶ *Der zentrale Teil der Nordwand der Großen Zinne. Im unteren linken Drittel des Bildes liegt die linke Wand der großen Verschneidung im Streiflicht, oben links die vom Wasser schwarz gefärbten Ausstiegsrisse der Hasse / Brandler-Führe, ganz rechts die der Comici / Dimai-Führe.* *Foto der gesamten Wand siehe Seite 48.*

Eine Wand, von der man träumt. Vorher und nachher. Eine Mauer von atemberaubender Ästhetik – der weißgelbe Fels, die Eleganz der sorgfältig ausgetüftelten Linie, die Schönheit der Kletterstellen, die surrealistische Position, in der sich die Kletterei abwickelt, all das macht diese Führe unverwechselbar. Wer sich fähig fühlt, sie zu gehen, versucht es gewöhnlich – und keiner ist enttäuscht.
Die Anforderungen sind allerdings beträchtlich, und es gibt bis zum Ringband keine Ausquermöglichkeiten. Rückzug oder gar Bergung aus der Verschneidung wären – wenn überhaupt rechtzeitig durchführbar – äußerst kompliziert und sollten auf keinen Fall als möglich einkalkuliert werden!

Erstbegehung: D. Hasse, L. Brandler, J. Lehne, S. Löw, 6.–10. Juli 1958.
Schwierigkeit: Bei Benutzung der normalerweise steckenden etwa 180 Zwischenhaken anhaltend A1 und A2 mit Stellen V+ und V, bis zum Ringband nur drei Seillängen weniger schwierig. Bei Benutzung von etwa 140 Fortbewegungshilfen teilweise VI–. Wird der gesamte untere Wandteil frei geklettert, etwa VII. Auch die Verschneidung frei zu klettern – nach unbestätigten Berichten schon ganz oder fast ganz gelungen – birgt allerdings wegen der streckenweise schlechten Qualität von Fels und Haken allerhand Risiken...
Höhenunterschiede: Zustieg 200–300 mH. Wand 550 mH (bis Ringband 450 mH). Abstieg 450 mH bis Schutt.
Zeiten: Zustieg ½–1 Std., Wand 8–14 Std., Abstieg 1½ Std.
Ausquermöglichkeit: Nur am Ringband.
Material: 40-Meter-Seile, 30 Karabiner, kleines Sortiment Haken, Leitern, Prusikschlingen oder Steigklemmen, Biwakzeug.
Routenbeschreibung: AVF Sextener Dolomiten R 978 (mit Skizze), R 971 A (mit Skizze).

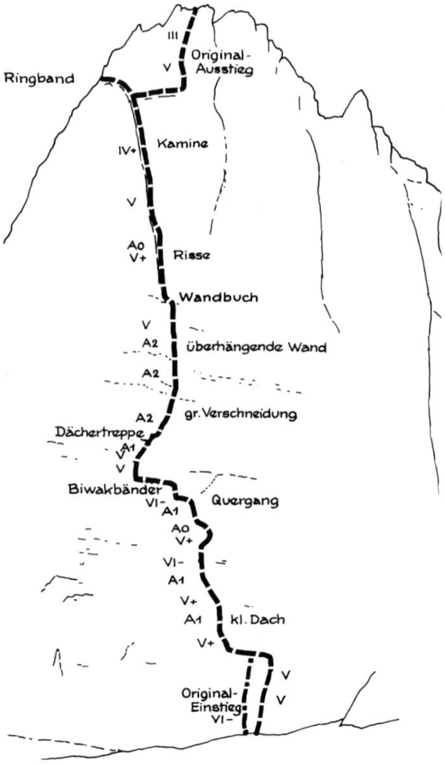

Die Wand der Übermenschen

1958 wurde die Route nach mehreren vorbereitenden Versuchen erstmals in ihrem zentralen Teil durchstiegen, kurz bevor ich zum ersten Mal in die Dolomiten kam. Beeindruckt standen wir unter der Wand, erschlagen von der Dimension der Überhänge, voller Ehrfurcht vor solchen Leistungen. Von der Demuthkante aus sahen wir einer Seilschaft zu, die die Wiederholung versuchte, nur quälend langsam höherkam und nach Stürzen abseilte. Das war eine Wand für Übermenschen. Und dann lernten wir noch Dieter Hasse kennen, den strahlenden Jungsiegfried, der die Route zuerst gedacht hatte und der die Seele des Unternehmens gewesen war. Er erzählte von Versuchen, Stürzen, Rückzügen, neuen Versuchen. Und von der Versorgungsreepschnur, die den Schutt immer weiter draußen erreicht hatte...
1959 blickte ich von der Comiciführe aus hinüber zur Wandmitte. Der alte Anstieg forderte uns genug. Uns die „Direkte" als Ziel zu setzen, wagten wir gar nicht zu denken. Und zu Hause dann die Sensation: Freunde, Norddeutsche, hatten etwas später die zehnte Begehung durchgeführt. Also können auch normale Menschen... Was die allerdings erzählen...

◀ *Die Große-Zinne-Nordwand in der Abendsonne. Links oben sind die Ausstiegsrisse erkennbar, die zum Ringband führen, im Schatten die Comiciführe, rechts im Licht ein Teil der Nordwand der Westlichen Zinne.*

1960. Nur einige Tage an den Zinnen. Die Cassin an der Westlichen genügte uns.

1968. Zum Abschluß eines Dolomitensommers fuhren wir wegen der „Direkten" gen Zinnen. Von Landro aus blickten wir hinauf in die regenschweren Wolken. Nein.

1971. Die „Direkte" steht inzwischen im Pause/Winkler, zwar als VI/A3, aber in der Skizze nur mit VI-Stellen. Jedoch vor Ort kursieren wilde Geschichten, daß in der großen Verschneidung mehrere Reißverschlußstürze stattgefunden haben. Was für eine Tiererei, da eine ganze Seillänge neu einzunageln! Ich denke skeptisch an meinen nur bescheiden entwickelten Bizeps. Aber Hansi und ich wollen das Ding versuchen. Wir packen – genug warme Sachen, genug Klettermaterial, reichlich Haken, Reserveleitern, genug Essen, zwei Liter Wasser, genug Biwakzeug. Und wir wählen den Originaleinstieg. Hansi arbeitet sich hinauf, tut sich schwer in der Morgenkälte. Ich steige mit dem Rucksack nach. Schon nach wenigen Metern habe ich Armkrämpfe. Wenn das so weitergeht? ... und dann oben die Verschneidung? ... und wenn dann Haken ausbrechen, prusiken, neu nageln? .... Ich werfe das Handtuch. Wir seilen ab. Wie mir erst später klar wird, eigentlich wegen des Wahnsinnsrucksacks. Aber auch der hängt letztlich zusammen mit diesem Nimbus der Wand.

▶ *„. . . der Fels ist marmorglatt und lausig kalt . . . Ingo setzt einen Quergang zu hoch an, erreicht nur auf Krawall den zweiten Stand . . .“ (In der 2. Seillänge, links oben die Dächer der großen Verschneidung).*

1976. Nach den prächtigen Neutouren am Zwölfer und an einer Tausendmeterwand der Marmarole entschließen sich Ingo und ich für die große Zinnenroute, die uns beiden noch fehlt. Der Rucksack ist diesmal ganz leicht, enthält nur Biwaksäcke, Überanoraks, Alufolien, wenig Essen, wenig Wasser, Apotheke. Aber auch innerlich sind wir gelöst, noch souveräner geworden. Ganz locker greifen wir nach dem großen Ziel.
Im ersten Licht geht es die Verschneidung neben dem Originaleinstieg hoch, den wir mit seinen größeren Schwierigkeiten nur zehn Meter weiter links als reichlich gesucht empfinden. Dann verbreitet sich überraschenderweise Unklarkeit über den Weiterweg. Ingo setzt einen Quergang zu hoch an, erreicht nur auf Krawall den zweiten Stand. Mir ist das mit Rucksack zu windig, und dann finde ich auch etwas tiefer die richtige Lösung. Die kleinen scharfen Griffe erlauben freies Klettern. Allerdings ist der Fels marmorglatt und lausig kalt, obwohl die Sonne noch gerade um die Nordostkante hereinlugt. Ein schöner Handriß leitet zum Stand. Bis hierher ging alles Rotpunkt, aber der Gedanke an die sicher beachtlichen Anstrengungen in der Verschneidung dort oben dämpft jetzt den Freikletterehrgeiz. Wir wollen die Reserven lieber nicht antasten.
So benutzen wir die Haken, wenn sie sich nicht gleich auf Anhieb frei über-

◀ *„... den Quergang und die Verschneidung klettern wir wieder fast völlig frei..." (Rückblick aus der 7. Seillänge, in der Tiefe der Sockel der Comiciführe und der Nordwestkante.)*

klettern lassen. Zwar sind nicht alle bilderbuchmäßig geschlagen, aber es sind immer wieder gute dazwischen, und die Menge muß es machen. Vor allem sind die Standhaken solide und zerstreuen grundsätzliche Besorgnisse. Davon abgesehen wäre es auch unbescheiden, die Vorarbeit der Erstbegeher in Anspruch zu nehmen und dann daran herumzumäkeln. Nur wer selbst schon solche Längen genagelt hat, kann wirklich ermessen, was die Ersten hier geleistet haben. Der Fels ist von den vielen Begehungen säuberlich ausgeputzt und unproblematisch. Die Routenführung zeichnen die Haken vor, und Haken stecken reichlich. Nach den Neutouren der letzten Tage erleben wir sehr bewußt, wie stark doch all diese Einzelheiten Wiederholern die Kletterei erleichtern.
Seillänge um Seillänge gewinnen wir zügig an Höhe. Die Tiefe wächst. Die Menschen auf den Halden werden kleiner. Die goldgelbe bis weiße Färbung der riesigen senkrechten Gesteinsfläche steht in ästhetisch ausgewogenem Kontrast gegen das kräftige Blau des Himmels und verleiht der Kletterei eine lichte, fast heitere Note. Auch das Steigen selbst ist stets elegant - schwierig, aber ohne Rampferei. Wir genießen den großen Weg.
Den Quergang und die Verschneidung zu den Bändern der Wandmitte klettern wir wieder fast völlig frei. Dann schwingen wir uns auf die Oase von Horizonta-

▶ *„... der Fels ist von den vielen Begehungen ausgeputzt. Die Routenführung zeichnen die Haken vor. Nach den Neutouren der letzten Tage erleben wir sehr bewußt, wie stark diese Einzelheiten Wiederholern die Kletterei erleichtern ..." (Im Quergang zur großen Verschneidung.)*

le, die hier die fast einen Meter breiten Terrassen bieten. Mit beiden Füßen stehen, mit ganzer Sohle, richtig sitzen, was für ein unerhörter Komfort! Wir genehmigen uns eine Pause, knabbern etwas Schokolade, trinken ein wenig (von jetzt an wird die Flasche glucksen) und bestaunen, als gerade niemand am Wandfuß vorbeigeht, den großzügigen Schwung unserer gelbglitzernden Parabeln hinab in die Tiefe. Das Erhabene und das Banale liegen eben auch in solch einer Wand dicht beieinander ...

Die erste Länge der Verschneidung beginnt mit einem noch überraschend veränderlichen Schubladenriß, läßt sich aber bis hinauf unter die enormen Dächer gut frei klettern. Dann ranken wir uns unter den Dächern hinaus, zunächst noch an der linken, senkrechten Wand. Aber bald weicht auch diese nach innen. Wir bewegen uns nur noch in Überhängen. Die Seile hängen immer weiter von der Wand weg in der Luft und unterstreichen die unwirkliche, absurde Position.

Die Nachmittagssonne erreicht uns, läßt den Fels um uns hell aufglühen, blendet noch stechender, wenn sich zeitweilig ein Nebelschleier vor die Wand hängt. Anstrengung und Hitze bringen uns zum Kochen, zumal wir warm angezogen sind. Schweiß verklebt die Augen. Durst. Die letzten Seillängen der Verschneidung sind eine einzige Folge von bröckelnden Überhängen. Die Haken

◀ *„... dann ranken wir uns unter den Dächern hinaus, zunächst noch an der linken, senkrechten Wand. Aber bald weicht auch diese nach innen. Wir bewegen uns nur noch in Überhängen ...“ (Beginn der großen Verschneidung.)*

miese, auch die gelegentlichen Bohrhaken stecken in zu seichten Löchern und erzählen von der Erschöpfung derer, die sie schlugen. Einmal rutscht ein Holzkeil – bloß kein Sturz! Es wäre zwar keine Frage von Leben oder Tod, wohl aber eine, ob mühselige Arbeit fällig wird oder nicht ... Auf den letzten Metern will ich Ingo gerade zurufen, daß ich jetzt doch keine Armkrämpfe gekriegt habe – da setzen sie schon ein, machen das kurze Stück zum Stand zur Wühlerei. Und in der nächsten, sich zur gemütlichen Vertikale zurücklegenden Seillänge habe ich einige Mühe mit dem immer wieder beginnenden Countdown.

Ja, und dann sitzen wir auf der bequemen Terrasse am Wandbuch, tragen die 272. Begehung ein und überlegen, ob wir hierbleiben oder weitersteigen sollen. In der Ferne grummelt ein Gewitter. Ein Gewitter in den Ausstiegsrissen wäre kein Honiglecken. Aber wenn es Schnee und Eis bringt, könnte das für morgen winterliche Verhältnisse bedeuten. So klettern wir weiter, werden noch geduscht, bleiben jedoch von Blitzen verschont und können uns im letzten Licht am Ringband patschnaß, jedoch unversehrt für eine dank Alufolien und Biwaksack erträgliche Nacht einrichten. Das Mysterium des Berges läßt sich ganz gut genießen, wenn man entsprechend ausgerüstet ist, das Wetter sich wieder erholt und nach dem Biwak der Weiterweg keine Probleme mehr bietet!

▶ ***„... die Seile hängen immer weiter von der Wand weg in der Luft und unterstreichen die unwirkliche, absurde Position ...“ (1. Standplatz in der großen Verschneidung.)***

Sind wir nun Übermenschen geworden? – Nach der Konkretheit und Selbstverständlichkeit des Erlebens erscheint solch eine Bezeichnung als aufgeblasene Phrase. Natürlich fordert die Begehung einer solchen Route Erfahrung, Training, glückliche Begleitumstände und nicht zuletzt einen guten Partner. Aber auch viele andere Aktivitäten erfordern das. Übermenschlich erscheint so etwas lediglich dem Außenstehenden – in Wirklichkeit ist es im Grunde nur eine allgemein menschliche Möglichkeit, unsere Anlagen und Fähigkeiten zu entwickeln und sie auf bestimmte Ziele zu richten. In diesem Fall auf das absurde Ziel, durch diese große, gelbe Wand hinaufzusteigen.
Es gibt sicher sinnvollere Ziele für ganz große Anstrengungen. Aber das Erlebnis war beglückend – und insofern hat es auch wieder Kraft und Bereitschaft für diese anderen sinnvolleren Ziele freigesetzt.
Nach jenen leuchtenden Tagen trennten Ingo und ich uns mit Plänen für weitere Neutouren. Aber daraus wurde nichts, denn kurz nach Weihnachten stürzte er am Watzmann in den Tod.
Für unsere Unbefangenheit ist es gut, so etwas nicht vorher zu wissen. Für das Zurückkehren vom Berg ist es gut, nicht allzu unbefangen zu sein. Aber auch mit dem Wissen um die Schrecken des Scheiterns ziehen wir wieder los – die Berge geben viel.

Halden

Symbol der Vergänglichkeit auch der stolzesten Zinnen. Milliarden von Trümmern, zerlegt vom Frost, gesammelt von der Schwerkraft, gepreßt von Lawinen, zernagt von aggressiven Wässern. Ablagerungen, aus denen dereinst neue Gebirge entstehen, Rohstoff für neue Schöpfungen der erdgestaltenden Kräfte, für neue Gipfel, neue Ruinen auch wieder...

Symbol der Mühsal. Den noch schlaftrunkenen Körper in Bewegung zu halten, das Nachgeben des Lockerschutts auszugleichen. Steigen mit so wenig Notwendigkeit zur Konzentration, daß der Kopf frei ist für andere Gedanken, für die Frage nach der Absurdität der Bergsteigerei etwa, für die Angst auch...

Symbol der Erlösung nach langer Kletterei. Dort unten wird die Gefährdung vorüber sein. Dort werden wir nicht mehr abstürzen können. Dort dürfen wir uns gehenlassen.
Ersehntes Ufer. Es-ist-vollbracht-Gefühle.
Mühelos leicht läßt es sich im Schutt abfahren.
Wie dankbar die Knie doch sind für das Nachgeben des Untergrundes bei jedem Schritt...

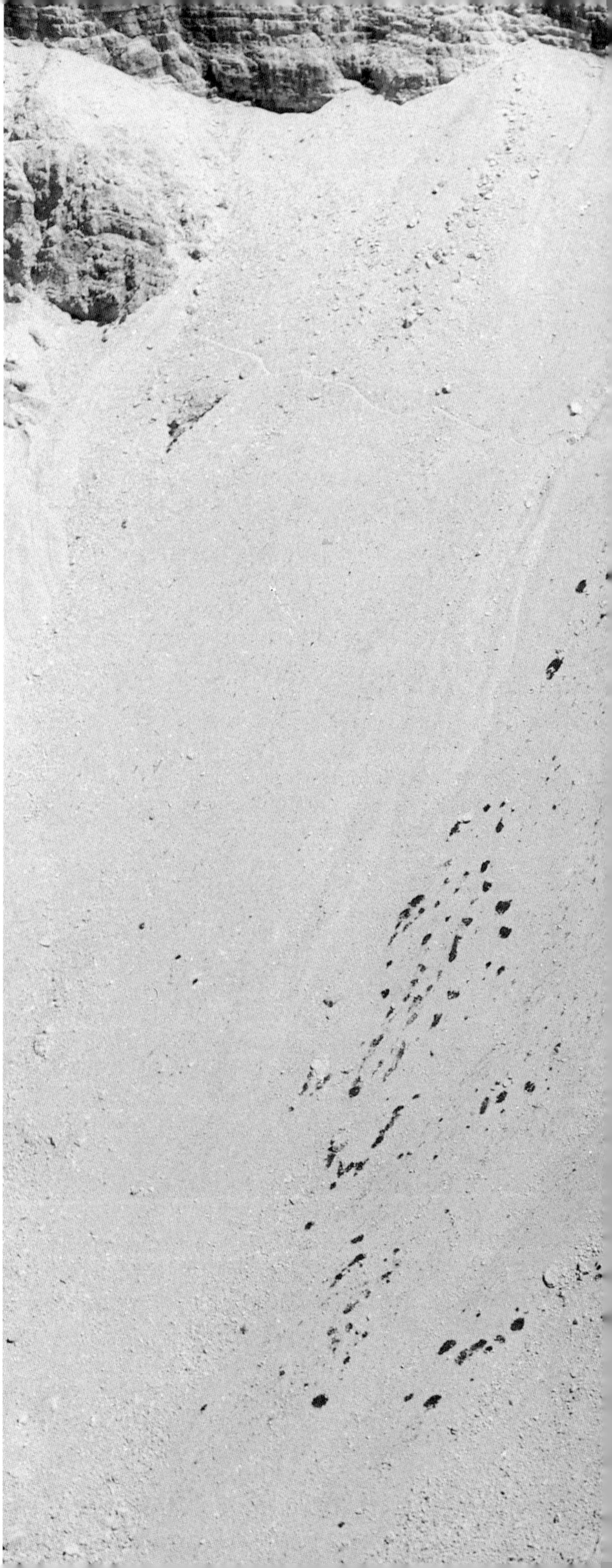

▶ *Die riesigen Halden am Fuß des Zwölfers. Auf dem Weg im oberen Bilddrittel zwei Wanderer.*
▶▶ *Sonnenaufgang nach dem Biwak am Ringband der Großen Zinne. Blick zum Elfer und Paternkofel.*

Umrundung des Elfers Alpinisteig – Roghelsteig – Cengia Gabriella

▶ ***Blick vom Oberbachernjoch über das obere Bacherntal hinweg zum Elfer, Elferturm, Zsigmondygrat und zur Hochbrunner Schneide. In der Bildmitte rechts im Schatten der bugähnliche Felskörper der Hochleist. Das Bild entstand im Juli (!).***

Der im ersten Weltkrieg von den Österreichern gebaute und dann von den Alpinisoldaten als „Strada degli Alpini" eifrig benutzte Klettersteig ist einer der ersten, die für Bergwanderer wieder instandgesetzt wurden. Er wird durch Roghelsteig und Cengia Gabriella zu einer großzügigen Rundtour um das gesamte Elfer-Popèra-Massiv ergänzt. Der Alpinisteig und Teile des Roghelsteigs werden oft auch im Sommer durch Schnee und Vereisung erschwert. Dagegen ist der Steig am Cengia Gabriella sonniger, allerdings auch mit steileren Felspassagen gewürzt. Beide Steige sind beliebt: Der Alpinisteig erhielt in den letzten Sommern jeweils etwa 10.000 Begehungen, Via Ferrata Roghel – Cengia Gabriella etwa 3000.

Schwierigkeit: Markierte und gesicherte Klettersteige mit Stellen I, bei Beschädigungen der Steiganlagen auch II. Wenn viel Schnee liegt, ist mit steilen Firnpassagen, stellenweise auch mit Eis zu rechnen.
Höhenunterschiede: Rif. Carducci/Rif. Zsigmondy-Comici – Alpinisteig – Rif. Berti 500–600 mH, Rif. Berti – Roghelsteig – Cengia Gabriella 1000 mH.
Zeiten: Alpinisteig bis Rif. Berti 3½ Std. (bei guten Verhältnissen!), Rif. Berti – Rif. Carducci über Roghelsteig – Cengia Gabriella 6–7 Std.
Abbruchmöglichkeiten: Am Alpinisteig kann man von der Elferscharte zum Fischleintal absteigen, ebenso von der Sentinellascharte. Nach dem Roghelsteig ist ein Abstieg zum Bivacco Cadore und durch das Val Stallata nach Auronzo möglich (lang!).
Material: Brustgeschirr mit Selbstsicherung, außerdem Eispickel und meist auch Steigeisen ratsam, für weniger Geübte und bei viel Schnee auch Seil.
Routenbeschreibung: AVF Sextener Dolomiten R 1731, 1732 und 1741, 1742; auch KF Sextener Dolomiten und Klettersteigführer Dolomiten mit Brenta, Mendelkamm und Gardaseebergen, München 1983.

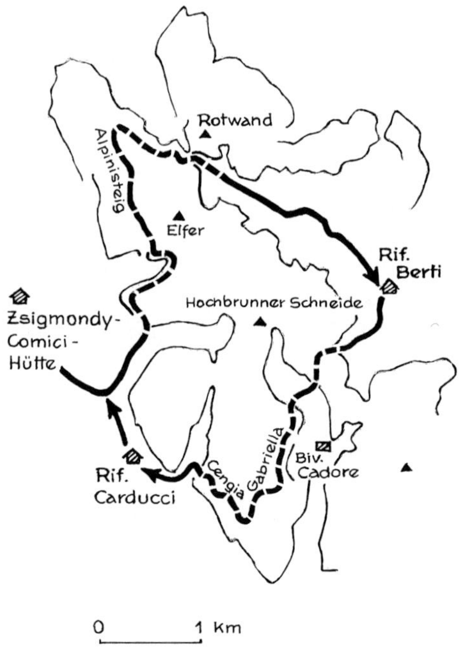

Die große Runde

Juli 1980, auf einem Moränenbuckel des Zinnenplateaus.
Das Prasseln des Dauerregens ist nach Gewittergrollen in ein Rascheln übergegangen. Unter Windböen knistert das ganze Zelt. Wenn ich den Kopf hebe, stoße ich rascher als sonst gegen die Leinwand. Schnee...
Ich bin diesmal mit einer Aufgabe zurückgekehrt, denn ich habe es übernommen, den neuen Kletterführer für die Sextener Dolomiten zu schreiben. Führermachen ist eine zweischneidige Sache. Man kann nicht mehr hinfahren, wohin es einen gerade zieht, und kriegt deshalb leicht Schwierigkeiten mit den Klettergefährten. Aber die schönen Seiten überwiegen – ein Gebiet umfassend kennzulernen, auch seine verborgenen Winkel aufzusuchen, die vergessenen Anstiege anzusehen und auf ihren Wert abzuklopfen, ungelöste Probleme zu entdecken...
Mir ist klar, worauf ich mich eingelassen habe. Ein guter Teil meiner Freizeit der letzten drei Jahre war dem Führer über die Belluneser Berge gewidmet. Ich weiß, daß es wieder neben dem Beruf eine Menge Arbeit wird: Fotos aufnehmen und ausarbeiten, Skizzen zeichnen, Texte übersetzen, überprüfen, ordnen, tippen, kürzen, korrigieren. Und es wird auch manche Nachtstunde kosten, ob-

▶ *Blick vom Oberbachernjoch nach Südosten. Von links nach rechts Hochbrunner Schneide (darunter Inneres Loch und Hochleist), Monte Giralba di Sopra, dahinter Monte Giralba di Sotto, Kleinster Zwölfer, Hoher Zwölfer, Mittlerer und Südlicher Zwölfer (davor Sandebühel), Cima Auronzo, Forcella dell'Agnello, Punta dell'Agnello.*

wohl viele kleine Einzelarbeiten bei langatmigen Konferenzen oder beim abendlichen Zusammensitzen zu Hause nebenher erledigt werden können. Ich weiß auch, daß es deswegen wieder Spannungen geben wird mit der Familie. Und mit den politischen Verpflichtungen, die ich mir aufgeladen habe, weil ich nicht untätig zusehen mag, wie diese so wunderbar eingerichtete Welt durch den Griff nach den kurzfristigen Vorteilen auf Dauer kaputtgemacht wird.

Warum trotzdem diese Riesenarbeit für eine so lächerlich unnütze Sache wie einen Kletterführer? Vielleicht, weil ich in den anderen Wirkungskreisen immer nur Impulse gebe, aber nie ein abschließendes Ergebnis sehe? Vielleicht, weil ich hier im Rahmen einiger vorgefundener Regeln etwas gestalten kann, das dann auch fertig wird, das man in die Hand nehmen kann? Etwas, durch das ich zu anderen spreche und durch das ich ihnen zu ähnlichen Erlebnissen verhelfe, wie sie mich selbst beglücken?

Der Schnee stört eigentlich gar nicht. Im Gegenteil, er hilft sogar, die Felsstrukturen besser zu erkennen, weil er die Steilheit der Wände herausmodelliert. Das ist das Wetter für eine große Erkundungstour um den Elfer. Dort war ich noch nie. Und bei den Verhältnissen werden für uns auch die Klettersteige spannend sein. Schon der Weg zur Zsigmondy-Comici-Hütte verlangt winterliche Stapferei.

Am Alpinisteig nach einem hochsommerlichen Wettersturz:

◀ *50 Meter vor der ersten Eisenleiter.*

▶ *Oberhalb vom Couloir Coutandin.*

Ein klarer Morgen. Der Anblick der in eisiger Pracht aufragenden Nordwand des Zwölfers weckt alte Erinnerungen. Ein Mädchen holt mich aus meinen Gedanken, fragt, ob wir sie mitnehmen könnten über den Alpinisteig. Sie sieht aus, als würde sie es schaffen. Susanne und Nero stimmen zu. Martina ist dabei. Sie hält auch wacker mit, als wir durch den tiefen Schnee ins Kar stapfen und die ersten Drahtseile erreichen. Die Fotografierschlucht hängt voller Eiszapfen. Die Bänder sind weiß beladen. Wände, Rinnen und Hänge glitzern in blendender Helle. Und kein Mensch... Hinter der Elferscharte werden die Hänge steiler und ausgesetzter. Hier soll es Drahtseile geben. Wir würden sie sogar gern durch unsere Benutzung würdigen. Aber sie bleiben unauffindbar unter den Schneemassen. Manchmal sinke ich bis zu den Hüften ein. An anderen Stellen ist der Schnee weggeweht. Später hat aus Eiszapfenvorhängen herabtropfendes Wasser den Hang mit einem harten Panzer überzogen. Wir seilen uns an, so schlecht das eben zu viert an vierzig Metern Strick geht. Auch sind die im Auto gelassenen Steigeisen zweifellos am falschen Fleck. Es gilt also, wie weiland unsere Altvorderen, den Pickel zu schwingen und Badewannen zu hacken. Irgendwann stoßen wir auf ein Drahtseil und das obere Ende einer Leiter. Im Schneckentempo wühlen wir uns durch das Couloir, über steilere Felsen und gleißende Firnflanken. Wer hätte gedacht, daß sich der Alpinisteig mitten im Sommer so hochalpin gebärden kann?

An der Sentinellascharte sehen uns wieder Kriegsrelikte an, in Gedenktafeln geronnenes Leid über hier verblutete Familienangehörige, in den Fels genagte Kavernen und Stellungen. So richtig unbeschwert kann ich mich an solch einem Platz nicht fühlen.

Meniskusschonende Abfahrten hinab zum Gletscher und über die Moränen bringen uns ins Grün des Vallon Popèra. Ringsum ragen unbekannte Gipfel, Türme und Grate. An ihrem Fuße wartet das gastliche Rifugio Berti. Eine neue Welt.

Schon vor Sonnenaufgang sind wir wieder unterwegs auf dem riesigen Schuttkegel zum Via ferrata Roghel. Hier hat die Sonne bereits gestern eifrig Schnee verbrannt, aber die schattigen Rinnen machen uns noch genug zu schaffen. Dafür können wir am Cengia Gabriella allmählich wieder glauben, daß Sommer ist. Wir sind verblüfft über die großartigen Wände auch in diesem Gebirgsteil. Der Steig stellt streckenweise einige Ansprüche. Einmal ist das Drahtseil an einem ausgesetzten Kriechband unterbrochen, was sich mit den Rucksäcken als heikel erweist. An einer anderen Stelle erlaubt sich Susanne, ein verdeckt hängendes Kabel zu übersehen und darüber in Panik zu verfallen. Die Tour zieht sich länger hin, als wir erwartet haben, und die Gegensteigung zum Rifugio Carducci ist mehr als lästig. Martina bleibt dort zurück, wir anderen drei ziehen weiter, queren vom Eissee die Halden zur Zwölferscharte, latschen, hatschen. Auf der Gegensteigung zum Zinnenplateau gesteht Nero zerknirscht seine neue Einsicht: „Das ist ja anstrengender als Klettern!"

◀ ▶ An den Eisenleitern des Via ferrata Roghel.
▲ Das Cengia Gabriella von der Nordwestwand des Cima-Bagni-Südwestgrates (vgl. S. 172–174). Das Band verläuft quer durch die Südwände des Monte Giralba di Sotto. Links Cima Auronzo sowie Südlicher und Mittlerer Zwölfer.

Cima Bagni, 2983 m
Ostsporn

▶ *Die tausend Meter hohe Ostwand der Cima Bagni ist die höchste geschlossene Felswand der Sextener Dolomiten. Sie erhebt sich über dem einsamen Kar Cadin di Bagni.*

Ein Geheimtip. Die höchste geschlossene Felswand der Sextener Dolomiten ist in Bergsteigerkreisen fast unbekannt. Dabei ragt der Koloß der Cima Bagni unübersehbar mächtig aus den Wäldern und Matten des Valgrande empor. Die Route über den Ostsporn führt an fast überall prächtigem Fels in idealer Linie direkt zum Gipfel. Die Kletterei ist nicht besonders schwierig, aber großzügig und genußvoll. Wegen der Länge des Anstiegs sollte man sicheres Wetter abwarten.

Erstbegehung: R. Goedeke u. A. Nehring, 25. Juli 1980.
Schwierigkeit: V+ (3 m) und V (20 m), sonst meist IV+, IV und III.
Höhenunterschiede: Rif. Lunelli bis Wandfuß 450 mH (in der Nähe davon das Biv. Piovan). Wand 1000 mH. Abstieg bis ins Kar 450 mH.
Zeiten: Zustieg vom Rif. Lunelli 1½ Std., vom Rif. Berti 1 Std., vom Biv. Piovan ¼ Std., Wand 10 Std. (Erstbeg.). Abstieg 2 Std. bis Steig.
Ausquermöglichkeiten: Über dem Sockel links, danach kaum noch vorteilhaft.
Material: 45-Meter-Seile (40-Meter-Seile möglich), Sortiment Klemmkeile, 12 Karabiner, einige Haken (wurden nur an Standplätzen benutzt).
Routenbeschreibung: AVF Sextener Dolomiten R 2336 (mit Skizze), R 2332A, R 2331A, R 1757.

Das Tausendmeterwunder über dem Valgrande

An der Forcella dei Camosci kommt die Wand in Sicht, rosa schimmernd im Licht der gerade aufgehenden Sonne. Von hier gesehen legt sie sich deutlich zurück, und sie wird wohl auch nicht besonders schwierig sein.

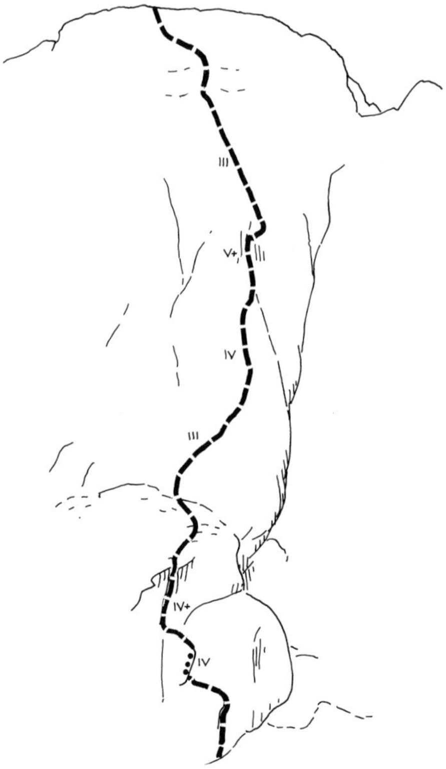

Über harten Firn queren wir zum Wandfuß. Etwas rechts vom tiefsten Punkt steigen wir ein. Weiter oben könnte man zwar von links her zur Kante des Sporns gelangen, aber seine Linie führt so ideal direkt zum Gipfel – das verlangt auch nach direkter Durchsteigung des Sockels.
Der Fels ist gut, wie erwartet, griffiger, zuerst etwas sandiger Dolomit. Die ersten Risse geben sich noch betulich, gerade richtig zum Warmwerden. Der schräge Kamin fällt mir zum Vorsteigen zu. Ich packe die Verengung an, stemme unter den Überhängen hinaus, quere mit Untergriffen auf kleinen Tritten, greife über den Blocküberhang. Der Körper ist zufrieden, obwohl ich in den letzten Monaten nur wenig zum Klettern gekommen bin. Ich fühle mich wohl, genieße das Steigen, gehe in der nachfolgenden Rinne das Seil aus, hole auf einer Kanzel nach.
Als Weiterweg wählen wir eine Rampe. Ein Bächlein plätschert dort herab, und der Fels ist nicht ganz fest. Aber Nero ist es zufrieden und arbeitet sich wacker hinauf. Ärgerlich ist nur, daß neben einigen Steinen auch zwei Karabiner den Weg in die Tiefe suchen. Sie bleiben auf einem Vorsprung liegen, gut zugänglich unter mir.
Während das Seil langsam durch den Sicherungskarabiner rutscht, sehen mich die Karabiner da unten herausfordernd an. Vor dreizehn Jahren bin ich einmal

schwer abgestürzt, weil ich mich vom Stand losgebunden hatte, um einen hinuntergefallenen Karabiner zu holen. Ich habe damals meinen Tod als unmittelbar bevorstehend erlebt. Und wenn die Sache auch glimpflich abging, so empfinde ich das doch rückblickend als wichtiges Erlebnis, das mein Leben geprägt hat. Alles seither ist geschenkte Zeit. Der Blick für das Wesentliche ist schärfer geworden. Ich habe damals blitzartig begriffen, daß es wichtig ist, ganz intensiv zu leben, bevor man in Frieden sterben kann. Auch wenn es sich mit den Verpflichtungen gegenüber anderen Menschen nicht immer in Einklang bringen läßt. Auch wenn ich diese Verpflichtungen im Grunde akzeptiere und gar nicht abschütteln will. Ich habe zugleich begriffen, daß das Wesentliche nicht in erster Linie das Bergsteigen ist, trotz aller Freuden, die es bietet.

Aber jetzt bin ich hier, und es ist schön, hier zu sein, in der Sonne, mit dem Blick in die Weite und in die Tiefe, mit dem Freund am anderen Ende des Seiles, mit

▼ Nero oberhalb der Schlüsselstelle.
▶ Tiefblick über die Schlüsselseillänge, die prächtige Freikletterei in bestem Fels bietet.

dem Wissen um Menschen, die mir viel bedeuten und denen ich viel bedeute, und die mich vielleicht doch verstehen, obwohl ich oft fern von ihnen bin. Als Nero Stand gefunden hat, blicke ich wieder hinab zu den beiden Karabinern. Irgendetwas in mir sträubt sich dagegen, sie zu holen. Die Parallele zu jenem Absturz ist mir ganz bewußt. Aber ich will mich nicht von meinen Ängsten beherrschen lassen. Und ich werde den gleichen Fehler nicht wieder machen. Aus dem Rucksack hole ich das Reserveseil, sichere mich daran, klettere hinab und sammle die Karabiner auf. Ob sie noch die versprochene Festigkeit haben? Ist es nicht vielleicht eine sinnlose, ja dumme Handlung, sie zu holen und dann doch weiter zu benutzen? Aber wo ist die perfekte Sicherheit? Wir werden sie nie haben...

Nachsteigend genieße ich die Kletterei. Nero hat das mit der spärlichen Sicherung durch zwei Keilchen sehr gut gemacht. Vor fünf Jahren fühlte ich mich noch recht einsam, als ich mit ihm und Till am Mont Greuvetta einen neuen Weg suchte. Heute weiß ich: Notfalls könnte er mich auch allein aus der Wand führen. Der Gedanke beruhigt.

Auch an dem folgenden Rampenriß gibt es stellenweise wieder Dusche, aber das ist alles spielerisch. Und als Nero sich über den letzten Handrißüberhang heraufschwingt zum Stand, grinst er: „Walter Pause klettert mit...!"

Der Sockel liegt unter uns. Einige schrofige Stufen und Terrassen leiten zur eigentlichen Spornkante. Und gerade hier ereignet sich der gefährliche Zwischenfall. Nero ruft von oben „Nachkommen!“ und zieht das Seil ein. Ich steige los, und drei Meter über der Terrasse bricht ein Griff aus. Ich hatte bemerkt, daß er nicht ganz fest war und hätte ihn weiter oben gar nicht belastet. Immerhin kann ich den Verlust des Haltepunktes ausbalancieren und fühle mich doch unwohl dabei. Nachträglich bin ich allerdings fast zur Übelkeit geschockt, als ich Nero etwas später ungesichert auf einem Schrofenhang stehend das Seil einholen sehe. Wäre ich wegen des ausgebrochenen Griffes zurückgesprungen auf die Terrasse... Ich verdränge den Gedanken nicht, sehe vor meinem inneren Auge ablaufen, wie erst ich ihn und dann er mich aus der Wand reißt... Nein wir sind wirklich niemals ganz sicher, keinen Fehler zu machen.

Wir besprechen den Vorfall, benennen, was richtig hätte geschehen müssen. Und ich wundere mich über meine Ruhe und Gelassenheit dabei. Die heitere Stimmung ist nicht getrübt. Der Tag ist schön. Die Sonnenhitze wird vom Aufwind weggefächelt. Dort unten von der Wiese mit den herrlichen Feuerlilien haben wir gestern abend heraufgeschaut. Und jetzt sind wir am Beginn der Kante. Der Fels ist in der Substanz gut, nur hier und da sind oberflächliche Schilde angepappt, die mit Vorsicht behandelt werden müssen. Die Schwierigkeit bleibt einstweilen noch gering, aber das rasche Vorankommen ist bei der Länge des Anstiegs ganz angenehm, und die Kletterei wird zunehmend luftiger. Allmählich zieht auch die Steilheit etwas an. Rechts ahnen wir die Riesenschlucht, zu der die Kante überhängend abbricht. Und draußen breiten sich Wald und Wiesenberge, erst in der Ferne wieder Fels und Schnee. Unten auf den Wiesen beim Wandfuß leuchtet ein roter Punkt, schaut uns zu, hört uns rufen, wacht über uns.

Eine gutartige Verschneidung und weitere luftige Seillängen rücken den Steilaufschwung näher. Nero schrappt sich einen Riß hinauf direkt zum Fuß der Überhänge. Seine bemitleidenswerte Hosenruine erhält eine neue Knieöffnung. Ich kann ein Schmunzeln nicht unterdrücken: Früher war die zerlumpteste Hose doch immer *mein* Markenzeichen. Was die Nachwachsenden einem so im Laufe der Zeit nicht alles streitig machen...

Tja, und nun die Schlüsselstelle. Ein gelber Überhang, wie es sich für eine richtige Dolomiten-Schlüsselstelle gehört, weiter oben mit einer Rißspur, darüber eine graue Verschneidung. Vor fünfzehn Jahren hätten wir hier einfach zum Hammer und in den Hakenigel gegriffen und die Leiter entrollt. Aber das scheint Jahrhunderte her. Zu oft schon haben wir erlebt, daß so etwas auch frei geht – und daß nur die freie Lösung voll und auf die Dauer befriedigt.

„Schlag mal einen Standhaken dazu!“ meint Nero. Aha, da wird meine Erfahrung noch anerkannt. Naja, und Vorsteigen geht auch immer noch – wann wird mir das Seil von oben bei dieser Schwierigkeit wohl lieber sein? Schon gleich?

Etwas rechts ein erster tastender Versuch. Rechts kleine, aber gute Griffe, einen Keil in ein Loch. Meine Finger werden schon lahm, der Trainingsmangel macht sich bemerkbar – zurück. Im zweiten Anlauf etwas darüber noch ein Keil, dann auf winzigen Tritten höher, zum Riß. Die Hand klemmt nur mäßig, die Rißkante bietet einen seitlichen Griff, die Fingerkraft schaltet auf Reserve, rinnt weg – aber da ist die Stelle schon geschafft. Erfahrung schlägt Kräfteabbau. Stimmung!

Gut verspreizt passe ich Keile in den Riß, steige höher, genieße den Fels, der hier fast an den heimatlichen Ith erinnert. Zuletzt leitet ein Quergang rechts hinaus zu einem soliden Zacken. Das war eine ideale Lösung!

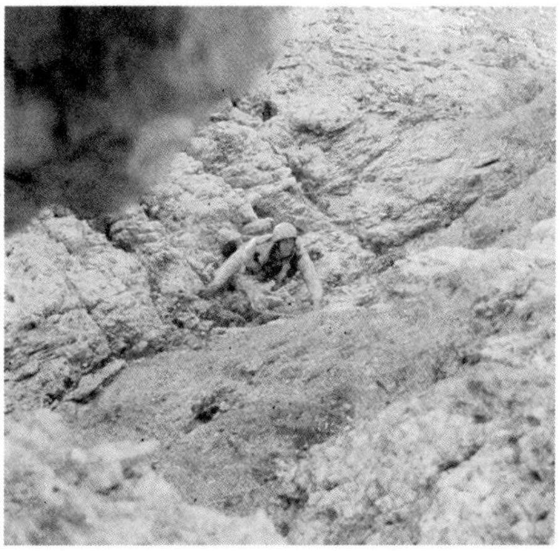

Das zweite Seil erlaubt, die Rucksäcke zu hissen. So erhält Nero Gelegenheit, respektlos zu bemerken, daß der Überhang die letzte Schwierigkeit vielleicht doch nicht böte. Als ob ich nicht wüßte, daß ich sonst in meiner augenblicklichen Verfassung gar nicht hinaufgekommen wäre. Aber das trübt die Nachlust nicht. Mir ist bei Neutouren ohnehin nicht die Schwierigkeit das Wesentliche, sondern ob sie schöne Kletterstellen haben und das Problem frei lösen. Und nach diesen Maßstäben gehört dieser Anstieg zu meinen vollkommensten Wegen.

Die Schwierigkeiten lassen wieder nach. Luftige, griffige, immer noch steile Längen führen zu einem Pfeilerkopf. Der Blick auf die benachbarten Wandpartien zeigt den Höhengewinn. Nur noch Schutt und Fels und Schnee ringsum. Eine weitere graugelbe Kante führt himmelwärts.

Die fünfundzwanzigste Seillänge entläßt uns auf eine Schneeschulter. Die Schwierigkeiten nehmen nochmals ab, aber einige krümelnde Passagen erfordern Vorsicht und lassen den jungen Recken des siebenten Grades vorübergehend seinen Walter-Pause-Spruch lauthals widerrufen. Prompt wird der Fels wieder gutartig und leitet leicht zum Grat. Der Zwischenfall vom Morgen wirkt aber eindringlich genug nach, daß wir bis zum letzten Meter sorgfältig sichern. Über eine kleine Wächte treten wir schließlich in die Abendsonne.

Cima Bagni, 2983 m Südostgrat

▶ *Teleaufnahme vom Coltorondo, östlich oberhalb des Kreuzbergpasses, zur Cima Bagni (rechts), Cima d'Ambata (Mitte) und Punta Anna (links). Aus dem unterhalb der Cima d'Ambata eingelagerten Hochkar erfolgt auch der Übergang nach Süden über die Forcella Anna (vgl. S. 148 und 172).*

Dies ist zwar keine Genußkletterei, aber ein alpiner, landschaftlich großartiger Aufstieg auf einen der höchsten Gipfel des Gebietes. Das Auffinden der Route verlangt Spürsinn und Erfahrung in ursprünglichem Gelände. Wer nicht gewohnt ist, sich auf ungeputztem Fels zu bewegen, wird hier und da über Schutt schimpfen.

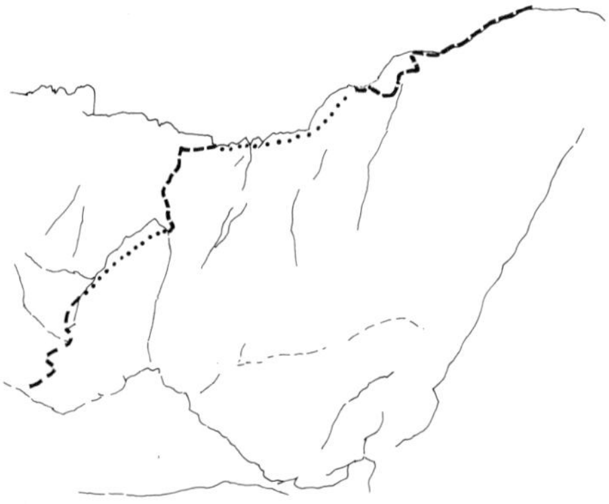

Erstbegehung: J. Innerkofler, W. Fikeis, 30 .Juli 1979.
Schwierigkeit: Teilweise II, meist I.
Höhenunterschiede: Rif. Lunelli - Biv. Piovan 500 mH (Rif. Berti - Biv. Piovan 300 mH). Biv. Piovan - Forc. Bagni 650 mH (davon 200 mH Kletterei). Grat bis Gipfel 300 mH.
Zeiten: Vom Rif. Lunelli 1½ Std. (vom Rif. Berti 1 Std.) zum Biv. Piovan. Biv. Piovan bis Forc. Bagni 2 Std., Grat bis Gipfel 1 Std. Abstieg 2½ Std. bis Biv. Piovan.
Abbruchmöglichkeiten: Von der Forc. Bagni westlich durch das Cadin del Biso und das Tal hinab (3 Std. bis Auronzo; meist weglos, z. T. heikel!).
Material: Seil, Bandschlingen, einige Klemmkeile zweckmäßig.
Routenbeschreibung: AVF Sextener Dolomiten R 1756, 2332, 2332 A, 1757.

Der Wettlauf mit der Nacht

Da sollten wir runter? Der Oppel war ja ein wilder Hund. Und der Bruno auch, uns dieses enge, höllisch steile Couloir als leichten Abstieg zu empfehlen! Obwohl wir ein Eisbeil mit heraufgeschleppt hatten - ohne uns! Daß wir in das falsche Couloir guckten, geriet uns gar nicht in den Sinn. So kamen wir zum Abstieg über den Südostgrat.
Zuerst waren es noch sonnige Schuttstufen. Aber bald verwies uns ein Abbruch in die schattige Flanke. Luftig war es und ein Gelände von der Sorte, das gar nicht so selten wackere Septogradisten in mittlere Verzweiflung treibt. Als wir an den Grattürmen wieder in die Westseite kamen, hatte die Sonne schon auf orange geschaltet. Aber an der Forcella Bagni würden sich alle Schwierigkeiten auflösen.
Nichts löste sich auf. Jenseits gähnte unverschämt bodenlose Tiefe. Richtig. Im Berti-Führer sind die Zugänge zu den Scharten extra beschrieben, und man sollte das gelegentlich auch mal durchlesen.
Es lohnte sich. Da stand etwas von Queren. Und von Abklettern. An einer Rippe. Zu einer Rampe. Über Wändchen. Zu einer Scharte. Durch eine Rinne. Es hörte sich weit an.
Und es war weit. Ab und zu bewies ein verwaschener roter Farbfleck, daß wir noch richtig waren. Neros Komplimente über meine Orientierungsgabe gingen mir runter wie Honig. Mit meinem neuerlichen Vorstoß, zwar weiter am langen Seil, aber gleichzeitig zu klettern, mochte er sich allerdings nicht anfreunden. So bemühte ich mich, wenigstens beim Nachsteigen Zeit reinzuholen. Das Licht floh zusehends. Es roch nach Biwak. Die Rampe tat sich auf. Weiter unten wurde die Scharte sichtbar. Verbissen kletterten wir weiter. Und wir erreichten die Scharte.
Es war jetzt fast finster. Aber wir standen auf Firn. Die Rinne zog sich hinab ins Kar. Unverschämt weit und steil. Jetzt war es Nero, der etwas von „seilfrei runterlaufen" redete. Und ich derjenige, der so etwas als unvertretbaren Leichtsinn ablehnte. Ich mag nun einmal keine steilen Firnrinnen.
Hier genügte auch der Schein der Sterne. Wir konnten uns Zeit lassen. Statt Biwak blieb nur eine Nachtwanderung. Aber das zählte nicht, der Wettlauf mit der Nacht war gewonnen.

Neuner, 2582 m Südwand

▼ *Der Standplatz am Ende der Rißvariante.*
▶ *Die Südwände des Neuners und des Triangolo. An der Südwestkante ist inzwischen ein weiterer Bergsturz erfolgt, der allerdings die Route durch die Südwand nicht verändert hat.*

Der Neuner ist der massigste Felsklotz im bizarr gezackten Ostkamm der Sextener Rotwand. Die etwas komplizierte Linie hält die Südwandführe in brauchbarem Fels und genüßlicher Schwierigkeit und ermöglicht zugleich einen bunten Wechsel der Kletterstellen. Dazu rundet der Blick auf die gewaltige Felsszenerie des Vallon Popèra die Eindrücke ab. Die geringe Wandhöhe und der maßvolle Zu- und Abstieg machen die Route zu einer hübschen Halbtagstour vom Rifugio Berti aus.

Erstbegehung: J. Baumgärtner, K. Vltavski, 9. Juni 1913.
Schwierigkeit: Südwand IV (Stellen) und III+. Abstieg Westwand II und I.
Höhenunterschiede: Zustieg 400 mH, Wand 250 mH Kletterei, Abstieg 150 mH Kletterei.

Zeiten: Rif. Berti – Einstieg 1 Std., Südwand 3 Std., Abstieg ¾ Std. bis ins Kar und ½ Std. zur Hütte.
Material: 45-Meter-Seil vorteilhaft, 6 – 8 Karabiner und Sortiment mittlere Klemmkeile ratsam.
Routenbeschreibung: AVF Sextener Dolomiten R 1721, 1831, 1833, 1833 A.

Der falsche Dreier

Nach einer Tausendmeterwand ist gut ruhen – meint Nero, und ich eigentlich auch. Aber Susanne hat gestern nur zugeschaut und möchte heute gern selber klettern. Also auf zu dem Dreier am Neuner, der ohnedies zur Erkundung ansteht.
Immerhin macht das Aufstehen Mühe, und so trödeln wir erst am späten Nachmittag über die Karschwelle hinauf, an der malerischen Ruine des Rifugio Olivo Sala vorbei und über Blumenwiesen und Halden der Wand entgegen. Der Felskessel am Fuß des großen Kamins ist unerfreulich zertrümmert. Immerhin läßt sich links in einem kleinen Kamin ganz gut Höhe gewinnen. Dann leiten Platten und ein feiner Riß zum Hauptkamin. Der Fels ist schön fest, mit grauschwarzer Grundfarbe und weißgewaschenen Kanten. Aber wie ein Dreier fühlt sich das nicht an – oder steckt mir noch die gestrige Tour in den Knochen?

Der Hauptkamin präsentiert sich als ein abscheuliches, nasses Grusloch. Wir sind froh, als wir schon nach wenigen Metern wieder links hinauskommen und ein Riß in der Wand weiterführt. Die Schwierigkeitsangabe des Berti erscheint uns zwar auch hier untertrieben, aber nachdem wir frei nach Asterix beschlossen haben „Die spinnen...“, stört uns das nicht weiter. Und als uns die Beschreibung rechts in den Dreckskamin zurücklocken will, wählen wir lieber die abdrängende Rißfortsetzung. Das Seil reicht gerade zu einem guten Stand unter Überhängen. Hier prangt ein alter dicker Ringhaken. Da haben also auch schon andere den Kamin nicht gemocht. Über dem Band läßt sich der Dreckschlund zwar für einige Meter nicht vermeiden, dafür jedoch gut ausspreizen, bis er über ein luftiges Gesimse endgültig verlassen werden kann. Absteigend gelangen wir zu einem Schuttplatz. Kamine, jetzt wirklich im dritten Grad, und eine gutmütig großgriffige, steile Kante leiten zum Gipfel.

Dort stehen rußige und mit öligem Regenwasser gefüllte Konservendosen herum. Und während ich den quellenden Cumuli zuschaue und Susanne heraufsichere, gelingt es einer Schlaufe meines nagelneuen Seiles, sich an eine der obskuren Dosen heranzuringeln. Das verklebte Seil entlockt uns noch manchen Fluch auf Leute, denen es zwar gelingt, Gipfelfeuer zu organisieren, die jedoch überfordert scheinen, wenn es darum geht, die dadurch verdreckten Gipfel wieder zu reinigen.

Fulmine Nord-Est, 2745 m
Ostwand

▶ Monte und Cima Popèra und das markante Dreieck des Fulmine Nord-Est, gesehen vom Coltorondo. Rechts das Vallon Popèra mit der Karschwelle des Creston Popèra, auf dem links das Rifugio Berti liegt. Im Vordergrund die Wiesenkuppe des Schuß. (Teleaufnahme.)

Eine eindrucksvolle Hüttenwand – allerdings eine für Ganztagsbeschäftigung. Der Fels ist gemischt von ausgezeichnet bis miserabel, jedoch überwiegend in den angenehmeren Sorten und ohne gefährlich zu sein. Dafür gibt es eine ganze Menge davon, auch noch jenseits des Gipfels.

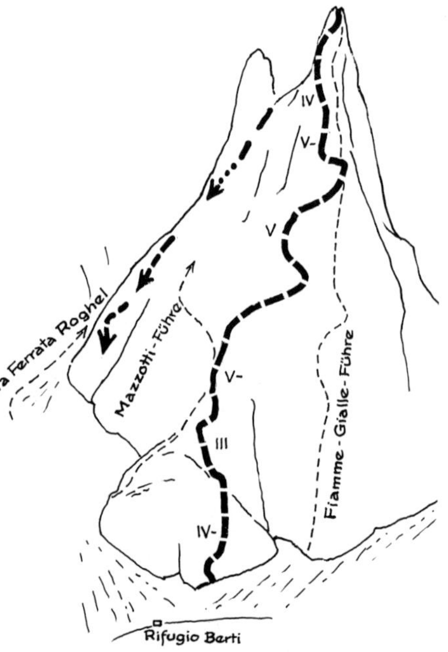

Erstbegehung: R. Goedeke u. A. Nehring, 28. Juli 1980.
Schwierigkeit: V (mehrere Seillängen), meist IV und III. Abstieg III und II und Abseilen.
Höhenunterschiede: Rif. Berti – Wandfuß 100 mH. Wand 700 mH. Abstieg 450 mH bis ins Kar.
Zeiten: Zustieg ¼ Std., Wand 11 Std. (Erstbegeher). Abstieg 2–3 Std. bis ins Kar und ½ Std. zur Hütte.
Ausquermöglichkeiten: Nach dem Sockel südlich in einer Schlucht hinab. Die Abstiegsroute erreicht man 2 Seillängen vor dem Gipfel.
Material: 45-Meter-Seil(e), Sortiment Klemmkeile und einige Haken (nur an Standplätzen verwendet).
Routenbeschreibung: AVF Sextener Dolomiten R 2246, 2242 A oder 2243 A.

Die leichteste Linie

Als wir vor einigen Jahren in der Schiara den Burèl und die Pala Tissi belagerten, nahmen wir die langen Zustiege für die eleganten Neutouren gelassen in Kauf. Nicht zuletzt, weil wir meinten, solche von der Natur vorgezeichneten, „klassischen" Linien des geringsten Widerstandes durch großartige Felswände gäbe es für uns Spätgeborene direkt vor einer Hüttentür unbetreten nicht mehr zu finden.

Aber im Popèragebiet war auch das noch möglich. Der Weg von der Bertihütte zum Einstieg der Fulmini-Ostwand dauerte eine knappe Viertelstunde. Und die Wand ragte dreiviertel Kilometer in den Himmel hoch. Der Witz daran war, daß es zwar schon eine Route nach dem Prinzip des verinnerlichten Lineals gab, nicht aber eine entlang der Linie des geringsten Widerstandes. Dem wollten Nero und ich abhelfen.

Im Schein der rosenfingrigen Eos hoben wir vom Firnfeld ab, stiegen über Verschneidungen und Wändchen zu den Wiesen am Kopf des Sockels empor. Von dort benutzten wir eine hübsche Verschneidung der Mazzottiführe, hielten uns dann wieder rechts, immer dort, wo es am leichtesten ging. Der Fels war meist fest, zwischendurch auch hin und wieder herzerfrischend veränderlich, aber die Kletterei ließ sich gut absichern und alles ergab sich lupenrein frei.

Später ließen wir uns von einer leichten Rampe weit nach rechts locken, ignorierten ansehnliche, aber unverhältnismäßig schwierige Plattenverschneidungen und bedienten uns eines gelben, luftigen Blockrisses, der wohl zur Fiamme-Gialle-Führe gehörte, stiegen dann über den herrlich festen Fels der Wandmitte wieder auf eigener Linie höher. Vor der Gipfelwand schüttelten wir noch einmal die Köpfe über die Linealkletterer vom Klub der Gelben Flammen, die sich dort unter beachtlichem Aufwand von Zeit und Bohrhaken gerade hinaufgewerkelt hatten, obwohl doch eine gutartige Schlucht nicht viel weniger direkt zum Gipfel leitet. Aber sie würden über unsere indirekte Linie vielleicht genauso die Köpfe schütteln . . .

Nach der sechsundzwanzigsten Seillänge hockten wir auf einem verdammt lufti-

gen und schmalen Gipfel. Jenseits sah es wild aus, und nur noch dreieinhalb Stunden trennten uns von der Dunkelheit. Rasten würden wir eigentlich besser unten.

Am Fuß des Gipfelaufbaues stellten sich Entscheidungsfragen. Der Gegenanstieg zu den südwestlichen Fulmini gefiel uns genausowenig wie die Aussicht auf eine lange Abseilerei in einen Schlund à la Nervenschlucht. So probierten wir uns eine Rinne am Fuß des Torre Gera hinab. Sie ließ sich zunächst ganz manierlich an, mit leichter Kletterei und zwei friedlichen kurzen Abseilstellen. Aber dann endete sie an einem unerquicklich hohen, überhängenden Abbruch. Links unterhalb sichteten wir noch geneigte Wandpartien. Wir querten hinüber, kletterten weiter ab, Seillänge um Seillänge, aber ohne weitere Abseilstellen. Den Gedanken, daß wir vielleicht nicht durchkämen und das alles wieder hinaufsteigen müßten, drängten wir geflissentlich in den hintersten Winkel unseres Bewußtseins. – Es dämmerte.

Die Wand war höher, als es zuerst geschienen hatte. Und ihre Steilheit nahm nach unten zu, während das Licht rapide abnahm. Warum hockten wir uns nicht einfach hin zum Biwakieren? Gehörte nicht jedes von den Dutzenden alpiner Biwaks zu meinen unvergeßlichen Bergerlebnissen?

Aber war es, weil Neros empfindsame Bandscheiben sich nach einer gepflegten Matratze sehnten? Oder weil wir Brunos hohe Meinung von unseren alpinistischen Fähigkeiten und seine Erwartung unserer abendlichen Rückkehr nicht enttäuschen wollten? Jedenfalls kletterten wir weiter. Allerdings legten wir bald auch wieder Zwischensicherungen, fummelten uns über die häufiger werdenden Überhänge hinab, ärgerten uns mit dem sich eifrig über unsichtbare Zacken verhängenden Seil herum – kurz, wir taten uns schwer.

Immerhin konnte sich der Nachsteigende vom jeweils schon Hinabgekletterten Mut , mehr oder weniger brauchbare Ratschläge und Trost zusprechen lassen. Als wir schließlich gerade anfingen, mit dem Blindklettern vertraut zu werden, wurden Terrassen wieder häufiger und geräumiger, und ein mattes Grau unter uns signalisierte, daß wir uns dem Firnfeld am Wandfuß näherten.

Erst während wir den Schutt hinabgingen, wurde uns klar, daß wir an diesem Tage nicht nur eine, sondern zwei logische Neutouren eröffnet hatten: Die leichteste Linie über die Ostwand und den leichtesten Abstieg über die Südwand. Dafür darf man auch ruhig einmal etwas länger unterwegs sein!

► *Tiefblick aus der Ostwand des Fulmine Nord-Est auf den gewaltigen Schuttfächer, der aus der Schlucht des Roghel-Klettersteiges kommt. Der Aufstieg zu diesem führt orographisch rechts der frischen Schuttströme über den begrünten Altschutt.*

◄ *Die Cima Bagni vom Gipfel des Fulmine Nord-Est. In der Mitte des Couloirs Oppel-Witzenmann, rechts die Campanili di Popèra.*

Westliche Zinne, 2973 m
Westwand

Eine der besonders alpinen Kreationen Hans Dülfers. In der beachtlichen, hinter den sensationellen Seiten des Berges versteckten Wand vergißt man rasch, daß man mitten in der überlaufensten Berggruppe der Dolomiten klettert. Wer den vielseitigen Anforderungen des Anstiegs gewachsen ist, wird zufrieden sein.

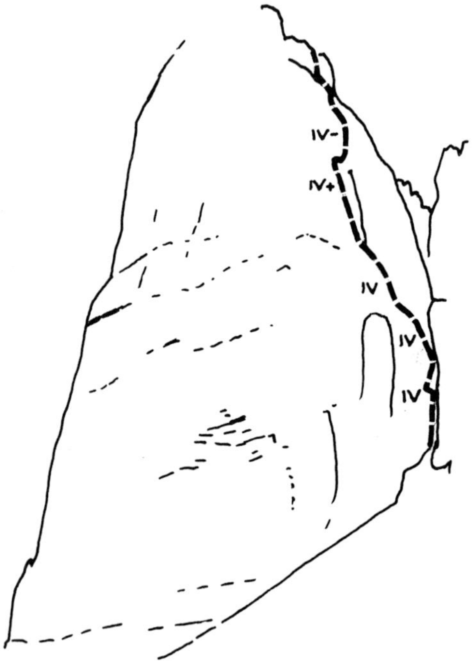

Erstbegehung: H. Dülfer, W. Schaarschmidt, 29. Juli 1912.
Schwierigkeit: IV+ (1 Stelle) und IV, teilweise III. Abstieg II.
Höhenunterschiede: Vom Rif. Lavaredo Zustieg 200 mH. Wand 450 mH. Abstieg 350 mH bis Schutt.
Zeiten: Zustieg ¾–1 Std., Wand 3–4 Std. Abstieg 2 Std.
Ausquermöglichkeiten: Erst am Ringband (Normalweg).
Material: 45-Meter-Seil angenehm, Sortiment mittlerer und größerer Klemmkeile und einige Haken für Standplätze, 10 Karabiner.
Routenbeschreibung: AVF Sextener Dolomiten R 949 (mit Skizze), R 931 A.

Die Griesbreimauer

Irgendeine Macke mußte doch die Dülfer haben, daß sie nicht öfter begangen wird. Rechts und links des Kamins ist alles glatt und naß. Und drinnen plätschert ein Wasserfall. Ich spreize so weit außen wie möglich. Naß werde ich dadurch zwar langsamer, aber nicht weniger. Susanne, die sonst eine ganze Menge von Wasser hält, verschmäht den Kamin und folgt außen über einen abdrängenden Riß.
Wenn wir dachten, dies wäre eine richtige Schikane, werden wir rasch eines Besseren belehrt. Nach Schlieferei in einem Kamin zwischen schmutzigen Firnresten grinst ein zweiter Wasserfall, der über eine glatte Stufe herabkommt. Hier wird man nicht nur naß, hier kann man auch runterfallen. Einige halbherzige Anläufe bleiben stecken. Schweinkram. Wenn

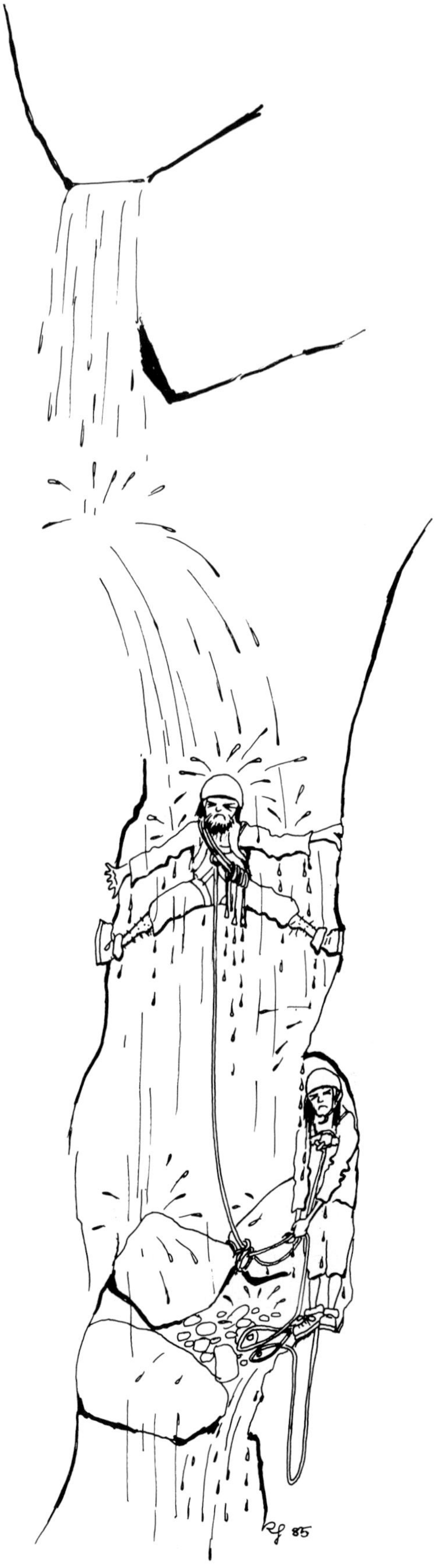

ich unten stehe, denke ich, das wäre doch gelacht. Und wenn ich oben bin, Scheißnässe, kalte Finger, ich will nicht mehr. Schließlich finde ich links etwas tiefer eine Umgehungsschleife, und ein alter Haken verrät, daß auch schon andere Leute wasserscheu waren.
Über dem großen Klemmblock ist uns klar, daß wir jetzt im Schluchtgrund rasch zur oberen Wand gelangen könnten. Aber die Beschreibung verweist eindeutig auf die Schluchtwand, und ich habe eine Schwäche für klassische Originallösungen, auch wenn sie umgangen werden können und auch, wenn es nicht so tolle Stellen sind wie die berühmte Platte in der Punta-Civetta-Nordwestwand. Das als dritter Grad angepriesene Wandl ist allerdings eine Gemeinheit, zumindest in dem nassen Zustand und mit klammen Fingern. Obendrein läßt sich keine Sicherung anbringen. Der Dülfer war doch sonst ein Genußspecht. Und hier so eine Häufung von Unerquicklichkeiten?
Erst später begreifen wir die Raffinesse dieser Führe. Die Eintrittskarte in Form dieser Drecksschlucht schafft – etwa wie die berühmte Griesbreimauer vor dem Schlaraffenland – die richtige Stimmung, in der man schon geneigt wäre, ganz normal mittelprächtige Kletterei als Genuß zu empfinden, nach dem Motto „Es ist so schön, wenn der Schmerz nachläßt." Hier aber folgt dann wirklich ausgezeichnet fester, schwarzer, griffiger Fels, steil, luftig, und dort, wo man die Crux erwartet, mit einer verblüffend einfachen Lösung. Da bleibt nur noch Verzückung.
Der Dülfer Hans hatte eben doch einen Riecher für Genußtouren.

▶ *Westliche Zinne von Nordwesten. Rechts der überhängenden Nordwestkante in der Sonne die Westwand.*

Markierungen

Geknickte Halme. In die Erde gepreßte Steine. Zerdrückte Flechten. Schwarzer Gummiabrieb am Stein. Hier ist jemand gegangen.

Trassen im Schutt. Trittrasen. Geglätteter Fels. Hier stiegen schon viele.

Steindauben. Wegtafeln. Rote Farbkleckse. Rot-weiß-rote Streifen mit liebevoll eingemalten Wegzahlen. Information für Wegunkundige und zugleich triviale Kleinkunst. Durch den Untergrund und Zufälligkeiten mitgestaltet, rasch von Sonnenlicht und Wetter ausgebleicht, angenagt, aufgezehrt, verwischt. In den Stadien des Vergehens immer ähnlicher den natürlichen Strukturen.

MONTE CROCE
KREUZBERG
124

124

Giralba di Sopra Punta Sud, 2620 m
Südkante

Das behäbige Gipfeldach des Giralba di Sopra entsendet nach Süden einen Grat, dessen Wände dem Rifugio Carducci direkt gegenüber aufragen. Kurze Einstiegswege und vorwiegend guter Fels kennzeichnen die Anstiege. Es sagt einiges über die Unberührtheit des Gebietes, daß die ersten Führen durch diese Wandfluchten erst in allerjüngster Zeit eröffnet wurden.

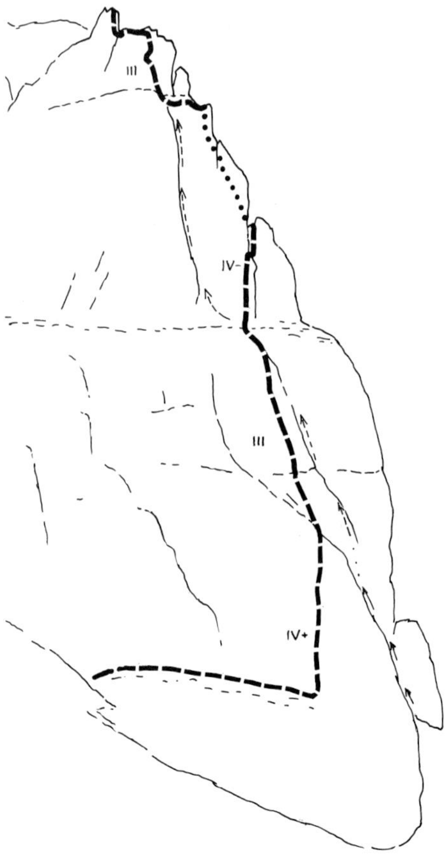

Erstbegehung: R. Goedeke, P. Vecellio, 5. Aug. 1980, oberer Teil R. Goedeke 10. Juli 1981.
Schwierigkeit: IV+, IV und III. Abstieg III und II.
Höhenunterschiede: Kante 400 mH. Abstieg 350 mH.
Zeiten: Zustieg vom Rif. Carducci ¼ Std., Kante 3 Std., Abstieg ¾ Std.
Ausquermöglichkeiten: Auf dem Terrassenband in halber Höhe links.
Material: 40-Meter-Seil, Klemmkeile und Schlingen, 10 Karabiner.
Routenbeschreibung: AVF Sextener Dolomiten R 2174 (Skizze), 2176A.

Die Korrektur

August 1980. Piero ist ein sehr gewissenhafter Hüttenwirt mit Einmannbetrieb. Und er ist Kletterer. Was für ein Konflikt! Aber heute hat er eine Vertretung, und wir können zusammen losgehen zur Kante schräg gegenüber der Hütte. Sie war mir gleich aufgefallen, und ich konnte kaum glauben, daß sie unbegangen war. Auch Piero liebäugelte mit ihr – seit Jahren.

Er schwört auf Haken, ich auf Klemmkeile. Das Ergebnis ist ein voller Rucksack. Aber Schleppen übt. Piero zieht das Los für die erste Seillänge. Ohne Zwischensicherungen steigt er das Seil aus. Zum Hakenschlagen ist das eben noch nicht schwierig genug, und Klemmkeile ist Piero nicht gewöhnt. Vor zwanzig Jahren habe ich es ja auch nicht besser gewußt.

In Wechselführung gewinnen wir zügig an Höhe. Schönes Steigen im klassischen mittleren Schwierigkeitsbereich. Heitere Stimmung. Über der Terrasse

steuern wir links in den tiefen Verschneidungskamin. Er bietet hübsches Stemmen in kühler Dämmerung. Luftige Gratstufen leiten zum Gipfel.
Dort finden wir einen Steinmann. Kamen die Leute, die ihn bauten, über den Grat vom Giralba di Sopra her?
Piero drängen seine Hüttenwartspflichten. Wir suchen uns einen Abstieg über den Grat und dann nach Südosten hinab. Ich bin in dem leichten Gelände nicht der langsamste, aber Piero überfliegt es geradezu. Es ist immer wieder faszinierend zu sehen, wie die Einheimischen uns Kletterern aus den alpenfernen Gebieten in solchen Schrofen überlegen bleiben. Pünktlich vor der mittäglichen Arbeitsspitze sind wir wieder in der Hütte.

Juli 1981. Gleich bei unserer Ankunft eröffnet uns Piero, daß er von einem ihm bisher unbekannten Anstieg erfahren habe. Das soll vorkommen. Unerhört ist nur, daß der oben die gleiche Linie nimmt wie unsere Route vom Vorjahr und zwei Jahre früher begangen wurde. Jetzt wissen wir, wer den Gipfelsteinmann gebaut hat. Nach der Freude über unsere Entdeckung ist die Enttäuschung umso herber.
Bei näherem Hinsehen bleibt, daß unsere Route im unteren Teil durchaus neu war. Und warum waren wir oben überhaupt in den Verschneidungskamin gegangen? Nach der luftigen Kletterei unten war das ja eigentlich ein Stilbruch gewesen. Näher an der Kantenschneide wären wir sicher auch durchgekommen. Würden wir sicher auch durchkommen. Der Gedanke hat Widerhaken.
Besonders, nachdem wir die Tour gemacht haben, um derentwillen wir gekommen sind. Aber Piero fühlt sich an die Hütte gebunden, und Susanne ist satt. Morgen wollen wir absteigen.
In der Nacht wache ich auf. Die Kante wurmt sich mir wieder durchs Gemüt...
Am Morgen halte ich die Spannung nicht mehr aus. Von der Westschlucht aus quere ich die Bänder zur Terrasse, zum Fuß des Verschneidungskamins, weiter zur Kante.
Da sind zwei Kamine, der rechte oben gesperrt. Also den linken. Vorsichtshalber seile ich mich ein und schleppe den Strick nach, spreize außen hoch. Sehr luftige Sache. Schön fester, rauher Fels. Weiter oben nimmt mich der Schlund auf. So beim Alleinklettern ist das ganz sympathisch. An einem Blocküberhang kann ich mich mit einem Klemmkeil sichern. Nach dem Kamin bietet sich rechts ein Weiterweg zu einem Zacken. Oberhalb leitet geneigter, griffiger Fels zum Kopf des Kantenpfeilers, wo ich mit Piero gerastet hatte.
Die Kletterei ist nicht schwieriger gewesen als im unteren Teil der Kante, dabei luftiger und im Charakter ähnlicher. Die Linie folgt der Kante jetzt durchgehend. Der alpinen Ästhetik ist Genüge getan. Meine Seele hat wieder Ruh.

▼ *Im Kamin.*

Campanile Rifugio Carducci, 2635 m Westwand

Campanile Rifugio Carducci – der Name ist Musik. Und von der Hütte sieht der Berg auch kühn aus, schlank, himmelkratzend. Die Kletterei beginnt wenige Minuten oberhalb der Hütte und ist kurz genug, sie auch in einem angebrochenen Tag unterzubringen. Der Fels gibt sich nach oben hin Mühe, den Schwärmereien der Erstbegeher doch noch gerecht zu werden.

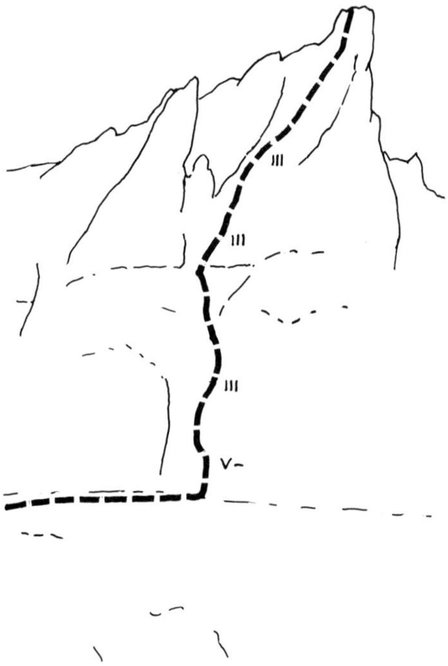

Erstbegehung: M. Happacher. A. Rigoli, 29. Juli 1953.
Schwierigkeit: IV (Stellen), überwiegend III.
Höhenunterschiede: Rif. Carducci – Einstieg 50 mH. Wand 250 mH. Abstieg 150 mH mit Kletterei.
Zeiten: Zustieg 10 Min., Wand 2 Std., Abstieg ¾ Std. bis Giralbajoch.
Ausquermöglichkeiten: Nicht zu empfehlen.
Material: Seil, einige Klemmkeile und Schlingen, 10 Karabiner.
Routenbeschreibung: AVF Sextener Dolomiten R 2163 (Skizze), 2161 A.

Der Ungipfel

Es war in diesem Sommer die letzte Tour.
Von Henkel zu Henkel über dem Abgrund hochlangend bolzten wir dem Gipfel entgegen. An der letzten Stufe steckte sogar noch ein Haken und wir waren –
Nein, wir waren nicht oben. Zwar standen wir an dem etwas flügellahmen Holzkreuz, das wir von unten gesehen hatten. Aber da war kein Gipfel. Es steckte am Rand einer großen Schuttabdachung zwischen ein paar Blöcke geklemmt.
Zuerst war ich etwas enttäuscht über die Banalität des Endes der Kletterei. Aber dann mußte ich lachen. Die Erfinder dieses Gipfels hatten durch ihren flotten Bergnamen einfach ein wenig dem Mangel abgeholfen, daß bei der Erschaffung dieses phantastischen Felszirkus so eine richtig handliche Taschenausgabe von Hüttengipfel glatt vergessen worden war. So kann man jetzt, nach Kreation und Ausrufung des Campanile, daran mit Anstand Routen machen, davon Postkarten verkaufen, damit angeben.
Das soll keine Kritik sein. Im Gegenteil. Es ist nur die Beschreibung von einer Variante der Spiele, die Bergsteiger so spielen. Es ist am Campanile Rifugio Carducci auch nicht zum ersten Mal gespielt worden. Und ich bekenne mich dazu, daß es auch mir Spaß macht, durch einen originellen Namen Gefühle, Erinnerungen und Erwartungen mit einem Stückchen leblosem Fels zu verknüpfen. Was wären all die Klettergärten ohne dieses Spiel!
Aber könnten wir überhaupt Bergsteiger sein, wenn wir uns nicht etwas von der kindlichen Fähigkeit bewahrt hätten, mit selbstvergessener Hingabe zu spielen?

◄ ***Rifugio Carducci mit Campanile.***
► ***Genußkletterei im oberen Teil der Westwand.***

Dreischusterspitze, 3145 m
Normalweg

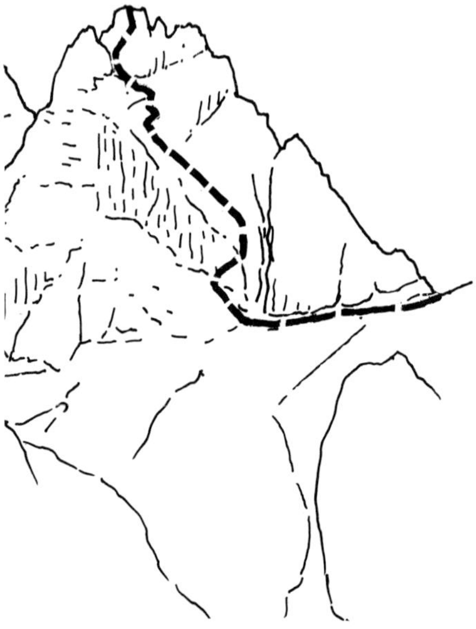

Der höchste Gipfel der Sextener Berge ist auch auf dem leichtesten Wege ein Hammer. Kein hochgelegener Stützpunkt entschärft die Zustiege, und ein halbes Tausend Klettermeter wollen auch überwunden sein. Obendrein reserviert der Normalweg die interessantesten Stellen für die letzten Wändchen vor dem höchsten Punkt. So wundert es nicht, daß das Gipfelbuch sich jedes Jahr nur um ganz wenige Seiten füllt. Das hatte übrigens auch schon Paul Grohmann in seinem Bericht über die Erstbesteigung vorhergesagt:

„Ein prachtvolles Panorama lohnte unsere Mühe. Es wäre unmöglich und auch zwecklos, dasselbe schildern zu wollen. Auf solche Gipfel steigt man nicht um der Aussicht willen, man geht, weil man glaubt, durch die großartigen Einzelheiten in den Felsen entschädigt zu werden, vielleicht um ein Problem zu lösen, vielleicht auch, weil man Genugthuung empfindet, Schwierigkeiten zu besiegen, eine Zinne zu betreten, auf der vorher noch niemand war und nachher nur wenige sein werden!"
(Aus: Paul Grohmann, Wanderungen in den Dolomiten; Wien 1877)

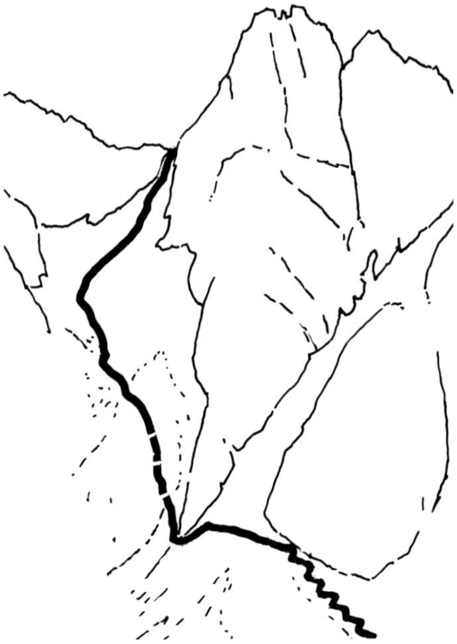

Erstbesteigung: F. Innerkofler, P. Salcher mit P. Grohmann, 1869.
Schwierigkeit: III (mehrere Stellen am Gipfelaufbau), meist II.
Höhenunterschiede: Drei-Schuster-Hütte - Einstieg 1150 mH, Normalweg 650 mH.
Zeiten: Zustieg 3-3½ Std., Normalweg 3 Std. Abstieg bis Tal 4-4½ Std.

Material: Seil, Bandschlingen, einige Klemmkeile, 6 Karabiner, im Frühsommer auch Eisbeil.
Routenbeschreibung: AVF Sextener Dolomiten R 421, 561 (mit Skizze).
Weitere lohnende Anstiege: Westwand, Nordwestgrat, Nordostgrat.

▼ ***Die Dreischusterspitze mit ihrem langen Nordwestgrat, in dessen Mittelteil sich im Winter 1981/82 ein großer Bergsturz ereignete. (Aufnahme von 1981).***

Die höchste Spitze

Juli 1981. Es ist schon etwas dreist, daß wir uns als erste Tour des Sommers gleich den höchsten Gipfel vornehmen. Aber allmählich ist er für mich eine alpinistische Bildungslücke.

In der Nacht wirft ein fettes Gewitter eine weiße Decke auf die Berge. Zum Ausgleich verspricht der Nordwind einen schönen Tag. Nach urigen Bachbetten und Latschengassen beginnt im Steinalpenkar frisch verschneiter Lockerschutt. Der verlangsamt das Vorankommen, beschleunigt dafür jedoch Puls und Atmung. An der Scharte wissen wir, daß der eigentlich gewählte Nordostgrat heute unbetreten bleiben wird. Wir können froh sein, wenn wir bei diesen Verhältnissen überhaupt den Gipfel erreichen.

Immerhin führt der Normalweg über die Südseite, auf der die Sonne schon wacker am Schnee leckt. Die Querung liegt rasch hinter uns. Susanne steigt si-

cher genug, um auch im Fels auf das Seil zu verzichten. Über Platten, Bänder und Rinnen gewinnen wir zügig an Höhe, obwohl im Frühjahr aus Zeitmangel die Klettergartenfahrten meist durch Waldläufe ersetzt werden mußten. Einmal verhauen wir uns kurz, finden bald wieder zurück zur günstigsten Linie.

Die Steilrinne am Gipfelaufbau wird von einem eisigen Bächlein verteidigt. Wir seilen uns kurz ein, nehmen mit klammen Fingern das Hindernis. Welcher von den Zacken dort oben ist eigentlich der Gipfel? Die Wändchen werden immer steiler und luftiger. Daß sie hier schon anno 1869 ganz locker hinaufgestiegen sind, nötigt Achtung ab. Kurz vor Mittag schwingen wir uns über die letzte Stufe.

Der Gipfel ist eine geräumige Terrassee über Abgründen. Besonders nach Westen hin kann der Tiefblick in die senkrechten Trümmerfluchten auch abgebrühte Gemüter beeindrucken. Es ist windstill. Nach allen Seiten reihen sich die Bergketten in ungehinderter Fernsicht. Das Wetter erlaubt lange Rast. Irgendwann bringen sich die siebzehnhundert Höhenmeter hinab zur Hütte in Erinnerung. Auf die dubiosen Abseilhaken vertrauen wir lieber nicht und klettern stattdessen frei ab. Die Sonne hat die Felsen schon weitgehend trockengeputzt, und wir kennen die Route ohne den Schnee kaum wieder.

Die Schatten wandern, strecken sich.

Ein großer Berg.

▼ ***Blick vom Gipfel der Dreischusterspitze nach Süden.***

Dritter Steinalpenturm, 2521 m Südwand

Natürlich sind die Steinalpentürme in ihrer Umgebung nur ein paar bessere Gratzacken. Aber es will ja gar nicht jeder an jedem Tag auf die himmelhohen Klötze. Als Ausgleichstour oder bei unsicherem Wetter haben die Steinalpentürme gerade das richtige Format – und vom Fels her braucht sich zumindest der Dritte Steinalpenturm ganz bestimmt nicht zu verstecken.

Erstbegehung: R. Goedeke, 4. Juli 1981 (auch im Abstieg).
Schwierigkeit: Etwa IV– (1 Stelle), sonst III und II.
Höhenunterschiede: Drei-Schuster-Hütte – Steinalpenkar 800 mH. Südwand etwa 200 mH.
Zeiten: Zustieg 1½ Std., Wand Seilschaft etwa 1½ Std., Abstieg etwa 1½ Std. bis Kar, dann ¾ Std. zur Hütte.

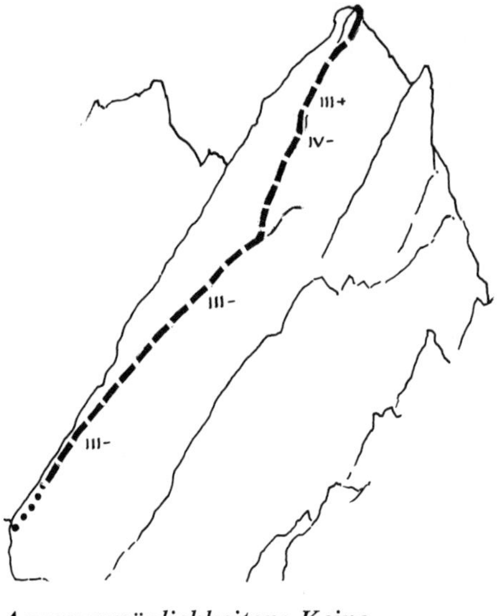

Ausquermöglichkeiten: Keine.
Material: Einige Bandschlingen und Klemmkeile ratsam, 6 Karabiner.
Routenbeschreibung: AVF Sextener Dolomiten R 421, 552 (Skizze).

Zugabe

Mildgelbe Abendsonne liegt auf der Wand des Dritten Steinalpenturmes. Was hatte Erich gesagt? Das soll schlechter Fels sein? Das kann doch nicht stimmen. Schon das Gras am Wandfuß spricht dagegen.
Susanne mag nicht mehr. Auf die Drei-Schuster-Spitze und wieder herab, das reicht ihr. Bei mir dagegen prickelt es jetzt. Die Uhr zeigt zwar schon sieben. Ganz schön frech, zwei Stunden vor Dunkelheit in eine Neutour einzusteigen, auch wenn es nur eine Zweihundertmeterwand ist. Aber der unverbrauchte Auftrieb des Urlaubsbeginns flüstert: Greif doch zu!
Der Rucksack fliegt in den Schutt. Brustgeschirr, Reepschnur, Bandschlingen, zwei Klemmkeile, für alle Fälle eine Alufolie. „Ich werde mich beeilen." – „Will ich auch hoffen!"
Das Klettern so ganz leicht, ohne Rucksack und Seil, ist ein Rausch. Prächtiger Fels, Kamin, Rinne, mal innen, mal außen, weit oben direkt gipfelwärts. An einem Überhang komme ich ins Stocken. Kleingriffige Fummelei. Umkehren? Ein Klemmkeil zur Sicherung, zweiter Versuch, ganz vorsichtig den Block überspreizen, von oben den Keil herausschleudern. Noch einmal blicke ich hinab, um mir die Griffe für den Abstieg einzuprägen. Ein weiterer Kaminüberhang, oben gute Henkel. Auch das wird abzuklettern sein. Eine krümelnde Rinne, eine griffige Kante, im letzten Licht der Sonne. Der Gipfel. Susanne winkt. Jetzt nichts wie hinab. Rasch bin ich wieder in der Rinne. Vor den Überhängen tauche ich in den Schatten. Die kaltgraue Tiefe droht plötzlich. Ich hätte doch das Seil mitnehmen sollen. Aber wozu habe ich vorhin die Griffe auswendig gelernt? Die schrägen Kamine unterhalb sind kein Problem mehr.
Eine Stunde nach dem Aufbruch rennen wir ausgelassen talwärts.

Morgenkofelturm, 2280 m
Nordschulter – Ostwand

▼ *Morgenkofelturm mit Nordschulter vom Innichbacher Graben. Links die Nordwand (vgl. S. 176).*
▶ *Morgenkofel von der Drei-Schuster-Hütte, links angelagert der Morgenkofelturm. Links in der besonnten Gipfelwand des Morgenkofels die Steilrampe (S. 145).*

Dies ist eine Wand für Frühaufsteher: Der Zustieg liegt dann noch im Schatten, aber beim Klettern wärmt die Morgensonne Fels und Finger. Und den Gipfel erreicht man auch an einem Tag mit Wärmegewittern zeitig genug, um noch trocken zur Hütte zu kommen. Die Kletterei folgt nicht einer markanten Felsstruktur, sondern sucht ihren Weg in offener, griffiger Wand. Wenn man dort die günstigste Linie verfehlt, kann die Schwierigkeit allerdings deutlich größer werden. Der Fels ist meist gesund, nur an den Bandausstiegen läßt er gelegentlich etwas zu wünschen übrig – aber es gibt viel mehr Wand als Bandausstiege.

Erstbegehung: R. Goedeke, S. Hornburg, 7. Juli 1981.
Schwierigkeit: IV– (Stelle), meist recht anhaltend III+ und III.

Höhenunterschiede: Drei-Schuster-Hütte – Einstieg 500 mH. Wand 300 mH. Abstieg 800 mH bis Hütte.
Zeiten: Zustieg 1 Std., Wand 3 Std., Abstieg ¼ Std. bis zu Gehgelände (¾ Std. bis zur Hütte).
Ausquermöglichkeiten: Keine.
Material: 45-Meter-Seil angenehm, mehrere Bandschlingen, Sortiment Klemmkeile und einige Haken (nur für Standplätze), 8 Karabiner.
Routenbeschreibung: AVF Sextener Dolomiten R 451, 756 (Skizze), 752 A, 751.

Rufschädigung

„Da versaut man sich doch seinen Ruf als Extremer, wenn bekannt wird, daß man sich mit einer so leichten Route abgibt."
So unverblümt habe ich es zwar noch nie ausgesprochen gehört. Aber Handeln sagt mehr als Worte. Und wie sonst ist beispielsweise zu deuten, wenn Leute, die ich durchaus als ehrgeizig kenne, eine Neutour nur deshalb nicht eintragen, weil sie zu leicht war?
Ich muß daran denken, als ich mir meinen Weg über die steile, aber gutmütig griffige Wand hinaufsuche. Sie ist nicht besonders schwierig. Aber es macht trotzdem Spaß, die leichteste Linie zu erspüren. Überhaupt auf diesem Stück Fels zu steigen, das noch niemand vor-

◄ Tiefblick kurz vor dem Ausstieg auf die Nordschulter. Unten erkennt man den Innichbacher Graben und den Weg zur Drei-Zinnen-Hütte, oben die benachbarte gelbbraune Nordwand des Morgenkofelturms (siehe Seite 176).

her betreten hat. Auf einer kleinen Entdeckungsreise zu sein.

Wenn der Leistungssportler in mir auch lieber drüben durch die pralle, gelbgraue Wand steigen würde, so ist der Romantiker in mir doch rundrum zufrieden. Und das ist um der Harmonie des Tages willen auch gut so, denn meine Begleiterin würde dort drüben vermutlich so dicht an ihrer Leistungsgrenze kämpfen, daß sie an der Kletterei keinen Spaß mehr hätte.

Gerade recht zum Ende der meisten Seillängen bietet ein Latschenbusch gute Verankerung und versüßt den Aufenthalt mit seinem würzigen Duft und einem Hauch von Blütenstaub. Großartige Blicke zur Drei-Schuster-Gruppe und in die Gräben und Tobel des Innichbacherngrabens, bis allmählich aus dem fernen Scharren und dem blauroten Fleck am Ende des Seils wieder eine lebensgroße, schwitzende Susanne geworden ist.

Die Seillängen reihen sich; immer fast ungegliederte Wand, zunehmend steiler und luftiger, aber nach wie vor prächtig griffig. Der Schultergipfel sieht unbetreten aus, ebenso wie die markante Gipfelschneide des Turms. Die ersten Menschen hier oben? Der Blick auf die langen Halden aus übersteilem Schutt, die von Süden zur Scharte leiten, läßt es durchaus verständlich erscheinen.

Weiße Wolkenfetzen treiben im Blau. War blau nicht die Farbe der Romantik?

Morgenkofel, 2493 m
Ostwand

Diese Route wird nicht empfohlen. Es gibt sie nämlich nicht. Das hat seine Gründe. Wenn jedoch eines Tages Leute kommen, die einen Anstieg durch diese Wand eröffnen, dann wird er nur erfreulich werden, wenn er eine andere Linie wählt als die des hier beschriebenen Versuchs.

Erstbegeher: Werwillsdennsein, irgendwann.
Schwierigkeit: Je nach Routenwahl zwischen IV und extrem.
Höhenunterschiede: Drei-Schuster-Hütte – Wandfuß 800 mH. Wand 250 mH, Abstieg 1000 mH Gehgelände bis Hütte.
Zeiten: Zustieg 1¼ Std.

Die Unvollendete

Die Ostwand des Morgenkofels ist ein wuchtiger Felsbau und undurchstiegen. Mich lockt die leichteste Linie und so gehe ich los, obwohl mich die ungut grünlichgelbe Farbe des Gesteins bremsen sollte. Splittrige Stufen erzählen von Steinschlag. Ein Kaminstück, abschüssige Bänder, alles ist zertrümmert. Eine schöne Route wird es nicht werden.
Im Zickzack gelange ich höher. Eine kleingriffige, abwärtsgeschichtete Stufe verteidigt den Zugang zu der großen Rampe, die eine naturgegebene Lösung verspricht. Aber dort wartet lockerer Schutt. Ich wage kaum zu atmen, suche

Griffe in der Wand oberhalb, damit mich die kleinen Schuttrutsche nicht mitnehmen, schleiche höher, löse trotz aller Vorsicht immer wieder lautstarke Steinlawinen. Sie verkünden aufdringlich, daß ich schon weit oben bin. Schließlich kommt der letzte Abschnitt der Rampe in Sicht – und da ist lediglich ein überhängender, wasserüberronnener Riß, nur wenige Meter hoch, aber eindeutig zu schwierig für die Methode Paul Preuß . . .
Ich suche gar nicht nach einer anderen Möglichkeit. Die abschüssigen Wandstufen rechts oberhalb sind sicher gleichfalls nur heikle Antikletterfelsen. Vielleicht habe ich auch innerlich schon längst den Rückzug beschlossen und nur noch auf den Anlaß gewartet.
Jetzt den ganzen Schweinkram wieder abklettern? Aber was bleibt mir schon anderes übrig, nachdem ich so lässig ohne Seil und sonstiges Material losgestiegen bin?
Meter für Meter, ganz konzentriert die Haltepunkte auswählen, die großen lockeren vermeiden, die festen kleinen greifen, System Aschenputtel . . .
Und plötzlich empfinde ich es als ein Gefühl von Überlegenheit, daß ich mit diesem Trümmerhaufen fertigwerde, mich ihm entziehe. Die Beklemmung von vorher fällt ab. Ich genieße auch diesen Rückzug. „The long and winding road . . .". Singend erreiche ich den Wandfuß.

Überschreitung Monte Giralba di Sotto, 2995 m Hochbrunner Schneide, 3046 m

Das öde Gipfelplateau der Hochbrunner Schneide ist nicht nur das Ziel für einen der leichtesten Normalwege auf einen Dolomiten-Dreitausender. Man kann es auch überschreiten, ohne dabei auf nennenswerte Kletterschwierigkeiten zu treffen. Der Schlüssel für diese landschaftlich großartige Unternehmung ist die Giralba-di-Sotto-Westwand. Die aus der Ferne gewaltig dräuende Felsmauer ist gutartig. Sie zeigt ihre Zähne – recht bescheidene übrigens – gleich zu Anfang und leitet dann über Rampen, Bänder und Rinnen recht gemütlich zum Gipfelplateau.

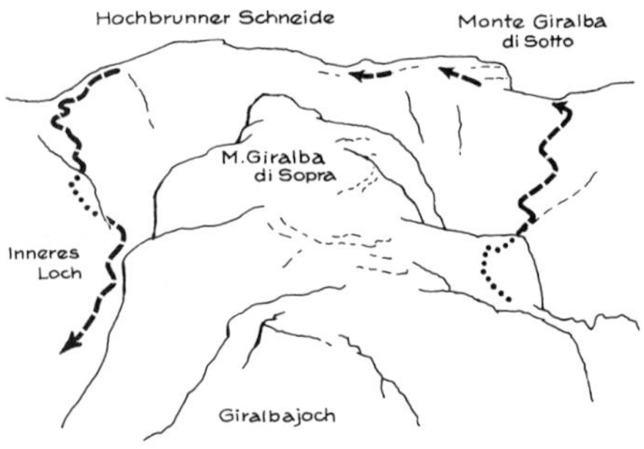

Erstbegehung: Giralba-di-Sotto-Westwand R. Goedeke, S. Hornburg, 9. Juli 1981; Hochbrunner Schneide Normalweg S. Siorpaes, M. Holzmann, 1874.
Schwierigkeiten: Giralba-Westwand III– (1 Seillänge), dann II und I. Übergang zur Hochbrunner Schneide und Abstieg Gehgelände und I.
Höhenunterschiede: Rif. Carducci – Einstieg 350 mH. Wand 500 mH. Übergang 100 mH. Abstieg bis Kar 300 mH.
Zeiten: Zustieg 1 Std., Wand 2½ Std., Übergang ½ Std., Abstieg 1 Std.
Ausquermöglichkeiten: Keine.
Material: Seil, einige Bandschlingen, 4 Karabiner, Kompaß.
Routenbeschreibung: R 1742, 2202 (Skizze), 2201, 2131A.

Anachronismus

Wir haben schon im vorigen Jahr mit dieser Wand geliebäugelt, aber die Zeit hat nicht mehr gereicht. Nun sind wir wiedergekommen zu Piero, der uns freudig begrüßt.
Er ist allein, kann seine Verpflichtung als Hüttenwirt nicht beiseite schieben – wir werden ohne ihn gehen müssen. Die Fahne flappt lasch im Nebel, als ich im Dunkeln noch einmal vor die Tür trete. Wird das Wetter halten?
Ganz früh brechen wir auf, in einen etwas zu strahlenden Morgen. Es ist erst Anfang Juli. Wir müssen mit Gewittern rechnen. Und die sollten uns nicht auf der Gipfelfläche der Hochbrunner Schneide treffen...
Von der Einstiegsrinne des Cengia Gabriella stapfen wir links unter der Wand weiter hinauf. Bei einem Wasserfall seilen wir uns ein, steigen daneben an einer steilen Felsrippe höher. Nach der ersten Seillänge ist die Kletterei leicht. Aber der Reiz liegt hier ohnehin nicht im Detail der Kletterstellen. Eher in der Klarheit der Linie, in der Unberührtheit der Umgebung und in den grandiosen Ausblicken. Eigentlich hätte diese Wand schon vor hundert Jahren durchstiegen worden sein können, vom alten Michel Innerkofler etwa oder von Santo Siorpaes. Aber im Jahre 1981 – das ist wirklich ein Anachronismus! Der Fels ist meist gut, die Szenerie abwechslungsreich und beeindruckend. Kein Schwierigkeitsalpinismus, aber gerade deshalb eine Kostbarkeit.
Ich freue mich, wie eingespielt wir steigen, freue mich, daß uns die munter quellenden Wolken heute nicht mehr in Bedrängnis bringen werden, freue mich, daß Susanne sich auch in diesem alpinen Gelände wohlfühlt und strahlend folgt.
Nach zweieinhalb Stunden treten wir am Rand der Hochfläche in die Sonne. Das Seil, das wir heute nur mehr symbolisch angelegt hatten, verschwindet im Rucksack. Über eine Mondlandschaft von Schutt und wasserzerfressenen Karrenplatten steigen wir zum breiten First des Monte Giralba, blicken in die Abgründe der Südostseite und stapfen zwischen Wolkengebirgen den kunstvoll gefügten Steinmännern auf dem Scheitel der Hochbrunner Schneide entgegen. Wir werden noch vor dem Mittagsgewitter die Hütte erreicht haben.

Hochleist, 2413 m
Nordwestkante

Die kurze und von der Zsigmondy-Comici-Hütte aus gut einzusehende Genußkletterei über die luftige Kante ist eine der beliebtesten des Gebietes. Trotzdem kann man noch nicht über Politur klagen.

Erstbegehung: A. u. F. Schranzhofer, 4. September 1947.
Schwierigkeit: V (1 Seillänge, wenn frei geklettert), sonst IV (in 2 Seillängen) und III. Abstieg Gehgelände.
Höhenunterschiede: Zsigmondy-Comici-Hütte – Wandfuß 120 mH (zum üblichen Einstieg 80 mH). Kante 300 mH (ab Pfeilerkopf 200 mH). Abstieg 200 mH bis zur Hütte.
Zeiten: Zustieg 20 Min., Kante 2½ Std. (vom Pfeilerkopf 1½ Std.), Abstieg ½ Std.
Ausquermöglichkeit: Vom Pfeilerkopf und 1 Seillänge vor dem Gipfel.
Material: 40-Meter-Seil, einige Klemmkeile.
Routenbeschreibung: AVF Sextener Dolomiten R 1534 (mit Skizze).
Weitere lohnende Anstiege: Nordwand, Westwand.

Angst am Nunatakker

„Wenn du das Tal hochkommst und die Kante siehst, dann mußt du sie einfach machen!“ So hatte Moritz geschwärmt. Und nachdem ich das Tal zum ersten Mal hinaufgegangen war, wußte ich, daß er recht hatte.
Die Hochleist ist ein eiszeitlicher Nunatakker. Das Wort stammt aus der Eskimosprache und bezeichnet eine von Gletschern umflossene Felsinsel. In der Eiszeit wurde die Hochleist von den Gletschern des Bacherntales stromlinienförmig zugeschliffen, zeitweilig sicher auch ganz vom Eis überdeckt. An der talseitigen Abrißlinie bildete sich diese himmelstürmende Kante, von der man erst oben merkt, daß sie auf einem behäbig gerundeten Rücken endet.
Wir kamen vom Giralbajoch und hatten noch etwas Zeit. Das Wetter war durchwachsen. Wie die meisten Begeher querten wir von der Seite hinein. Eine geneigte Länge noch, danach eine Kantenschneide wie aus dem Bilderbuch, in toller Luftigkeit. Ohne Hakenbenutzung war die Kletterei gar nicht leicht, doch Susanne begnügte sich damit, auf die Leiter zu verzichten. Und als wir so richtig am Jubeln waren, rollte der erste Donner.
Seit wir einmal eine Gewitternacht auf dem Blitzableiter Cima della Madonna zugebracht haben, sind wir beide allergisch gegen Elektrisierversuche. Die Aussicht, dem Gewitter auf dieser exponierten Kante dafür als Objekte zu dienen, jagte unseren Adrenalinspiegel hoch.
Zuerst suchten wir unser Heil im gesteigerten Tempo. Aber eine Seillänge unter dem Gipfel umwallte uns der Nebel, und es begann zu tröpfeln. Blitze und Donner folgten einander jetzt beängstigend rasch. Knistern und Haarekribbeln zeigten sich zwar noch nicht, aber was nicht war, konnte rasch werden. Nur weg von der Kante!
Ich begann zu queren. Es war nicht schwierig. Susanne folgte brav dem Seil in den Nebel. Ich legte Schlingen und querte weiter. Die Seillängen reihten sich. Der Regen wurde stärker und ging in Graupeln über, flaute dann wieder ab. Als nach der siebten Seillänge die Wässer versiegten und der Donner nur noch in der Ferne rumpelte, wagten wir uns auf den Bergrücken. Es knisterte nicht, und kein Härchen stellte sich steil, und der letzte Rest von Angst verflog.
Über den Rücken der Hochleist wanderten wir hinab, und ich stellte mir vor, wie es dort ausgesehen hatte, als er noch als Nunatakker aus den eiszeitlichen Gletscherströmen ragte.
In ein paar Jahrtausenden werden sie vielleicht wieder da sein.
„Das Leben der Menschen währet nur eine kurze Zeit...“

Torre Brunsviga, 2700 m
Ostriß

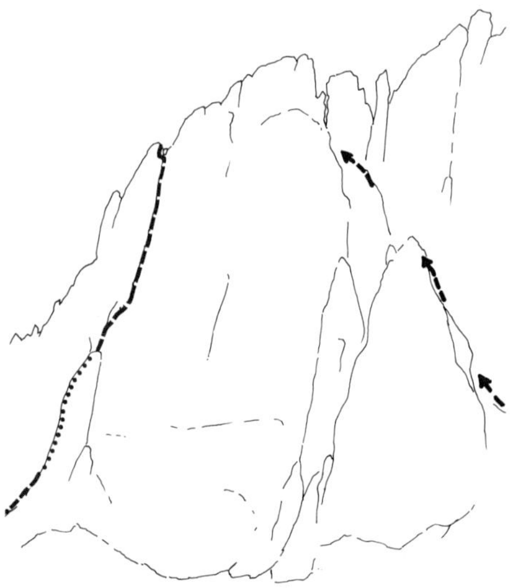

Der wuchtige Turm bildet den Eckpfeiler des Südostgrates der Cima d'Ambata, im einsamen Talkessel oberhalb des Bivacco Gera. Der Ostriß ist ein Leckerbissen: fester Fels, in den Schlüsselstellen luftig und griffig. Er kann gut als Abstecher beim Übergang über die Forcella Anna geklettert werden. Der Abstieg erfolgt am besten über den erst später begangenen Normalweg.

Erstbegehung: R. Goedeke, 28. Juli 1981 (im Auf- und Abstieg), Normalweg R. Goedeke, 1982.
Schwierigkeit: IV und III. Abstieg III und II.
Höhenunterschiede: Biv. Gera – Wandfuß 250 mH (vom Übergang Forc. Anna nur queren), Wand 200 mH, Abstieg 200 mH bis Kar.
Zeiten: Zustieg vom Biv. Gera ½ Std. (vom Übergang Forc. Anna 5 Min.), Wand 1½ Std., Abstieg ½ Std. bis ins Kar.
Ausquermöglichkeiten: Erst vor dem Gipfelaufbau.
Material: 40-Meter-Seil, einige Klemmkeile und Bandschlingen, 8 Karabiner.
Routenbeschreibung: AVF Sextener Dolomiten R 1766, 2442 (Skizze), 2441 A.
Weitere lohnende Routen: Am Tore Brunsviga und an den anderen Türmen im Südostkamm der Cima d'Ambata gibt es noch weitere interessante Neutourenmöglichkeiten.

Im Zwiespalt

Es gibt Tage, an denen man besser nicht Klettern geht, weil die innere Unbeschwertheit fehlt. Jener Morgen am Bivacco Gera gehörte zu solch einem Tag. Ich war am Abend vorher mit Tuttu und den Kindern über die Forcella Anna heraufgestiegen, und ein böiger Wind hatte die ganze Nacht hindurch die Blechschachtel geschüttelt. Unausgeschlafen und frierend hockten wir beim Frühstück. Und ich hatte den großen unbestiegenen Torre im Kopf, in den ich mich am Vorabend verguckt hatte. Tuttu sagte, sie würde sich alleine von hier nicht zum Rifugio Berti zurücktrauen. Ich war in dem Augenblick zu vernagelt, um zu verstehen, daß sie damit eigentlich ausdrücken wollte, ich solle nicht gehen. Aber unterschwellig nahm ich die Botschaft doch mit.
Es sollte nicht lange dauern, wenn ich auch vorsichtshalber Seil, Haken und Keile umhängte. Rasch glitten Gras und Schrofen unter meinen Schritten abwärts. Die Biwakschachtel versank hinter mir. Die Wand vor mir wuchs zum Zenit. Ein langer Riß öffnete sich zum Stemmkamin.
Er sah einladend aus, hatte die richtige Breite, und der Fels war fest. Ich begann zu klettern. Zuerst ließ sich alles gut an. Aber bei einem großen Zacken wurde der Blick frei auf den oberen Teil meines Risses. Jetzt entpuppte er sich als eng und teilweise durch Überhänge geschlossen. Das machte mich unsicher und erinnerte mich wieder an meine Familie unten beim Biwak. Tuttus verschlüsselte Botschaft sickerte allmählich in mein Bewußtsein. Warum war ich jetzt nicht dort unten?
Ich band mich ein, schleppte das Seil nach, konnte mich nun bei Bedarf sofort sichern. Aber die Gedanken hemmten den Fluß der Kletterei. Ich war nicht bei der Sache, ertappte mich dabei, prüfte besonders mißtrauisch die Haltepunkte, hatte Angst und ein schlechtes Gewissen.
Nach einem Überhang und im Angesicht einer weiter oben wartenden Sperre legte ich den ersten Klemmkeil. Ein Rückzug

war sowieso fällig. Nur die Neugier verlangte, vorher noch ein Stück zu erkunden. Dieser Entschluß brachte die innere Stimme erst einmal zum Schweigen.
Die Sicherung reichte nicht bis zum Überhang. Ich verlängerte sie, legte neue Keile. Der Überhang erwies sich als gutmütig griffig, und so kletterte ich weiter und sagte mir, daß ich schon weit oben sei und der Abstieg sicher leichter würde. Aber ich konnte das Klettern nicht genießen, haderte wieder mit dem schlechten Gewissen und meiner Starrsinnigkeit zugleich, ärgerte mich darüber, daß ich mich dem Steigen nicht voll zuwenden und mich nicht richtig über die prächtige Kletterei freuen konnte.
Ganz zuletzt sperrte ein riesiger Klemmblock den Riß. Auch angestrengtes Herbeiwünschen förderte innen keinen Durchschlupf zutage. Von einem guten Keil gesichert, querte ich schließlich an kleinen Haltepunkten in die Wand hinaus, fand in enormer Luftigkeit die Griffe, die mich auf die Gratschulter entließen.
Auf der anderen Seite war die Biwakschachtel zu sehen. Mit meinem Hinabrufen konnte ich etwas tun gegen die Ungewißheit da unten, schrie mir zugleich die Spannung von der Seele.
Da nebelte es ein. Den Abstieg hatte ich mir noch nicht ausgeguckt, ich war ja noch nicht einmal auf dem Gipfel. Ohne Sicht in die Schluchten? Hatte ich schon im Aufstieg immer wieder gezögert und gegen innere Barrieren angekämpft, so sprangen jetzt alle Signale auf „Zurück". Der Gipfel war nicht mehr weit, aber unwichtig. Plötzlich hatte ich es furchtbar eilig, hatte ein Ziel, das ich ganz ungeteilt wollte: Hinunter!
Den Riß war ich heraufgekommen. Er war schwierig, aber nicht zu verfehlen, in festem Fels – und ich kannte ihn. Eine innere Stimme sprach gegen Abseilen. Diesmal hörte ich darauf, legte zwar eine Schlinge, benutzte das Seil jedoch nur zur Sicherung beim Abklettern.
Der erste Schritt hinab in die Luftigkeit kostete noch Überwindung. Aber dann durchströmte mich große Ruhe. Ich genoß es, die Haltepunkte aufzuspüren, mich an sie zu erinnern. Unter dem großen Block zog ich das Seil ab, fädelte es durch einen Klemmkeil, spreizte weiter hinab in die Tiefe. Es ging langsam, aber ich war mit mir selbst im Reinen. Der Körper fand seinen Rhythmus.
Unten traf ich eine noch von Angst verkrampfte Frau und zwei Kinder, die hingabevoll aus den Steinen eines Schuttfächers eine Stadt gebaut hatten: „Das ist Rom. Da ist das Forum, und da ein Triumphbogen . . ."
Die Sonne schien und der Wind war eingeschlafen.

▼ *Der Torre Brunsviga von den Schuttreißen südlich unterhalb der Forcella Anna.*

Forcella d'Ambata, 2382 m Überschreitung

Natürlich kann man mit etwas gutem Willen auch Schönheiten an diesem Übergang entdecken, aber im Vergleich mit anderen ist er nur alpinistische Durchschnittsware. Bei Regen oder schmelzendem Schnee sollte man die Finger davon lassen, weil er dann durch Steinschlag gefährlich werden kann.

Schwierigkeit: II (Stellen), meist I und Gehgelände.
Höhenunterschiede: Biv. Gera – Scharte 120 mH.
Abklettern nach Osten 200 mH bis Wandfuß. Gegensteigungen bis zum Biv. Piovan etwa 100 mH.
Zeiten: Zur Scharte ½ Std., Abklettern nach Osten ¾ – 1 Std., Weiterweg zum Biv. Piovan 1 – 1½ Std.
Material: Für weniger Geübte Seil ratsam, einige Bandschlingen.
Routenbeschreibung: AVF Sextener Dolomiten R 1771, 1772 (Skizze), 1781.
Weiterer lohnender Übergang: Sentiero Mazzetta, idyllischer Klettersteig über die Forcella di Tacco (zum Bivacco Piovan deutlich weiter).

Der Ausreißer

Manchmal wird eine Tour, die eigentlich nur mittelmäßige Qualitäten aufweist, durch irgendeinen Vorfall unvergeßlich. Als wir uns für die Überschreitung der Forcella d'Ambata entschieden, ahnten wir nicht, daß dies so eine werden würde. Wir wollten auch gar keine *Tour* machen, sondern nur möglichst wenig anstrengend vom Bivacco Gera zurück zum Rifugio Berti gelangen. Und weder der Lockerschutt des direkten Übergangs über die Forcella Anna noch der Riesenbogen über den Sentiero Mazzetta und die Forcella di Tacco kamen dem ausgebrochenen Ruhebedürfnis genug entgegen.

Wir wußten, daß es auf der anderen Seite eine ganze Menge Kletterei geben würde und gingen von der Scharte an als wandelnder Klettersteig – vorn Tuttu, am langen Seil gesichert, dann Astrid und Dagmar am laufenden Karabiner, zum Schluß ich. Das lief auch zuerst ganz zügig.

Bis der Schrei kam.

Er kam aus Tuttus Kehle und klang dramatisch. Dabei hatte sie doch schon Stand gemeldet, und die Töchter waren gerade als Seilbahn unterwegs. Sie hatten auch keine Steinlawinen ausgelöst. So schnell wie möglich schaffte ich mich hinunter.

Tuttu saß vorschriftsmäßig gesichert an einem großen Block.

„Er ist weg", schluchzte sie.

Mir fiel ein Stein von der Seele. Denn da kein weiterer männlicher Begleiter dabei war und ich um meine eigene Anwesenheit wußte, konnte es eigentlich nicht mehr eine Sache von Leben und Tod sein.

„Wer ist weg?"

„Mein Schuh."

Tatsächlich. Tuttu hatte nur einen Schuh an, am anderen Fuß bloß den Socken. Sie hatte, zartfühlend, wie sie nun einmal ist, einen jungen Felsen aus dem Schuh schütten wollen...

Weil Tuttu nicht recht einstimmen mochte, hörte ich bald auf, Tränen zu lachen. Sie mochte auch nicht daran erinnert werden, daß sie diese alten Schuhe sowieso wegwerfen wollte. Ebenso machte die Erinnerung an einen unbeschadet überstandenen Vier-Kilometer-Barfußmarsch auf einer winterlichen Schotterstraße wenig Eindruck auf sie, da dieser nicht von ihren hochsensiblen Füßen, sondern von meinen Hornhautmauken absolviert worden war. Bei ihr dagegen würden auf den fünf Kilometern zum Rifugio Berti ganz erhebliche Verschleißerscheinungen zu erwarten sein.

Um ein Biwak zu verhindern, bot ich ihr einen von meinen Stiefeln an. Aber sie mochte nicht. Weniger der Ästhetik wegen, sondern weil sie ihre lebhafte Phantasie fürchtete, wenn ich mit dem großen Rucksack ungesichert und ungestiefelt nachstiege. Sie würde erst einmal in Socken weiterklettern, solange diese noch Socken wären.

Ich schilderte ihr in den lebhaftesten Farben, daß die Engländer das als ganz

besonderen Trick auf glitschigem Fels machen (wobei ich wegließ, daß sie die Socken dann nicht statt der Stiefel, sondern über diese anziehen). Aber sie konnte den humorigen Aspekt dabei trotzdem nicht sehen.
Immerhin merkte sie, daß sie auch so vorankam, ohne daß ihr gleich der Fuß abfiel. Plattige Stufen leiteten tiefer. Allmählich gewannen wir Einblick in die unterhalb befindliche Schlucht. Der Ausreißer mußte eine gute Chance gehabt haben, bis in ihren Grund zu fallen.
Und viel Schnee mit Randklüften war auch nicht drin. Wenn sich acht Augen anstrengen würden... Schließlich war Sigurds Helm in der Burèlwand tausend Meter tief hinuntergefallen, und er war wiedergefunden worden.
Acht Augen strengten sich an. An einem Schneefleck lag so ein seltsam geformter dunkler Stein.
War das etwa...?
Er war es.
Selten ist ein wegwerfwürdiger Schuh zärtlicher gestreichelt worden.

▼ ***„...immerhin merkte sie, daß sie auch so vorankam, ohne daß ihr gleich der Fuß abfiel...“***

Rotwand, 2965 m
Via ferrata Zandonella

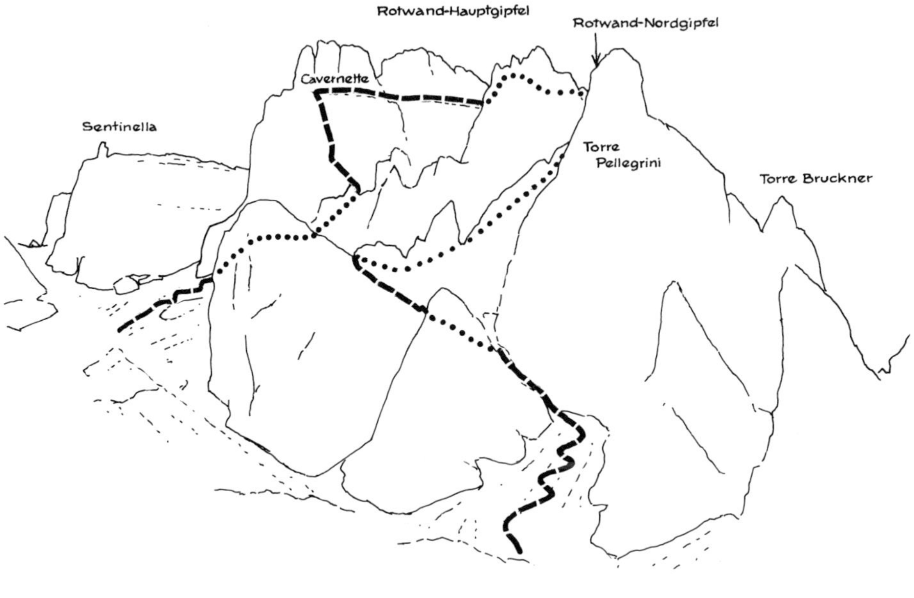

Dies sind die beiden anspruchsvolleren Klettersteige des Berges, mit oft langen Abständen zwischen den Fixpunkten der Drahtseile und beim Aufstieg über das Ostkar auch meist unangenehmen Firnpassagen.

Die Sextener Rotwand, der „Zehner" der Sextener Sonnenuhr, wurde im ersten Weltkrieg lange erbittert umkämpft. Noch heute ist der Berg überall von Kavernen, Kriegsschrott und Artillerieeinschlägen gezeichnet. Obwohl man wegen solcher Schäden den höchsten Gipfel gar nicht betritt, ist die Rotwand ein beliebter Aussichtsberg. Dazu hat sicher auch die Seilbahn zu den Rotwandwiesen beigetragen.

Erstbegehung: Einzelne Abschnitte der Klettersteige wurden erstmals als Teil längerer Routen begangen, andere im Zusammenhang mit Kampfhandlungen während des Krieges. Der Klettersteig Via ferrata Zandonella wurde gegen Ende der siebziger Jahre eingerichtet.
Schwierigkeit: Stellen I, oft sehr luftig (ohne Benutzung der Drahtseile und Steighilfen teilweise II und III, am Südabschnitt auch IV). In der hier beschriebenen Richtung ist die Tour erheblich weniger anstrengend als umgekehrt!
Höhenunterschiede: Rif. Berti – Einstieg 400 mH, Klettersteig über das Ostkar 650 mH, Klettersteig nach Süden hinab 350 mH bis Kar, dazu 600 mH Weg zum Rif. Berti.
Zeiten: Zustieg 1 Std., Klettersteig Ostkar 2½ Std., Abstieg Klettersteig nach Süden 2 Std. bis ins Kar, dazu ¾ Std. bis Rif. Berti.
Ausquermöglichkeiten: Keine, außer vom Gipfel nach Nordwesten abzusteigen zu den Rotwandwiesen (leichter!).
Material: Helm, Brust- und Sitzgurt, Bandschlingen, für weniger Geübte auch Seil ratsam, Eisbeil, eventuell Steigeisen.
Routenbeschreibung: AVF Sextener Dolomiten R 1962, 1963 (mit Skizzen).
Weitere lohnende Routen: Klettersteig von den Rotwandwiesen; Nordostwand!

Nie wieder!

Das Wetter war zu schön für den an sich fälligen Rasttag. Wir zogen los zum Rotwand-Klettersteig. An sich hätte uns gleich der Beginn warnen müssen. Dagmar setzte sich in der Rinne am Fuß des Torre Pellegrini in den Schutt und erklärte, dies sei viel zu schwer. Ich näherte mich der Sache auf der völlig unangemessenen rationalen Ebene und argumentierte, daß der Übergang über die Forcella d'Ambata am Vortag deutlich schwieriger gewesen war. Das stimmte zwar objektiv, nicht aber subjektiv für die Psyche unserer Vierzehnjährigen. Sie saß da und erklärte jeden Stein für eine Gemeinheit und alles für ein Problem und überhaupt...

Ich dachte daran, daß Tuttu das Mädchen nicht allein zurückgehen lassen und deswegen auf die für sie sehr interessante Tour verzichten würde. Das ärgerte mich. So nahm ich Dagmar schon in der Rinne ans Seil. Sie ging jetzt wieder, aber am ersten Drahtseil bockte sie und bewegte sich keinen Meter weiter. Ich zog am Seil. Sie schrie und hielt sich am Drahtseil fest und strampelte. Ich bekam Schuldgefühle und resignierte. Tuttu redete, kriegte einen Tritt, war dann aber doch erfolgreich. Es ging weiter. Sehr langsam, aber es ging.

Es ging die lange Schutt- und Firnrinne hinauf zur Forcella A. Und es ging hinab in das Ostkar und bis zum Beginn der Drahtseile am Gipfelaufbau. Aber dann saß Dagmar und bewegte sich um keinen Millimeter mehr. Sie erklärte allen Ernstes, daß dies alles furchtbar gefährlich sei, daß sie dies hier ohnehin nicht überleben würde und daß sie deshalb gleich hier sterben wolle.

Das Dumme war, daß ich die Sache jetzt auch als gefährlich einschätzte. Nicht, weil ich eine reale Absturzmöglichkeit entdecken konnte, sondern weil dort oben ein lausig kalter Wind wehte, der ein Sit-in unserer Tochter durch Auskühlung sehr wohl zum Risiko machte. Zugleich hatte ich Schuldgefühle wegen meines Ehrgeizes für unser Familienunternehmen und sah schon die Schlagzeile „Rabenvater treibt vierzehnjährige Tochter in den Tod!"... Wären wir doch bloß schon unten umgekehrt! Aber „wäre" und „hätte" sind schrecklich hilflose Wörter.

Allmählich konnte ich meine eigene Nervosität auch nicht mehr verbergen und versuchte es mit Anschnauzen. Aber das brachte unsere ach so sehr auf sanftes Begründen und Verstehen hin erzogene Tochter nur völlig zum Ausrasten. Sie tobte, warf uns die wildesten Unfreundlichkeiten an den Kopf und brachte die zwölfjährige Astrid, die bisher genossen hatte, daß sie die Tour ohne Mühe bewältigte, auch noch aus dem seelischen Gleichgewicht. Jetzt heulte die genauso los. Shakespeare und Beckett zusammen hätten sich die Situation nicht chaotischer ausdenken können.

Natürlich hätte ich darüber lachen können, wenn mir nicht gleichfalls zum Weinen zumute gewesen wäre. Reden half nicht. Fluchen half nicht. Kommandos halfen nicht. Dagmar saß, jetzt mehr introvertiert. Das war noch unheimlicher – hatte sie sich schon so sehr verausgabt? Ich versuchte, ruhig nachzudenken. Irgendwie mußten wir das Mädchen zum Gipfel kriegen. Drüben gäbe es einen leichten Weg.

Und dann setzte ich ganz überlegt das Seil ein. Ich zog wie ein Ochse. Dagmar flippte jetzt völlig aus. Sie schrie, zappelte, trat um sich, schäumte wie eine Furie – und erklärte, sie wolle sich nicht ziehen lassen, sie wolle dann lieber selber gehen.

Aber sie ging nicht.

Tuttu jedoch hatte nun die entscheidende Idee: Sie schlug ihr mit der flachen Hand auf den Po. Ein Schrei – und Bewegung nach oben. Ich zog das Seil ein, spurtete hinauf zum nächsten Stift, immer das Seil schön straff haltend. Astrid setzte sich vorweg mit ihrer kurzen Selbstsicherung in Bewegung. Die Kolonne war wieder in Gang. Motor war eine ständige mittlere Prügelei auf den hinteren Plätzen, aber die brachte gipfelwärts. Nach einer Weile ließ sich Dagmar sogar wieder helfen statt prügeln, und eine letzte Querung führte zum Grat.

Da war der weite Ausblick auf Sexten, das Gipfelkreuz sowie eine Versammlung von Touristen. Und ob es nun das Publikum war oder das Bewußtsein, daß der Steig ein Ende hatte – jedenfalls verwandelte sich Dagmar ganz plötzlich zurück in das ruhige, muntere Mädchen, als das wir sie normalerweise kennen. Sie hatte Hunger, trug sich ins Gipfelbuch ein, fragte nach den Namen der Nachbargipfel und den Kriegskavernen auf den gegenüberliegenden Türmen. Uns fiel ein Stein vom Herzen.

Sollten wir nun nach Nordwesten absteigen und dann von den Rotwandwiesen den langen Steig zurückhatschen zum Rifugio Berti? Oder sollten wir doch den Zandonellasteig nach Süden hinabklettern? Immerhin war das Wetter sicher und die südseitige Wand windgeschützt.

So versuchten wir es. Und siehe da, es lief. Dagmar und Astrid stiegen nun beide am Seil, dicht beieinander. Ohne Krise brachten wir den Grat hinter uns, dann die lange Querung zur Cavernette. Die Steilrinnen mit ihren nur gelegentlich fixierten Drahtseilen machten Tuttu zu schaffen, die vorweg mit kurzer Seilsicherung ging. Normalerweise hätte sie bei so etwas lamentiert. Aber sie wollte damit nicht das Zauberwort für Dagmars nächsten Angstanfall aussprechen. So gelangten wir flott zu Tal.

Wenn auch der unterwegs abgelegte Schwur „Nie wieder!" natürlich von allen Beteiligten schon bald gebrochen wurde, so hat uns die Rotwandtour doch die Grenzen unserer Möglichkeiten als Familienseilschaft gezeigt. Und die haben wir seither sehr bewußt respektiert...

Sasso di Selvapiana, 2128 m, Nordwand

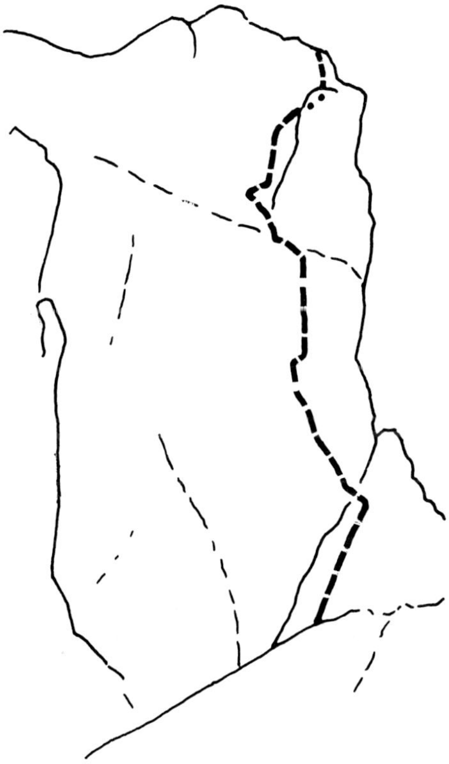

Die Hüttenwand über dem Rifugio Lunelli ist rasch und leicht zugänglich und bietet interessante Kletterei, wenn auch der Berg im Vergleich zu den anderen Gipfeln nur ein unbedeutender Vorbau ist.

Erstbegeher: Bepi Martini, N. Zambelli, 17. August 1956.
Schwierigkeit: V+ und V (mehrere Passagen), überwiegend IV, Sockel III und II. Abstieg über Wiesen und Schutt.

Höhenunterschiede: Rif. Lunelli – Wandfuß 250 mH. Wand 350 mH. Abstieg 600 mH.
Zeiten: Zustieg ½ Std., Wand 3 Std., Abstieg 1 Std.
Ausquermöglichkeiten: Es gibt zwar in der Wandmitte ein Band, aber es sieht nicht sehr einladend aus.
Material: 45-Meter-Seil ratsam, Sortiment Haken und Klemmkeile.
Routenbeschreibung: AVF Sextener Dolomiten R 2402, 2402a (Skizze).

Eines alten Mannes Glück

Bruno hatte tatsächlich Urlaub vom Militärdienst bekommen. Zwar nur für diesen Nachmittag, aber das würde reichen. Blitzstart.

Es war befreiend, wieder einmal mit einem gleichstarken Partner unterwegs zu sein. Voller Elan überrannten wir Halde und Sockel. Die Steilheit nahm zu. Wir beschlossen anzuseilen, auf dem Absatz dort oben, der dann keiner war, weswegen wir weiterkletterten, zum nächsten Absatz. Der wieder keiner war. An den Überhängen wurde die Sache unaufschiebbar. Ich habe mir Kletterhose und Geschirr schon in gemütlicherer Position angezogen als auf jenem an einen morschen Zacken gepappten Trittchen. Immerhin überstanden wir die Übung, ohne uns selbst oder wesentliche Teile unserer Ausrüstung in die Tiefe zu befördern.

Die Kletterei stellte uns sofort vor Orientierungsprobleme. Den Führer hatte ich nicht dabei, weil ich mißverstanden hatte, daß Bruno diese Route seines Vaters schon gegangen sei. Aus der Nähe sah der Riß über uns gar nicht mehr so einladend aus. Ob etwa die Wandeinbuchtung weiter rechts gemeint war? In Wechselführung spreizten wir über die mit Blumengirlanden, Polstern und einigen vor sich hinrostenden Haken ver-

◀ *In der ersten schwierigen Seillänge der Sasso-di-Selvapiana-Nordwand.*
▲ *Hinterher.*

zierten Risse. Auf dem Band der Wandmitte hob neuerliches Rätselraten an. Der Fels war kompakt, wir kletterten irgendwo, irgendwie auf einen Riß zu, bissen uns durch, wo schon andere gebissen hatten. Es war schummrig, als wir auf die Gipfelwiesen ausstiegen. Im letzten Licht erreichten wir das Rifugio Berti, wo Chef Bruno eine Pasta herbeizaubern ließ, und taperten im Finstern hinab zum Rifugio Lunelli.

Der alte Bepi begrüßte uns beide mit Umarmung und Kuß rechts und links und mit leuchtenden Augen, die noch strahlender wurden, als er unsere Anerkennung über die Wand - seine große Wand - vernahm. Ich begriff erst jetzt, was für eine unsägliche Freude wir ihm bereitet hatten. Den ganzen Nachmittag über hatte er gespannt hinter dem Fernglas gehockt und jede unserer Bewegungen verfolgt. Sein alter Körper hatte darüber seine Schwere verloren, war jung geworden und in Gedanken mit hinaufgestiegen, „jeden Meter". Er hatte seine Kraft und Geschicklichkeit von damals mit unserer jetzt gemessen. Mit seiner Tat von damals war er auch heute dabeigewesen. Und er wußte es und war glücklich.

Der Wein glänzte purpurn in den Gläsern.

Innichbachernspitze, 2609 m Westwand

Eine Genußtour mit abwechslungsreicher, luftiger, landschaftlich reizvoller Kletterei in griffigem Idealfels. Hier kann man sich ohne den Preis langer Zustiege vom Betrieb der Drei Zinnen erholen.

Erstbegehung: R. Goedeke, W. Rien, 4. August 1981.
Schwierigkeit: V– (1 Stelle), sonst IV, zuletzt auch III.
Höhenunterschiede: Drei-Zinnen-Hütte – Einstieg 150 mH, (ab Drei-Schuster-Hütte 750 mH), Wand 350 mH. Abklettern 100 mH, Rückweg 350 mH zur Drei-Zinnen-Hütte (1050 mH zur Drei-Schuster-Hütte).
Zeiten: Zustieg ¾ Std. von der Drei-Zinnen-Hütte (1½ Std. von der Drei-Schuster-Hütte), Wand 3 Std., Abstieg 1½ Std. bis Drei-Zinnen-Hütte (1¾ Std. bis Drei-Schuster-Hütte).
Ausquermöglichkeiten: Keine.
Material: 45-Meter-Seil(e) ratsam, Sortiment Klemmkeile und Schlingen, einige mittellange Haken für Standplätze.
Routenbeschreibung: AVF Sextener Dolomiten R 640 (mit Skizze), 631 A.

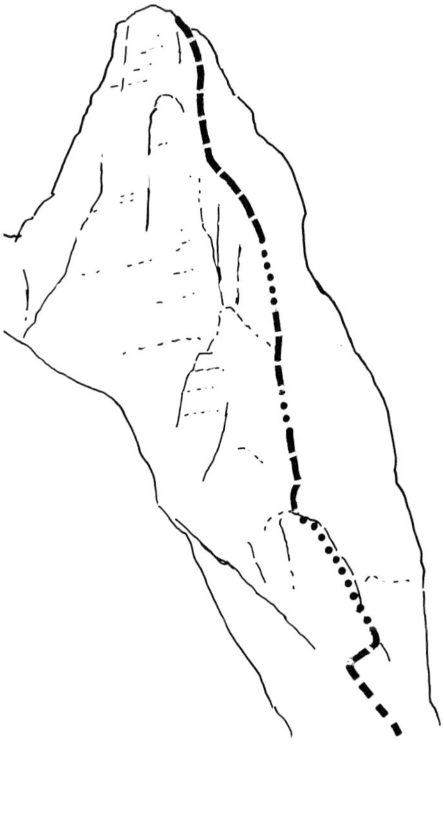

Die Familienväter-Neutour

Ungelogen, es war tatsächlich ein Zufall, daß wir bei unserem Familienausflug zur Drei-Zinnen-Hütte den Moritz bei seinem Familienausflug trafen. „Schnell weg, der Goedeke!" hatte Heidi zwar noch gerufen. Aber es war schon passiert.

Und Moritz, sturmerprobter Gefährte ungezählter Bergfahrten, der immer noch an einer verschleppten Schulterzerrung herumdokterte, guckte mich verschmitzt an: „Jetzt kommt doch gleich ein Vorschlag für eine Erstbegehung. Heidi, paß auf!" Und Heidi, schwankend zwischen gespielter und echter Entrüstung und schon wieder aufsteigender Panik um ihren am steilen Berg in Todesgefahren gewähnten Moritz, versuchte, ihn lautstark abzudrängen. Aber Moritz stand, erwartungsvoll feixend.

„Was macht deine Schulter?" fragte ich. – „Och, geht schon wieder ein bißchen." – „Nein, kommt gar nicht in Frage!" zeterte Heidi. – „Wo zeltet ihr? Wie ist die Telefonnummer am Campingplatz? – „Wann?" ...

Zwei Tage später ein Gewitter im Morgengrauen. Ausgerechnet an dem Morgen, an dem wir uns im Innerfeldtal tref-

fen wollen! Kurz hinter Sexten kann ich den Scheibenwischer abstellen. Und am Parkplatz hat das einförmige Grau der Wolken schon lichte Stellen erhalten. Moritz und die Seinen treffen pünktlich ein. Die Familienwanderung mit Einlage kann beginnen.
Welche Einlage darf es denn sein? Nach einer guten halben Stunde sehen wir unter einem blaugesprenkelten Himmel sowohl die pralle Morgenfkofelturm-Nordwand als auch das von hier schlanke Felsriff der Innichbachernspitze vor uns. Die Entscheidungsnöte halten sich in Grenzen, denn Moritzens schonungsbedürftige Schulter stimmt klar für die zahmere Innichbachernspitze.
„Das ist ja kaum zu glauben, daß da noch keiner rauf ist," meint Moritz zu der herrlich festen grauen Wand, in der eine halbe Seillänge höher ein Rißkamin pfeilgerade hinaufweist. Der Anstieg vom Graben herauf über den Sockel hat dank sich freundlich auftuender Latschengassen weniger als eine Stunde gedauert, und unsere Anhängerschaften drüben auf der anderen Talseite sind auf dem Weg kaum rascher höhergekommen.
Der Fels ist begeisternd, fest, rauh, griffig. Zum Stand bietet sich an einem soliden Zacken Gelegenheit für echte Familienvatersicherungen. Moritz kommt herauf, bricht ebenfalls in Verzückung aus. „Das ist ja wie am Torre Venezia!" Da geniert sich sogar seine Schulter, den Jubel zu stören.
Auch die Rißfortsetzung ist bombenfest, läßt sich nach einer kurzen Rampfstelle schön ausspreizen. Zehn Meter unter einem gewaltigen Überhang baue ich Stand in einer Nische und lege ein paar Steine zu einer Daube übereinander. Als Moritz erscheint, deute ich darauf. Sein strahlendes Grinsen verfällt. Aber ich kriege kein trauriges Gesicht mehr hin und beginne zu glucksen. Vor zwanzig Jahren hätte ich jetzt einen harten Schlag auf den Oberarm erwarten müssen...
In Hochstimmung pirsche ich mich an den protzigen Überhang heran. Wie bestellt öffnen sich Klemmkeilrisse, und in idealer Spreizkletterei ergibt sich das Bollwerk. Danach hält es Moritz nicht mehr aus. Jetzt will er auch einmal vorgehen, trotz seiner Schulter. Fernes Donnergrollen beschleunigt unser Tempo, läßt uns am Gipfelgrat durchstarten in den Abstieg. Unten im Innichbacherngraben werden wir ohnehin schon erwartet.
Wenn wir uns vorstellen, daß dieses Stück Genußkletterei von der Drei-Zinnen-Hütte rascher zu erreichen ist als die Zinnenwände, können wir unsere Entdeckung kaum fassen. Aber es liegt Logik darin, denn gerade in der Nähe eines Magneten sind seine Anziehungskräfte am stärksten.

◀ *„... Wie bestellt öffnen sich Klemmkeilrisse, und in idealer Spreizkletterei ergibt sich das Bollwerk ..." (Schlüsselstelle der Westwand.)*

Elfer, 3068 m
Normalweg

Aus der Ferne ein majestätischer Berg, aus der Nähe eine Schuttruine, an der der Spaltenfrost erfolgreich nagt. Wer sich nicht an Kleinigkeiten aufreibt und die große Linie sieht, findet in der Besteigung ein großartiges hochalpines Erlebnis. Die Ernsthaftigkeit des recht langen Anstiegs wird durch die Biwakschachtel etwas gemildert. Am Zsigmondygrat ist bei Nebel die Orientierung nicht ganz einfach.

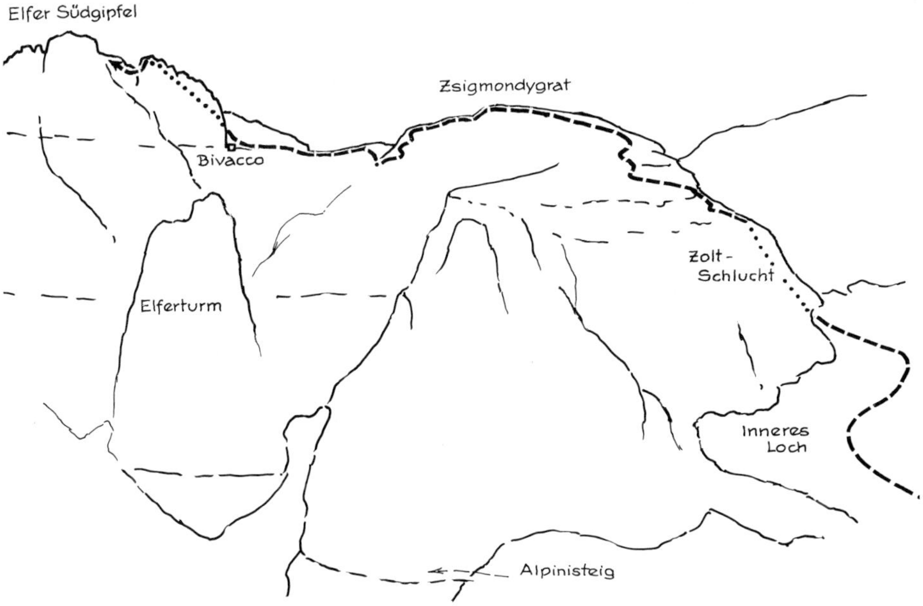

Erstbegehung: am Gipfelaufbau E. und. O. Zsigmondy, L. Purtscheller, 1882. Zugang über den Zsigmondygrat Alpini 1915.
Schwierigkeit: II, weithin I und Gehgelände.
Höhenunterschiede: Zsigmondy-Comici-Hütte - Inneres Loch 500 mH (vom Rif Carducci 400 mH), Inneres Loch - Biv. Mascabroni 400 mH, zum Südgipfel 150 mH.
Zeiten: Hütten bis Biv. Mascabroni 3 - 3½ Std., Biv. - Südgipfel 1 Std., Abstieg bis Hütten 2½ - 3 Std.
Material: Seil, einige Bandschlingen, Eispickel.
Routenbeschreibung: AVF Sextener Dolomiten R 1690, 2001, 2001 A, 1690 A.
Weitere lohnende Routen: Überschreitung Nord-Süd, Östliche Eisrinne (lang, gefährlich); Punta-Rivetti-Ostwand.

Der königliche Schutthaufen

Tuttu will auf den Elfer.
Obwohl klar ist, daß dabei richtige Kletterei anfällt.
Das hat es viele Jahre lang nicht gegeben, und ich hatte mich schon fast damit abgefunden, daß sie so etwas nie wieder wollte.
Aber die Wandlung hat ihre Gründe. Der Brutpflegeinstinkt wird angesichts der allmählich selbständiger werdenden

◀ *Die plattige Rampe der Zoltschlucht leitet vom Firn des Inneren Loches hinauf zur Schuttabdachung des Zsigmondygrates. Auf das Drahtseil sollte man sich hier besser nicht verlassen.*

Kinder schwächer. Die Hemmungslosigkeit, mit der diese ihren Wunsch nach Gammeln anmelden, setzt ihre eigenen Wünsche frei. Und obendrein sind Tuttus Gelenke, ihr ewiges Handicap, im Laufe der letzten Jahre deutlich fester geworden. Im brutalen Charme des Teenie-Jargons: Die zunehmende Verkalkung hat auch ihre Vorteile!

Schon an der Rotwand hatte ich mich über Tuttus neue Sicherheit und Ausdauer gewundert. Und jetzt: „Schaffe ich den Elfer?"

Natürlich werden wir ihn schaffen!

Auf dem Firn des Inneren Loches sind noch andere Bewerber unterwegs. Ein kleiner Sprint bringt uns als erste zum Fels. Rasch seilen wir uns ein. Das hilft gegen die Angst. Neben dem labbrigen Drahtseil steigen wir die überraschend steile Wand hinauf zur Schuttabdachung des Zsigmondygrates. Es nebelt etwas und riecht nach Wetterverschlechterung. Zwischen Wolkenfetzen tun sich eindrückliche Tiefblicke zum Hängegletscher auf. Tuttu geht brav weiter.

Absteigen, ein Firnfeld queren, einigen Pfadspuren zum Bivacco Mascabroni folgen. Die Nähe der Blechkiste gibt uns die Unverfrorenheit, trotz des Wetters weiterzusteigen. Schuttrinnnen, Bruch, keine schöne Kletterei. Aber der Reiz liegt in der Wucht des Berges. Wir klettern, zuletzt ganz steil und griffig zum Südostgipfel. Menschensmädchen, wir sind oben!

Haunold, 2966 m
Normalweg

Der gezackte Gratkamm südlich von Innichen ist eins der Wahrzeichen des Hochpustertales. Die Besteigung über den Normalweg bietet technisch kaum Schwierigkeiten, verlangt aber Trittsicherheit, Erfahrung auf schuttbedecktem Fels und eine gute Portion Beharrlichkeit und Ausdauer. Die schikanös langen, lockeren Schutthalden des Köhlenbrenntales sind für jeden, der sie einmal hinaufgestiegen ist, sicher unvergeßlich. Die Lage des Gipfels am Rande des Dolomitgebietes prägt die Aussicht – im Norden ins samtene Grün des Pustertales und auf die firnglänzenden Hochgipfel der Zentralalpen, im Süden zu den schroffen Felshäuptern der Sextener und Pragser Dolomiten.

Erstbegehung: J. Oberschneider, 28. Juli 1878.
Schwierigkeit: Stellenweise I, meist Gehgelände. Siehe Foto Seite 67.
Höhenunterschiede: Drei-Schuster-Hütte – oberstes Köhlenbrenntal 1300 mH (über Birkenschartl – Kohlalpelscharte 100 mH mehr, aber weniger mühsam), danach 150 mH leichte Kletterei.
Zeiten: Bis Einstieg 3 Std., Gipfelaufbau 1 Std. Abstieg 2 Std.
Material: Bei Zugang über die Kohlalpelscharte Seil und Eispickel ratsam.
Routenbeschreibung: AVF Sextener Dolomiten R 21, 51.
Weitere lohnende Routen: Bei guten Firnverhältnissen Nordrinne.

Der überlistete Hatsch

Juli 1982. Tuttu wollte auf den Haunold und ich meinte, es mir als Führerautor schuldig zu sein, dort selbst nachzusehen. Was sie nicht wußte und was mich zögern ließ, waren die Schutthalden. Ich hatte sie schon unverkürzt von der Dreischusterspitze gesehen und neige nun mal nicht zu Selbstquälerei. So verfiel ich auf die Idee, ob man nicht vom Birkenschartl aus über die Kohlalpelscharte zum Einstieg gelangen könnte. Wir würden so über Wege und Firn anstatt über lockeren Schutt aufsteigen. Wenn die Rechnung aufginge . . .

Nach Tausendkilometerfahrt, später Ankunft in einem Gewitter und erträglichem Autobiwak gehen wir im ersten Morgenlicht los, unter einem verhangenen Himmel, der bald hier und da Durchblicke ins Blau bietet. Auf dem Zickzackweg hinauf ins Kohlalpeltal heizt uns die Sonne schon ein. Wir sind dankbar für die kühle Brise, die allerdings am Birkenschartl zu einem lausig kalten Wind auffrischt. Ein Abstecher auf den nahen Birkenschartlturm gibt mir Gelegenheit, etwas luftigen Fels unter die Finger zu bekommen und besseren Überblick über die Umgebung zu gewinnen. Bei meiner Rückkehr überschüttet mich Tuttu mit Vorwürfen, ob ich sie hier erfrieren lassen wolle . . .
Immerhin bringt die Firnrinne hinauf zur Kohlalpelscharte auch sie wieder zum Dampfen, besonders als wir zuletzt teilweise bis zu den Hüften im Sulzschnee wühlen. Die Spannung steigt, je näher die Scharte rückt. Wie wird es drüben aussehen? Werde ich meine Begleiterin dort hinabbringen? Oder werden wir umkehren müssen?
Dann steht uns der schroffe Gipfelaufbau des Haunold gegenüber, unnahbar in der Draufsicht, aber gut gegliedert. Jenseits zieht von der Scharte eine ungemütlich steile Rinne hinab. Wo ist denn die versprochene Rampe? Rechts sicher nicht. Aber links leitet ein Bändchen um ein Eck. Erleichtert erblicke ich die Rinne, die mit beruhigend mäßiger Steilheit schräg hinableitet ins Kar. Vorsichtshalber sichere ich Tuttu. Rasch ergibt sich der Abstieg.
Wir sind im Kar. Die Rechnung ist aufgegangen, des Haunolds abschreckende Eintrittskarte haben wir umgangen. Mit geradezu spitzbübischer Freude, wie über einen gelungenen Streich, laufen wir hinüber zur Rinne des Normalweges. Faule Gipfelstunde unter einem gutmütigen Sommersonnenhimmel, bevor wir die lumpigen sechzehnhundert Meter Abstieg beginnen, diesmal über die lockeren Halden abfahrend, die ich niemals, aber auch wirklich niemals, hinaufhatschen möchte.

Blumen

Blütensternsprenkel auf fetter Wiese.
Fragiles Filigran zu Polstern gehäuft.
Farbtupfer am Fels.

◀ *Akelei*
▼ *Gamswurz*
▶ *Teufelskralle*

Wer sagt,
sie seien zart,
sollte einmal neben ihnen drei Tage und Nächte lang
ausharren und alle Hitze und Kälte
und Nässe und Trockenheit
still erdulden.

Cima Cadin di San Lucano, 2839 m Normalweg

Jeder Besucher der Drei Zinnen hat dieses Labyrinth von Türmen, Spitzen und Zacken gesehen – aber wer ist schon hingepilgert, wo sich doch ebenso beharrlich wie unbegründet das Gerücht hält, diese Gebirgsgruppe sei „brüchig?"
Über den höchsten Gipfel der Cadinspitzen schreibt einer der ersten Besteiger:
Die Aussicht ist großartig, ich erwähne nur das Hauptsächlichste; man sieht ein Stück des Misurinasees mit Orsolinas Osteria, die grünen Flächen der Alpe Rimbianco, dahinter den Monte Pian mit seinem riesigen Plateau, die kühn aufsteigenden Zinnen, auch die dritte, die von Höhlstein aus beinahe verschwindet, macht sich hier geltend, Elfer- und Zwölferkofel, Dreischusterspitze, Schwalbenkofel, hinter diesem die Zillerthaler Eiskämme, an sie reihen sich die Tauern in ihrer ganzen Ausdehnung. Andererseits blicken die Wohnstätten der Menschen freundlich herauf, das Gasthaus von Schluderbach, die Thäler von Ampezzo und Auronzo. (...)

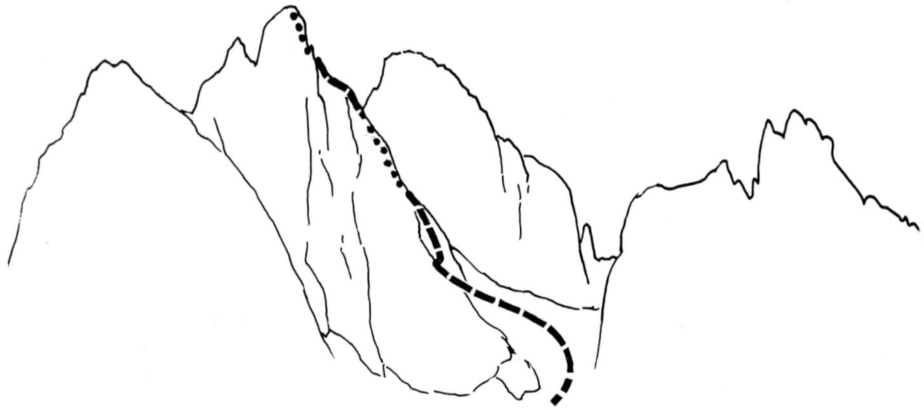

... Uns zunächst aber entwickelt sich das Bild eines wilden Chaos von schauerlicher Verwüstung; zu Füßen der erwähnte Kessel, dem massenhaft die Zacken und Spitzen der Cadini entsteigen.
(Aus: Georg Böhm, Die Cadinspitzen bei Schluderbach, in: Zeitschrift des Deutschen und Oesterreichischen Alpenvereins, Jahrgang 1879, München 1879)

Erstbesteigung: L. Orsolina, C. Ploner, 1870.
Schwierigkeit: II (Stellen) und I, teilweise auch Firn.
Höhenunterschiede: Rif. Fonda Savio – Cadin di Nevaio 300 mH, von dort zum Gipfel 200 mH.
Zeiten: Zustieg 1 Std., dann 1–1½ Std. zum Gipfel.
Material: Seil und Eisbeil ratsam.
Routenbeschreibung: AVF Sextener Dolomiten R 3211, 3211 A.
Weitere lohnende Anstiege: Nordkante; Abstecher von der Forc. Alta zur Cima Eötvös.

Führungstour

Die Idee nötigte mir Respekt ab: Daß sich der Rudolf Rother die Aufgabe gesetzt hat, mit allen seinen Kletterführerautoren einmal in „ihrem" Gebirge eine Tour zu machen – das ist doch eine imponierende Kampfansage an Bequemlichkeit und eingefahrene Gleise...
Er kam pünktlich am Abend an, wie verabredet, und trotz des nur mäßigen Wetterberichtes. Wir zelebrierten im Zelt einen Tee und beschlossen, am nächsten Morgen zu den Cadinspitzen aufzubrechen.
In der Frühe sah das Wetter verheerend aus, mit bleigrau lastenden Wolkenbänken und schlappem Luftdruck.
Wir zottelten los über den etwas vergammelten Klettersteig Bonacossa. Unser Gast hielt sich gut, und ich überlegte, was für eine Tour wir uns wohl genehmigen könnten. Sie sollte natürlich nicht bloß irgendetwas sein. Andererseits gebot die Fairness, nicht zu überfordern. Während wir in der Fonda-Savio-Hütte eine Suppe als zweites Frühstück einfüllten, wühlte sich etwas Sonne durchs Gewölk, und wir entschieden uns für die Cima Cadin di San Lucano. Das ist immerhin der höchste Gipfel der Gruppe, mit einem etwas gemischt alpinen Normalweg – nicht schwierig, aber schon etwas Repräsentatives.
Die apere und mit reichlich vielen Stein-

schlagspuren gezeichnete Firnrinne zur Forcella Alta gefiel mir nicht. Aber auch die Umgehung von links stellte mit einer ungenießbar vereisten Rinne ihre Probleme. So knabberten wir uns über ein bröckelndes Wandl und stiegen dann über den gutartigen Rücken höher, bis eine luftige Rampe und das letzte Stück der Firnrinne zur Scharte leiteten.
Die moralische Stütze des Seils und ein stiller, aber spürbarer Wettbewerb zwischen meinen Angebundenen brachten uns zügig voran. Das Wetter schaltete immer noch nicht auf elektrisch oder flüssig. Und so genehmigten wir uns auch den Grat hinauf zum Gipfel. „Eigentlich hatte ich mir ja schon vor Jahren geschworen, so etwas nicht mehr zu machen", meinte unser Gast. Aber es klang nicht vorwurfsvoll, eher zufrieden, daß er es wieder einmal gewagt hatte.
Nach Rundblick, Gipfelfotos und einem kurzen Biß in den Rucksackinhalt erinnerte ich vorsichtig an den unerledigten Abstieg. Der Himmel tat so, als hätten wir ein Stillhalteabkommen geschlossen und erlaubte uns freien Abzug. Ein bißchen Spannung blieb bis zuletzt wegen des bröckelnden Wandls. Aber wir hatten immerhin noch ein paar Griffe liegengelassen, die uns hinabhalfen. Sanfte Landung im Kar, ein solides Mahl aus der Hüttenküche und ein fauler Nachmittag rundeten den Tag.

▼ *Das Cadin di Nevaio mit den Hauptgipfeln der Cadinspitzen.*

Torre Wundt, 2517 m
Südwand

Rassige Genußkletterei in bestem Fels, wenige Minuten vor der Hüttentür. Der Abstieg über den Normalweg ist alpiner als die Wand. Das Foto zeigt vorn das Rifugio Fonda Savio, links den Torre Wundt (von Südosten), rechts in der Ferne Westliche und Große Zinne.

Erstbegehung: P. Mazzorana, S. Del Torso, 7. September 1938.
Schwierigkeit: IV– (je nach Routenwahl 1 Stelle oder eine Seillänge), meist III+ und III. Abstieg III– und II, 1 Abseilstelle.
Höhenunterschiede: Rif. Fonda Savio – Einstieg 30 mH. Wand 200 mH.
Zeiten: Zustieg 10 Min., Wand 1 bis 1½ Std., Abstieg ¾ Std.
Material: Seil, einige Klemmkeile.
Routenbeschreibung: AVF Sextener Dolomiten R 2805, 2801A.
Weitere lohnende Routen: Südostkante, Südwestkante, Westwand; Cime del Cadin dei Tocci; Pianoro dei Tocci Südostverschneidung.

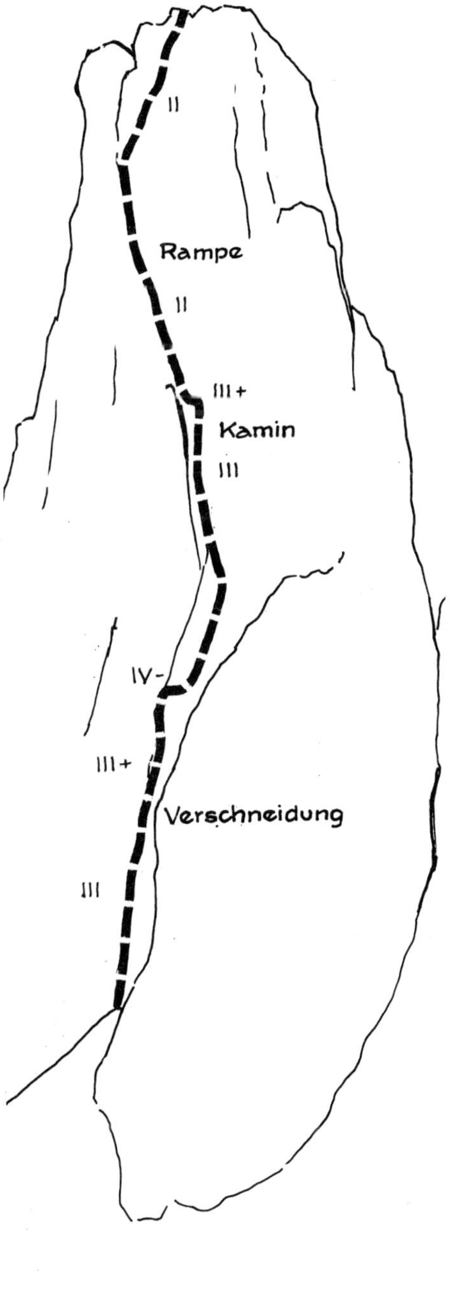

Alleingang

Idealkletterei.
Wie in einem Rausch versinken die Henkel unter mir, tanzen die Fußspitzen über der Tiefe. Die Sinne sind hellwach, registrieren jeden Vorsprung, jede Vertiefung, jeden Riß, ihre Neigungswinkel, Farbe, Resonanz, Rauhigkeit, Position zu anderen möglichen Haltepunkten, wecken Erinnerungen an frühere Erfahrungen in anderen Bewegungsabläufen, die signalisieren, welche Haltepunkte jetzt zu wählen sind, mit welchen Körperteilen, mit wieviel Druck oder Zug, in welcher Richtung und Verteilung.
Der Körper gehorcht. Die Bewegungen fließen gebändigt, präzise, instinktsicher.
Das Seil baumelt hinab. Aber da folgt niemand. Lässig ringeln sich die offenen Enden. Und die Tiefe darunter wächst. Die Gedanken sind irgendwo, locker, mal hier, mal da. Manchmal sehe ich mir gelassen zu, als wäre ich jemand anderes, und fühle mich wohl dabei.
Die Verschneidung eröffnet zwei Möglichkeiten. Ich wähle die luftigere, elegantere. Würde ich das auch tun, wenn dies ein Vorstoß auf unbegangenem Fels wäre? Wieviel einfacher ist es doch, auf einer üblichen Route zu klettern, zu wissen, wo es langgeht und wie schwierig es sein wird.
Ein Kamin nimmt mich auf, schattig, kühl, leitet in ein Gewölbe mit Moosgeruch. Der hinausführende Riß verweist noch einmal auf den Tiefblick. Der ist nur etwas Fernes, Graues, Grüngesprenkeltes zum Ansehen.
Die Rampe, die Schlußwand, der Gipfel.
Ich bin ein König.
Nein, mehr.
Ein Tier.

Il Gobbo, 2560 m
Normalweg

Die drei schlanken Türme an der Forcella del Diávolo sind ein Klettergarten in alpiner Umgebung. Der Gobbo ist der niedrigste und am leichtesten zu besteigende, aber aus ebenso erlesenem Fels aufgebaut wie Torre del Diávolo und Torre Leo.

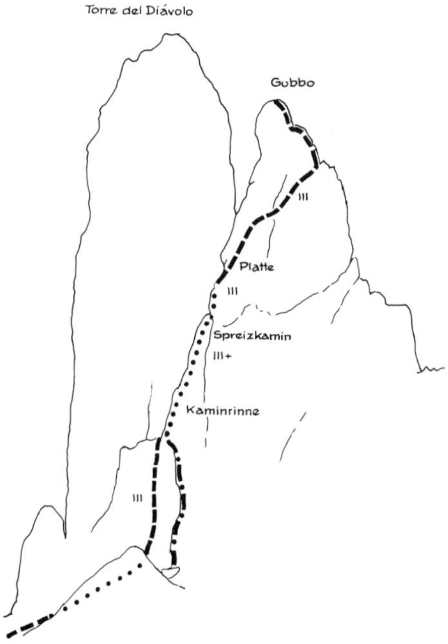

Erstbeghung: G. Siorpaes, A. Verzi, I. und R. von Eötvös, 1902.
Schwierigkeit: III+ (Stelle) und III. Abstieg durch Abseilen üblich.
Höhenunterschiede: Rif. Fonda Savio – Einstieg 80 mH, 150 mH, Kletterei 120 mH.
Zeiten: Zustieg ½ Std., Aufstieg ¾ Std. Abstieg 1 Std.
Material: 40-Meter-Seil genügt. Mitnahme von reichlich Schlingen und einigen Haken zur Erneuerung der Abseilstellen ratsam.
Routenbeschreibung: AVF Sextener Dolomiten R 2732, 2921.
Weitere lohnende Anstiege: Torre del Diávolo, Torre Leo.

Der schmale Nachbar

Ich hatte mich sehr gefreut auf das Zusammentreffen mit Heini. Er ist einer der derzeit besten Kletterer im Pustertal, und wir hatten uns nett unterhalten. Nun war es schon acht, und er war noch nicht in Sicht. Er kam auch nicht um neun und nicht um zehn. Er kam gar nicht.

Zugegeben, das Wetter war mäßig. Allerdings hatten wir auch nur ein paar nette Kleinigkeiten ins Auge gefaßt wie Torre del Diávolo oder Danebenstehendes. Aber vielleicht war ihm etwas mit der Ernte dazwischengekommen. Als Bergbauer ist man im Sommer nicht so frei für das Bergsteigen wie so ein hergelaufener Urlauber aus der fernen Stadt. Nach einem mittleren Weltuntergang von Mittagsgewitter klarte es auf. Zumindest ansehen sollte man sich die Zapfen doch mal. Wir gingen hin.

Tuttu waren sie zu steil. Nein. Und runter müßte man sehr luftig abseilen. Dreimal nein. Und ich mochte mich bald nicht mehr mit dem Ansehen zufrieden geben.

Den Diávolo solo? Oder den Leo? Ich stieg schräg über den großgriffigen Sockel zu einer Kanzel auf der Südseite, tastete mich über den rauhen und eisenfesten Fels am Turm einige Züge hinauf. Aber plötzlich wurde mir bewußt, daß ich mich verhielt wie ein Fisch, der am

Köder knabbert, obwohl er doch wissen müßte, daß da ein Angelhaken drinsteckt. Die leichtesten Routen hier galten als satte Fünfer, und im Gebirge war mir das solo bisher immer noch eine Nummer zu groß gewesen. Ich fühlte mich nicht frecher als sonst. Ich kletterte zurück.

Aber daneben stand ja noch der Gobbo, von dem aus die Erstbegeher sich einst mit Seilwurf den Zugang zum Gipfel des Torre del Diávolo ertrickst hatten. Wenn ich ihn nicht mit seinem sensationelleren Nachbarn verglich, fand ich eigentlich auch den Gobbo ganz ansehnlich.

Der Einstiegskamin tropfte, gab sich jedoch manierlich. Am Spreizkamin wurde die Kletterei luftig. Ich fädelte das Seilende durch einen Haken und handelte mir prompt einen Fitz ein. Es wurde eine Sicherung von der Sorte, bei der die Sicherheit vor allem dadurch hergestellt wird, daß man beim mehrfachen Rauf- und Runterklettern die Stellen bestens kennenlernt. Die luftige und beängstigend schmale Gipfelkante ließen mich die Weissagung des Berti-Führers preisen, daß vom höchsten Punkt drei Abseilstellen leicht hinabhelfen würden.

Das mochte alles stimmen. Allein mir fehlte das Vertrauen in den am Gipfel steckenden Haken. Davon abgesehen waren die Schlinglein darin altersgrau. Die Vorstellung, mich in so etwas hineinzuhängen, belebt meine Phantasie ungemein. Hammer und Haken ruhten unten im Rucksack.

Es ging natürlich auch mit Abklettern, immer schön der Reihe nach, Griff um Griff und Tritt um Tritt. Irgendwann nahm mich Tuttu wieder aufatmend im Empfang, und wir hüpften von der Scharte im Schutt talwärts. Ganz so billig war der Zapfen gar nicht gewesen.

▶ *Torre Leo (links) und Torre del Diavolo (Mitte), dahinter, fast verdeckt, der Gobbo.*

Elfer – Cimo Bagni Umrundung

▶ Blick von der Forcella Paola nach Nordwesten: Rechts Cima Bagni, links hinten Hochbrunner Schneide und Monte Giralba di Sotto.
◀◀ Blick von der Cima Bagni nach Süden. Rechts die Forcella Paola, unten das Cadin del Biso.

Ein Unternehmen in großartiger Umgebung und mit vielfältigen Anforderungen. Im Bogen um die Cima Bagni – den man natürlich auch für sich als Übergang vom Rifugio Berti zum Rifugio Carducci oder umgekehrt gehen kann – wird originale Wildnis geboten. Neben langen Querungen von Lockerschutt und höllisch luftigen Bändern gibt es dort kurzweilige Orientierungsaufgaben in Hülle und Fülle. Wer dabei von Nebel überrascht wird, ist nicht zu beneiden.

Erstbegehung: Vermutlich Gemsenjäger.
Schwierigkeit: Stellen III und II, meist I und mühsames Gehgelände.
Höhenunterschiede: Rif. Carducci – Alpinisteig – Rif. Berti 500 mH (8 km), Rif. Berti – Forc. Anna – Biv. Gera 850 mH (8,5 km), Biv. Gera – Forc. Paola – Biv. Cadore 500 mH (8 km), Biv. Cadore – Cengia Gabriella – Rif. Carducci 400 mH (6 km).
Zeiten: Rif. Carducci – Rif. Berti 3½ Std., Rif. Berti – Biv. Gera 3½ Std., Biv. Gera – Biv. Cadore 5 – 8 Std., Biv. Cadore – Rif. Carducci 3 Std.
Abbruchmöglichkeiten: Abstieg von den Hütten und Biwaks sowie vom Cadin del Biso (heikel und lang!).
Material: Seil, Biwakzeug, Eispickel, eventuell Steigeisen.
Routenbeschreibung: AVF Sextener Dolomiten R 1751, 1766, 1761, 1741.

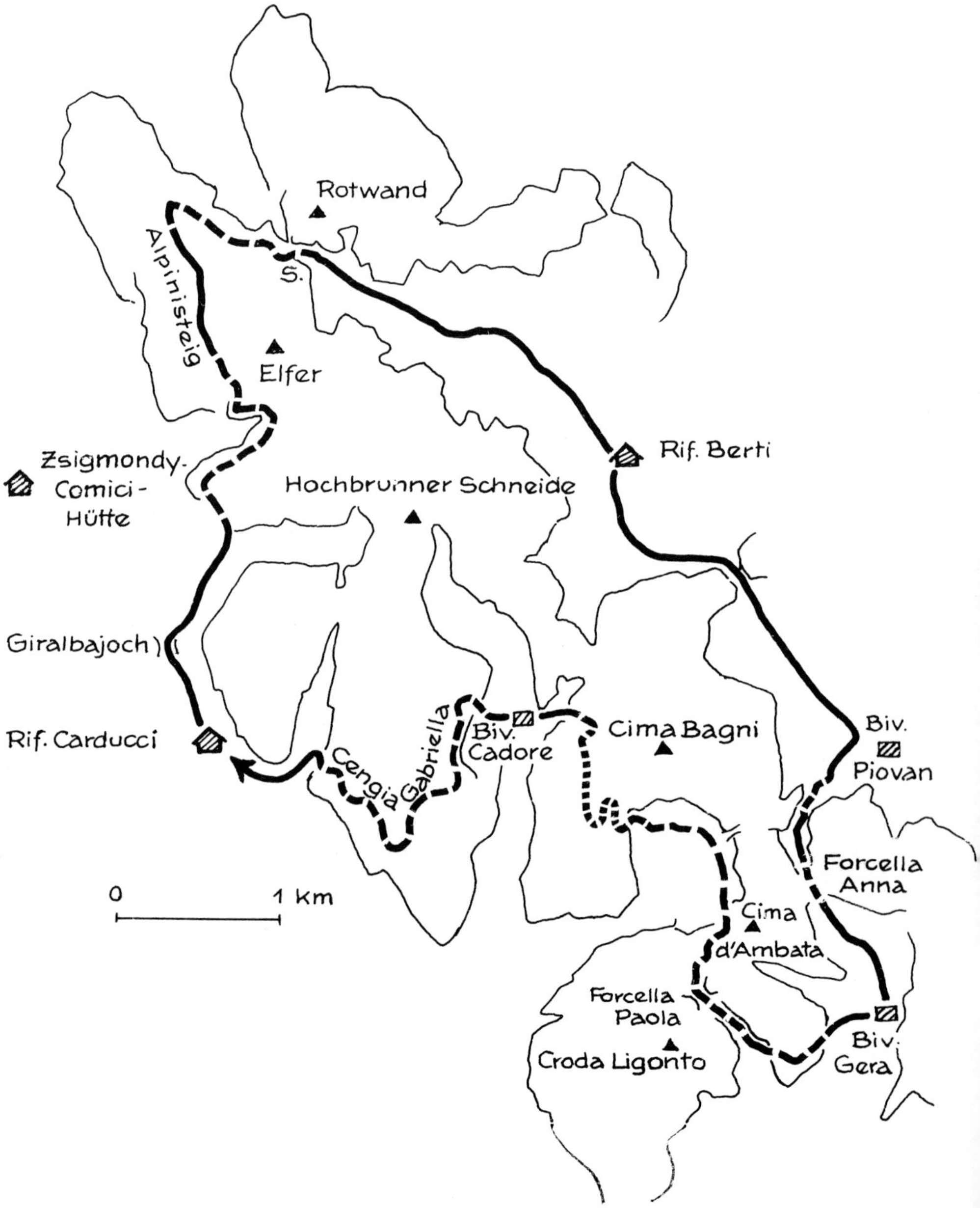

Die Keule

Piero hatte mir die Forcella Paola und die Bänderquerung an der Cima d'Ambata gezeigt. In seiner Stimme hatte Respekt mitgeklungen. Das machte mich aufmerksam auf diesen „Giro".
Ein „Giro" ist eine Rundtour, und Tuttu wollte sowieso eine machen. Sie war fasziniert, wie gut es ihren Kniegelenken ging. Sie wollte laufen und platzte fast vor überschüssiger Energie. Jetzt war der Alpinisteig fällig. Dann würden wir weitersehen. Mit einem „vielleicht" sah ich schon weiter zur Forcella Paola und legte etwas mehr Verpflegung in den Rucksack, den ich als Konditionsausgleich tragen würde.
Zu christlicher Zeit verabschiedeten wir uns von Piero. Schon nach einer Stunde querten wir den Sockel des Elferturms, nach einer weiteren die letzten Meter zur Sentinellascharte. Wo ich zwei Jahre zuvor im Tiefschnee gewühlt hatte, waren wir jetzt leichtfüßig dahingelaufen, hatten die herumhängenden beachtlichen Eisenvorräte bewundert und noch nicht einmal den Pickel vom Rucksack genommen. Wenig später schon begrüßten wir die Hüttenbelegschaft des Rifugio Berti.
Nach der Mittagspause tobten wir durch das Cadin Bagni und hinauf zur Forcella Anna. Drüben kam der Torre Brunsviga in Sicht. Den Namen hatte der alte Bepi vorgeschlagen. Die dezente Städtewerbung paßte ganz gut, weil in dem Kar schon sowieso eine ganze Reihe von Türmen mit Städtenamen herumstehen. Aber auf dem Gipfel war ich noch nicht gewesen. „Kleine Pause gefällig?"
Ohne Rucksack ging es noch flotter. Fünfzig Minuten später war ich wieder da, um eine Erstbesteigung reicher – und um die Erkenntnis, daß im Vorjahr das Abklettern über meinen heißen Riß doch eine pure Fleißaufgabe gewesen war.
Aber die Sensation des Tages wartete auf uns am Schuttfächer vor dem Bivacco Gera. Dort standen noch die Mäuerchen, Torbögen und Gewölbe, die unsere Kinder ein Jahr zuvor als ihr Rom aufgebaut hatten. Zwar waren an einer Seite einige Bauwerke von einem Rinnsal weggespült, aber die übrige Ministadt hatte die Regengüsse und den Schnee und die Lawinen eines ganzen Jahres überstanden. Selbst die zerbrechlichsten Konstruktionen waren erhalten. Gerührt bestaunten wir noch einmal diese kleinen Kunstwerke.
Wir schliefen gut, und der strahlende Morgen ermunterte uns, den großen Übergang zu versuchen. Bald bestätigten sich meine Vermutungen. Es gab keinen Steig, kaum Markierungen, viel Landschaft zum Verlaufen und unverschämt anstrengendes Gehgelände. Aber es war wirklich Wildnis.
Hinter der Forcella Paola hatten wir die Höhe der Querung erreicht. Lockerschutt ist allerdings nicht nur im Aufstieg eine Schikane. Auch auf steilen Schuttbändern kann er durchaus selbst sanftmütigen Geschöpfen rüde Flüche entlocken. Nach Stunden an rollenden Steinen ließen wir uns auf die Grasterrassen am Rand des Cadin del Biso sinken. Die Sonne schien, und es gab Wasser. Nur die Ungewißheit über den Weiterweg verhinderte ein Mittagsschläfchen.
Der führte nun in Schluchten, immer auf einem luftigen Bändchen, gelegentlich mit Kletterei, stellenweise gar nicht ganz leicht. Irgendwann leitete das Band um eine Kante, und ein runder Kilometer Tiefblick hinab ins Val Stallata wurde unser Begleiter. Ab und zu verriet ein verwaschener roter Farbklecks, daß wir noch auf dem richtigen Weg waren. Daß sich die Markierungen meist erst fanden, wenn wir die Entscheidung über den Weiterweg schon nach dem Gelände selbständig gefällt hatten, werteten wir als besondere Raffinesse. Tuttu fand sich auch mit dem Tiefblick ab und ließ meine Erwartung wachsen, daß wir dieses Abenteuer in weniger als den im Bertiführer ganz cool genannten acht Stunden bestehen würden.
Aber als ich von der Kanzel am Ende des Bandes hinabblickte auf das fast senkrecht unter uns liegende Bivacco Cadore, wußte ich, daß heute außer Seilsicherung von mir noch jede Menge Zuspruch verlangt würde. Die Rampe war nicht

nur steil und luftig, sondern auch splittrig und arm an Sicherungsmöglichkeiten. Unter Aufbietung von Geduld und Beredsamkeit lobte ich meine knieweiche Gefährtin hinab zu den in Aussicht genommenen Standplätzen. Die Tatsache, daß die hin und wieder gelösten Steine aufdringlich demonstrierten, wie tief es noch hinab zum Schluchtgrund war, förderte meine Bemühungen allerdings nicht sonderlich. Die Schatten wanderten, wir krochen schneckengleich. Aber wir blieben in Bewegung und rutschten nach Stunden den übersteilen Feinschutt hinab auf den Firn der Schlucht. Das Bivacco Cadore begrüßten wir wie eine Oase. Die Klamotten fielen von uns, und wir schlürften im Grase liegend aus dem köstlichen Bächlein.

Als die Sonne hinter die Wände tauchte und es kühl wurde, gingen wir weiter. Das Leiternsteigen hinauf zum Cengia Gabriella wurde die erwartete Schinderei. Das Band war schier endlos. Als es dämmerte, stapften wir die ausgelatschten Stufen der Firnschlucht hinab zum Schutt. Für den letzten Gegenanstieg zur Hütte konnten wir uns Zeit lassen. Wir freuten uns auf Pieros Pasta.

Aber in der Hütte war ein Regiment Alpini eingefallen. Sie überfüllten die Tagesräume, die Schlafräume, die Flure und Treppen, den Vorplatz. Sie wollten essen, trinken, bezahlen, schlafen, Auskünfte. Und Piero war allein und versuchte, die Wünsche zu erfüllen und den Überblick zu behalten. Wir krempelten die Ärmel hoch und stellten uns an die Spüle. Noch im Traum hatte ich Visionen von endlosen Kolonnen abzuwaschender Teller, Tassen, Bestecke und Töpfe . . .

▶ Blick von der wenig östlich des Monte Cengia gelegenen Zwölferscharte zur Pala Val dei Toni und auf Marmarole, Antelao und Sorapis.
◀ Aufstieg im Lockerschutt zur Forcella Paola. Im Hintergrund die Croda da Campo.

Monte Cengia, 2559 m
Nordostseite

Dies ist kein Berg des Klettersportes, eher einer zum Hinaufbummeln und zum Faul-in-die-Runde-Schauen.

Erstbesteigung: Unbekannt.
Schwierigkeit: I (5 m, direkt vor dem Gipfel), sonst Gehgelände.
Höhenunterschiede: Vom Cengiasattel 100 mH.
Zeiten: Rif. Lavaredo bis Cengiasattel 1¼ Std., von dort ¼ Std.
Routenbeschreibung: AVF Sextener Dolomiten R 1341, 1551.

Begegnung mit Gestern

Wir waren den Weg zur Zwölferscharte schon oft gegangen, hin mit Plänen, zurück müde und voll frischer Eindrücke. Diesmal war es nicht anders. Aber der Tag war jung und der Gipfel nah.
Wir legten die Rucksäcke in eine Mulde und stiegen über den mit schütteren Blütenpolstern besetzten Mergelgrat. Nach einer Scharte zog eine Rampe hinauf zu einer alten Kriegsstellung. Richtig, es wäre ja auch noch schöner gewesen, hier in dieser strategisch günstigen Position keine Befestigungen anzulegen. Schwarzes Holz moderte zwischen geschichteten Blöcken. Aber knallgelbe Mohnköpfchen nickten im sanften Windhauch und riefen den Frieden aus.
Wir saßen am Gipfel, der vom Weg als ein so unbedeutender Buckel erschienen war und nun ringsum Blick in Weite und Tiefe eröffnete. Unten auf dem Weg im Kessel des Lago di Cengia, am bröckelnden Denkmal für die gefallenen Alpini, erblickten wir eine schier endlose Reihe felsgrauer Gestalten.
Beim Abstieg vom Cengiasattel kamen sie uns entgegen, schwer bepackt mit Rucksäcken und mattglänzenden Waffen, schwitzend, Sprüche reißend. Wir traten zur Seite und ließen sie durch. Sie nickten uns zu, mit offenen Gesichtern, und wir nickten zurück. Es war ein Bild kraftstrotzenden Lebens.
Und doch übten sie für etwas, was uns oben auf dem Berg schon lange überlebt und überwunden schien.

Morgenkofelturm, 2260 m Nordwand

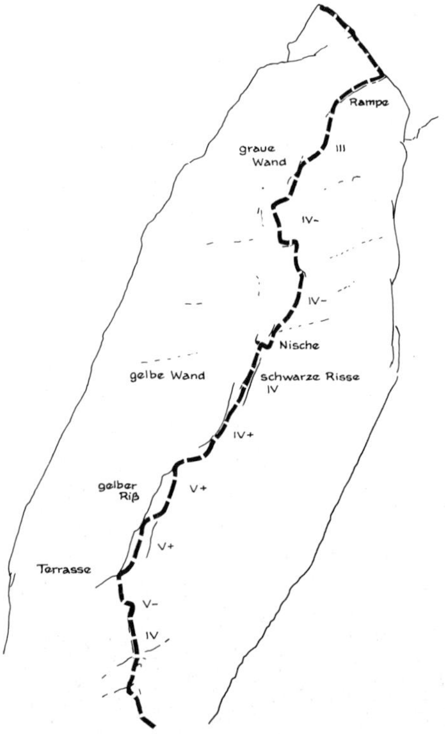

Die schmale Nordwand des schlanken, an den Morgenkofel gelehnten Turmes ist der Blickfang im Talschluß des Innerfeldtales. Die grau-gelb-melierten Platten lassen grimmige Schwierigkeiten erwarten, bis man näher hinsieht und das feine Rißsystem erkennt, das den Durchstieg in genußvoller Freikletterei ermöglicht. Der Fels ist fest. Der einzige verwendete Zwischenhaken und zwei Standhaken wurden belassen.

Erstbegehung: R. Goedeke, H. Konnerth, M. Zink, 11. Juli 1982.

Schwierigkeit: V+ (1 Seillänge) und V– (in 1 Seillänge), sonst IV+, IV und III.
Höhenunterschiede: Drei-Schuster-Hütte – Einstieg 500 mH, Wand 300 mH, Abstieg 800 mH bis Hütte.
Zeiten: Zustieg 1 Std., Wand 3–4 Std., Abstieg 1 Std.
Ausquermöglichkeiten: Keine.
Material: 40-Meter-Seil(e) ausreichend, Sortiment Klemmkeile (auch große und ganz kleine), einige Haken für Standplätze, 12 Karabiner.
Routenbeschreibung: AVF Sextener Dolomiten R 755 (mit Skizze), 751 A.

Am Blickfang

Herbert meint, er würde sehr gern führen, aber ich als Schöpfer der Idee solle man... Ich will auch, zumindest einstweilen.

Seile, Material, erste Schritte. Hier hatte ich voriges Jahr schon einmal angefaßt. Der Riß erinnert an den kleingriffigen Fels der Rocchetta-Alta-Nordwand. Bald wird die Wand abdrängend, die Kletterei schwieriger. Weil kein Keil paßt, dresche ich einen Haken in den widerwilligen Riß, mache rechts einige Piazzüge, spreize links zurück, erreiche die Terrasse am Beginn der Verschneidung unter dem gelben Fleck. Seit dem vorigen Jahr habe ich mir gewünscht, hier zu sein.

Die nächste Seillänge wird die Entscheidung bringen, ob es frei geht, ob ich es so schaffe, wie es inzwischen als allein sportlich gilt. Die Verschneidung sieht ruppig aus mit ihrem gelben Bruch, der Riß rechts hinter der Ecke nicht besser. Aber die Kante dazwischen ist fest. Die Griffe werden magerer und magerer. Dickfelligkeit muß die fehlende Sicherung ersetzen. Herbert und Manni feuern mich an, aber ob es reicht, muß ich allein entscheiden. Schließlich kann ich zum Verschneidungsriß queren. Der ist hier nur ein Streifen aus Krümeln und Splittern. Immerhin lassen sich dort einige Keile vergraben. Dann wieder hin-

aus in die kleingriffige, luftige, eisenfeste Wand. Schwieriges Steigen wie in alten Zeiten.
Früher habe ich mich in besinnlichen Augenblicken manchmal gefragt, wie das wohl ist, als extremer Kletterer älter zu werden. Zuerst war es die törichte Frage, ob ich mit dreißig wohl noch diesen Überhang und jenen Riß hochkäme. Als ich dann dreißig war, kam ich dort viel besser hoch, und mit vierzig noch besser. Ich habe gemerkt, daß es mehr auf die Frage ankam, wie oft ich noch zum Klettern komme, denn mir sind andere Bereiche des Lebens wichtiger geworden, und sie lassen oft kaum noch Zeit. Der Trainingsmangel ist besonders größer geworden, seit ich Ratsherr und Fraktionsvorsitzender in einer Großstadt bin, noch dazu in der seltenen und aufregenden Situation eines politischen Neubeginns, mit der Aufgabe, überhaupt erst herauszufinden, welches die angemessenen Ziele und Wege einer Politik sind, die langfristig sinnvolle Lösungen sucht. Termine wegen Diskussionen, Festen und Protesten fallen über meinen Freizeitvorrat her. Und wenn ich doch zum Klettern komme, ausgehungert danach, dann ist es selten an der Leistungsgrenze. Um so verrückter, daß es jetzt trotzdem läuft, auch im extremen Gelände.
Eine schöne Griffolge leitet höher, danach bietet der Riß wieder Platz für Klemmkeile. Oberhalb sieht es grimmig aus. Rechts etwas tiefer ein guter Griff. Noch einer. Aber das Seil läuft um eine scharfe Kante. Ich schlage sie rund, hänge eine Verlängerungsschlinge ein, schwinge mich hinaus in die Ausgesetztheit eines tollen Quergangs, erreiche den grauen Riß. Die Lösung des Problems ist lupenrein gelungen. Oberhalb leiten grauschwarze Risse weiter, sicher gut kletterbar.
Ich hole nach und trete Herbert den Vorstieg ab. Er schießt davon, verstaut uns nach einer Länge in einer Nische, erreicht mit der nächsten Länge den hellgrauen Wandteil, wo er seinerseits nun auch Manni die Führung anbietet. Für den ist das noch ungewohnt. Aber voller Hingabe greift er an, ab und zu ferngesteuert durch kluge Ratschläge. Die Schwierigkeiten nehmen ab, jedoch der Fels bleibt steil, luftig und fest. Bis zum letzten Meter. Am Gipfel grüßt unser Ministeinmann vom vorigen Jahr.
Als Kontrast hocken wir am Abend in Innichen vor einer Glotze und sehen das Endspiel der Fußballweltmeisterschaft: Italien – Deutschland. Der überschwengliche Jubel der Einheimischen scheint uns mehr als alle Sonntagsreden zu sagen, wo die Bevölkerung ihre nationale Zugehörigkeit empfindet. Und die Überquerung des Rathausplatzes, auf dem ausgeflippte Südtiroler Autofahrer auf der Hupe stehend und Fahnen schwenkend wie in Trance Runden fahren, bringt die gefährlichsten Augenblicke des Tages.

▼ *„... die Schwierigkeiten nehmen ab, jedoch der Fels bleibt steil, luftig und fest ...“*

Große Zinne, 2998 m
Südostpfeiler, „Dabistebaff“

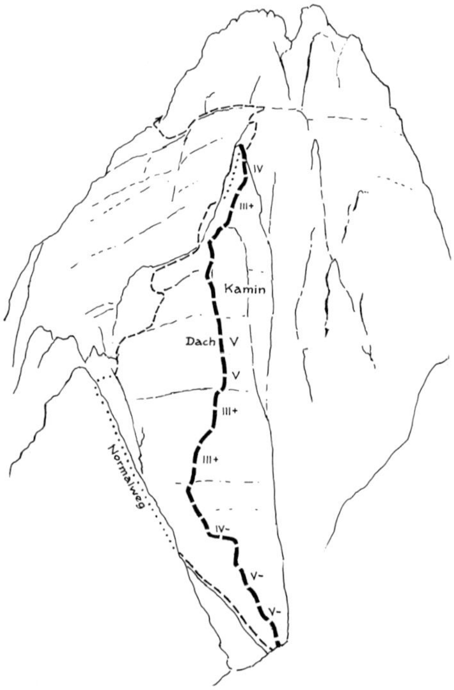

Die elegante Route über den Südostpfeiler ist wie geschaffen für unsicheres Wetter. Die Morgensonne macht auch den Einstieg schon zu früher Stunde durchaus angenehm, und wenn sich das Wärmegewitter ungebührlich beeilt, kann man im oberen Teil notfalls auch vor dem Ende der Route rasch zum Normalweg queren und dort hinabflüchten. Der Fels ist ausgezeichnet fest und auch in den weniger schwierigen Seillängen genußvoll zu klettern.

Erstbegehung: R. Goedeke, H. Konnerth, M. Zink, 14. Juli 1982.

Schwierigkeit: V und V– (in je 1 Seillänge), sonst IV– und III.
Höhenunterschiede: Zustieg 300 mH, Pfeilerroute bis Mündung auf den Normalweg 300 mH.
Zeiten: Zustieg 1 Std., Pfeiler 2–3 Std., Abstieg 1 Std.
Ausquermöglichkeiten: Erstmals am Band vor der Schlüsselstelle, auch auf der Schulter.
Material: 45-Meter-Seil angenehm, Sortiment Klemmkeile (auch kleine), einige Haken für Standplätze.
Routenbeschreibung: AVF Sextener Dolomiten R 972 (Skizze), 971 A.

Dabistebaff

Regen klatschte gegen die Fensterscheiben. Im grünen Licht lag das Blatt in der Entwicklerschale, zeigte erste dunkle Linien, deren Filigran rasch deutlicher wurde und sich verdichtete. Die Flächen dazwischen erhielten Tönung. Das Bild der Großen Zinne von jenem klaren Sommermorgen stand in gestochener Schärfe. Es würde brauchbar sein für den Kletterführer, zeigte den Normalweg und die Ostwand im Streiflicht. Und plötzlich sah ich das Problem. Zwischen den beiden Routen erstreckte sich ein kompakter Wandpfeiler, oben von einem Riß durchzogen. Er müßte eine logische Führe bieten. Und er müßte in Freikletterei gehen. Das Bild kam in die Projekttüte für den nächsten Sommer.
Aus der Tüte wurde es gewählt, als wir nach der Morgenkofelturm-Nordwand ein weiteres Felsobjekt suchten. Der Gedanke, an dem so abgekletterten Berg noch eine neue Route zu eröffnen, faszinierte uns alle drei.

Der Beginn ist recht profan. Der Anblick des steilen Berges oder auch nur die Überlegung, daß solche Verrichtungen während der Kletterei komplizierter sind, bewegt überdurchschnittlich viele Normalwegbegeher dazu, hier noch einmal die Hose umzudrehen. Schonungsvoll gehen sie vom Einstieg einige Meter hinauf – und ausgerechnet dort wollen wir einsteigen. Es kostet uns allerhand Aufmerksamkeit, Schuhe und Seile vor Flecken zu bewahren.
Der schon sonnenwarme Fels ist ein Gedicht. Plattig, kleingriffig, kompakt, gleich schwierig. Nach einigen Metern bringe ich einen Stopper unter, schleiche höher, freue mich, daß sich alles frei ergibt. Einmal ist ein scheinbar notwendiger Griff locker, aber er läßt sich dann doch mit Hilfe kleinerer Haltepunkte vermeiden. Später finden sich wieder einige Klemmkeilrisse und guter Stand.

Bald stimmen auch Herbert und Manni, den Latrinendämpfen enteilend, in meinen Jubel ein.
Vorübergehend lassen die Schwierigkeiten nach, doch es bleibt ideales Steigen, steil und in prächtigem Fels. Erst über einem Band wird es wieder knifflig. Oberhalb beginnt ein langer Riß, aber unten ist er nur von einem grauen Wasserstreifen dünn auf eine phantasielos gestaltete Platte gemalt. An Rauhigkeiten schwindle ich mich höher, treffe auf eine Klemmblocksperre, die allerdings solide Klemmkeilsicherungen erlaubt. Danach schwelgen wir einen herrlichen Stemmkamin hinauf.
Ja, und dann steckt dort plötzlich ein Haken. Ein Haken! Es ist ein handgeschmiedeter, sehr alter Stift und er steckt an einem ganz leichten Überhang. Er wäre auch nicht schwierig herauszuschlagen gewesen. Wer damals hier Haken schlug, hätte am Klemmblockdach erst recht welche gebraucht. Und wer hier Haken steckenließ, hätte sie dort unten erst recht belassen, ganz abgesehen davon, daß dort keine Hakenspuren waren. Haben sich Leute von rechts her aus der Dimaiführe verhauen? Oder stammt der Haken von Erkundungen der Alpini, die im Ersten Weltkrieg sechzig Meter oberhalb eine Stellung hatten?

Die Frage bewegte uns noch, nachdem wir knapp vor einem wüsten Gewitter in der Lavaredohütte angekommen waren. Aber auch Hüttenwirte und Gebietskundige wußten nichts. Und da der Fels bis zum Schlußkamin unberührt aussah und sich auch nach den Veröffentlichungen des Routenfotos niemand meldete, nehmen wir an, daß diese wunderbare Linie tatsächlich in ihren wesentlichen Teilen bis zum Schlußkamin neu war. Eine verblüffende Entdeckung.
„Da biste baff." Dabistebaff!

▶ *„... unten ist der Riß nur von einem grauen Wasserstreifen dünn auf eine phantasielos gestaltete Platte gemalt ..." (Beginn der Schlüsselseillänge.)*

Mittlerer Zwölfer, 3029 m
Ostpfeiler, „Der Pfeiler der Morgensonne“

Der Ostpfeiler des Mittleren Zwölfers ist zugleich der mittlere und wuchtigste Pfeiler der gesamten Wandflucht zwischen Hohem Zwölfer und Cima d'Auronzo. Der ausgezeichnet feste, griffige, sehr kompakte Fels bietet Idealkletterei in großartiger Position. Abgesehen von einigen Kaminen im untersten und obersten Teil bewegt man sich durchwegs in luftiger Wand.

Erstbegehung: F. Miotto und R. Goedeke, 1. August 1982.
Schwierigkeit: VI– (in 2 Stellen) und A 3 (4 m), überwiegend V+, V und IV+ in den 8 Seillängen des Steilaufschwungs, sonst IV und III. Abstieg III und II.
Höhenunterschiede: Rif. Carducci bis Wandfuß 250 mH, Pfeiler 600 mH, Abstieg 450 mH bis zur Zwölferscharte.
Zeiten: Zustieg ½ Std., Pfeiler 11 Std. (Erstbegeher), Abstieg 2½–3 Std. bis zur Zwölferscharte.
Ausquermöglichkeiten: Erst vor dem Schlußkamin (nicht leicht).
Material: 45-Meter-Seile vorteilhaft, Sortiment Klemmkeile (auch sehr kleine und große) und Haken (auch kurze Stahlhaken), etwas Dübelholz für Felslöcher, Leiter.
Routenbeschreibung: AVF Sextener Dolomiten R 1443 (Skizze), 1441 A, 1371 A (Skizze).
Weitere lohnende Routen: Nordgipfel-Westwand (Traumtour, S. 88), Hauptgipfel Südwestwand.

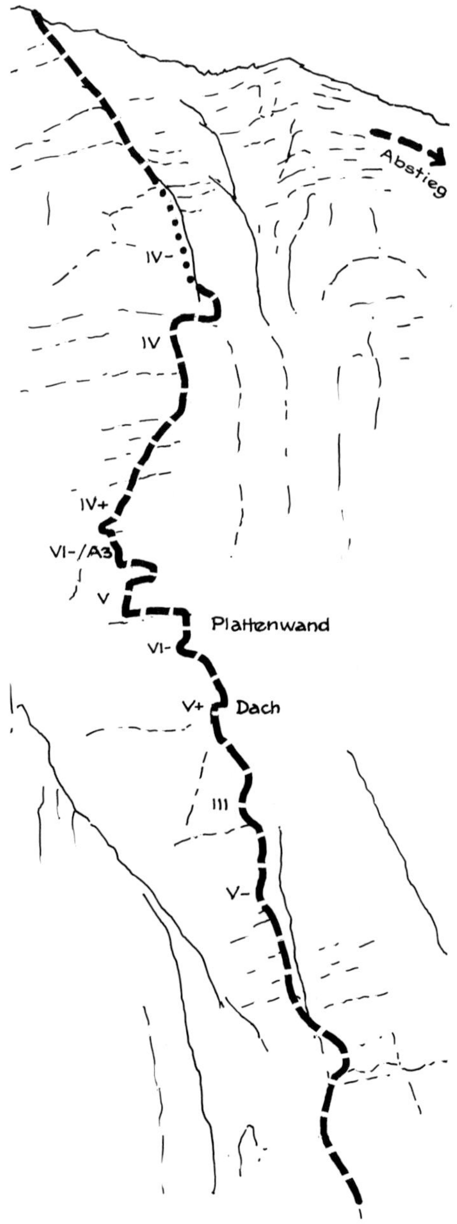

Am Pfeiler der Morgensonne

Franco ist ohne Helm gekommen. „Sempre senza casca!“. Na schön, Originale muß man nehmen, wie sie sind. Und einmal eine Tour mit Franco Miotto zu machen, darauf freue ich mich schon lange. Wir beginnen den Aufstieg durchs Bacherntal zum Giralbajoch. Der Himmel hat es bemerkt und öffnet seine Schleusen. Pitschnaß begrüßen wir einige Stunden später Piero in der Carduccihütte. Wir haben nur den morgigen Tag, denn Franco muß am Montag früh wieder seine Karte in die Stechuhr schieben. Bilden wir uns eigentlich angesichts dieser graulastenden Wolkenmassen immer noch ein, unseren Pfeiler angehen zu können?
Gegen Abend läßt der Regen nach. Später lugen sogar einige Sterne durchs Gewölk, und der Wind scheint auf Nord zu drehen. Im Gedränge der überbelegten Hütte handeln wir aus, welches Material mitzunehmen ist. Dieses Bündel Klemmkeile? Franco zieht ein Gesicht – und ich werde beredt wie ein orientalischer Teppichhändler. Noch mehr Haken? Die Rollen wechseln. Dübelholz? ... Nach der Packerei noch einmal vor die Hütte. Doch, es klart zusehends auf. Dort oben steht der Pfeiler herum, unbetreten wie seit Jahrtausenden. Und plötzlich ist er

▶ *Der mittlere und obere Teil des Ostpfeilers. Die Castiglioniführe weicht nach links aus und erreicht das Gipfeldach an Rissen im Bereich der Schatten des linken Bildteiles.*

für uns zwei zur Herausforderung geworden. Herrliche Absurdität!
Das Notlager im Korridor ist gar nicht übel – die gleichen Matratzen wie im Schlafraum, aber viel bessere Luft. Und man kann nachts auch leichter mal raus. Fahl ragt der Pfeiler empor zur Pracht des Sternenhimmels. Das Bild ist noch in mir, als ich mich wieder unter die Decke kuschele, weckt einen Hauch von der Aufregung der Nächte vor den ersten großen Touren, nun schon Jahrzehnte zurück. Aber dann versinke ich doch wieder in wohligen Schlaf.
Im Morgengrauen piept die Uhr. Pieros Milchkaffee bringt uns auf die Beine. Bald bewegen wir uns dem in Rosa schimmernden Pfeiler entgegen.
Wir klettern zunächst noch seilfrei, in einem ungemütlich kühlen Kamin. Rasch wächst die Tiefe. Franco muß natürlich vorweg, weil er keinen Helm hat – dieser Fuchs! Einige lockere Steine findet er auch rasch, und ich verdrücke mich einstweilen unter einen Klemmblock. Als die Luft wieder rein ist, kann ich ihn nirgendwo entdecken. Nur seine Stimme schallt von irgendwo oben seitlich herab. Das krümelnde Sims, über das er entschwunden ist, lockt mich wenig. Ein Schwall von Worten, die ich nur zur Hälfte verstehe, will mich überreden, dort zu folgen. Mir gefällt der Kamin trotzdem besser, auch wenn er glatt und obendrein naß ist. Ein sperrender Block drängt weit hinaus. Aber drinnen ist ein

Loch, das sich sogar erweitern läßt. Ich schiebe den Rucksack voraus. Ein fast kopfgroßer Stein löst sich, küßt mir die Wange. Rote Soße und brummendes Jochbein, aber sonst nicht weiter schlimm. Der Durchschlupf gelingt. Oberhalb kann ich nach rechts hinaus, wo Franco offenbar in Schwierigkeiten rumort. Um ein Eck gelange ich in die Rinne, die er gerade von unten heraufkommt. Er starrt mich entsetzt an und erkundigt sich besorgt nach meinen Verletzungen. Ich habe die Schmarre schon vergessen, aber mein Gesicht scheint abenteuerlich auszusehen. Wir steigen weiter, jetzt ich vorn, Franco mir auf den Fersen. Er ist natürlich genauso wie ich gewohnt vorzusteigen, dieses Energiebündel!

Aus einem Schuttkessel leiten zwei Kamine rechts in Richtung Pfeilerkante. Von oben plätschert Wasser hinein. Ich schlage mich in den linken, Franco in den rechten. Er erreicht knapp vor mir das Schärtchen – und hat es wieder geschafft, vorn zu klettern. Es ist aber auch friedlicher so. Neben diesem rüstigen Einundfünfzigjährigen komme ich mir ja geradezu abgeklärt vor!

Das Sonnenlicht auf den Felsen des Pfeilers gleitet tiefer. Wir steigen ihm entgegen, direkt an der Kante, werden schließlich von der Lichtflut überschüttet. Heitere Stimmung.

Am Steilaufschwung seilen wir uns ein. Schön, daß Franco auch sehr auf Sicherheit setzt und es keine Diskussion gibt, mit zwei Elferseilen zu steigen. Francos Vorschlaghammer versenkt zwei Haken, und schon sehe ich ihn im Handgemenge mit dem ersten Überhang. Am nächsten Stand gehe ich weiter. Aber es ist ungewohnt, zu wissen, daß des Kameraden Hirnschale vor eventuellen Steinen nur durch seinen grauen Punkerschopf geschützt wäre. Ehe ich ihm den beschädige, werde ich Franco besser endgültig den Vorstieg lassen.

Wir beraten den Weiterweg. Eine Verschneidung, die oben zum Dach wird, findet unser Wohlgefallen. Schon stürzt Franco sich hinein. Der Fels ist nicht übel, aber ein paar bewegliche Teile finden sich doch. Ein kniehoher Block schlägt neben mir auf das Band – gegen den würde wohl auch mein Helm nichts nützen! Franco entschuldigt sich zerknirscht, gelobt Besserung und wühlt weiter. „Leg' mal einen Keil! Prendere dado!" Ich sehe doch von hier unten die schönen Risse. Aber wenn Franco auch zu höflich war, die angebotenen Keile nicht mitzunehmen – trauen tut er ihnen deswegen doch nicht, und so wuchtet er lieber die gewohnten Haken ins Gemäuer. Mit meinem schlichten Normalhämmerchen habe ich einiges zu pochen, sie wieder herauszukriegen. Besonders der letzte beschäftigt mich unverschämt lange in anstrengender Position – um dann höhnisch klirrend in die Tiefe zu hüpfen.

Eine prächtige, kleingriffige schwarze Platte, ein ungemein luftiger Quergang, eine griffige schwarze Wand, markante Kletterstellen in bestem Fels. Vor jeder Seillänge beraten wir, ganz demokratisch, wo es weitergehen soll. Aber wir zwei alten Hasen sind uns immer rasch einig – sowohl unsere Einschätzungen als auch unsere Vorstellungen über das Ideal einer organisch gelegten Route sind sehr ähnlich.

Franco in Aktion zu beobachten, ist allein schon die Tour wert. Er klettert mit Kraft, nicht immer elegant, aber deutlich mit Sicherheitsreserve, sowohl im Steigen als auch im Anbringen der Sicherungsmittel. Vor allem aber steht er ständig in einem überschwenglichen Dialog mit dem Berg. Lästerliche Flüche über einen lockeren Griff werden im nächsten Moment von lyrischem Schwelgen über den herrlichen Fels abgelöst – Susanne wird uns später erzählen, daß sie sich unten im Kar vor Vergnügen gekugelt hat über die plötzlichen Registerwechsel vom „Porco Dio" oder „Grande Casino" zum verzückten „bellissimo".

▶ *Franco beim Bosseln am kompakten Überhang, stundenlang für wenige Meter... „Die Sonne ist längst hinter dem Eck verschwunden, es wird empfindlich kühl..."*

Auf einem Bändchen unter einer gelben kompakten Wand fährt unser Unternehmen fest. Umgehungsexperimente, dann Gebossel, stundenlang für wenige Meter. Die Sonne ist längst hinter dem Eck verschwunden, es wird empflindlich kühl. Schließlich wieder Freikletterei. Auf einer Leiste unter Überhängen findet sich Stand. Franco klettert in einer großen Linksschleife weiter, geht dann das Seil bis zum letzten Zipfel aus und bringt mich so beim Nachsteigen in arge Bedrängnis, weil das Seil nicht für die Schleife reicht und ich auf Krawall direkt hinaufklettern muß. Damit sind die eigentlichen Schwierigkeiten jedoch zu Ende. Griffiger Fels leitet gipfelwärts, um uns dann in den langen Abstieg zu entlassen.

Mit dem letzten Licht erreichen wir die Hütte. Ausgelassene Begrüßung, gefolgt von einer zunehmend feuchter werdenden Feier des Ereignisses, die zuletzt am Fußboden des Tagesraumes fortgeführt wird, weil man da nicht mehr vom Stuhl fallen kann. Immerhin entsinnt sich Franco irgendwann der auf ihn am Morgen wartenden Stechuhr und sammelt seine Sachen.

Piero weiß anderentags zu berichten, daß er ihn eine Viertelstunde nach seinem Aufbruch noch einmal gesichtet hat, im direkten Aufstieg zum im Mondlicht liegenden Giralbajoch, laut singend.

Auch die Rückfahrt nach Belluno muß er irgendwie bewältigt haben.

Bäume

Bäume haben mir in den Kinderwagen gesehen, ein Flieder und eine Linde.
Die Moospolster und das Heidekraut und die Zapfen und Zweige märkischer Kiefern waren mein Baumaterial bei frühen Spielen.
Auf Flieder und eine mit Nägeln gespickte, knorrige Linde führten meine ersten Kletterversuche, durch Buchenhallenwälder erste selbständige Wanderungen und Streifzüge.
Meine ersten Kletterfelsen standen inmitten von Kiefern, Fichten und Buchen. Hinaufzukommen und über die Kronen in die Weite blicken zu können, das war ein Freiheitserlebnis. Auch als ich zum ersten Male durch das nächtliche Altensteiner Tal aufstieg, genoß ich es, diese Waldwelt wieder einmal hinter mir zu lassen, um wochenlang über der Baumgrenze zu leben – und hinterher die vertrauten grünen Riesen neu und bewußter zu begrüßen.
Einzelne Baumgestalten der Bergwälder haben sich mir besonders eingeprägt: Die letzten Kiefern im Steinernen Meer etwa. Oder die mächtigen Fichten am Fuße des Kleinen Watzmanns, die nach dem Bau der brutal breiten Forststraße auch die schon auf geduldiges Papier ausgedruckten frommen Nationalpark-Zielsetzungen nicht vor der Säge retten konnten. Da sind die königlichen Zirben der Steilhänge des Höhlensteiner Tales oder die alten Fichten über dem Valgrande schon sicherer, denn wer will eine Straße finanzieren, um sie diesem entlegenen Winkel zu rauben?
Selbst im Vergehen sind diese hölzernen Riesen schön. Jene Mumie von Baum zum Beispiel auf dem Wiesenhang hoch über dem Wald des Altensteiner Tales, die ich bei einem Schnellabstieg fand und die mich trotz des strömenden Regens stehenbleiben ließ. Dieser Baum war dort oben gewachsen und gefallen, vor langer Zeit schon, und er erzählte von einer wärmeren Klimaepoche, die ihm erlaubt hatte, in dieser Höhe zu gedeihen. Oder die zerschrammten Fichten des Innerfeldtales, Opfer der vordringenden Schuttströme, die nach dem letzten Anstieg der Schneegrenze aus den neu erodierenden Schutthalden allzuviel Nachschub erhalten. Oder das zarte, sonnengebleichte Filigran der abgestorbenen Fichten über dem Wald am Coltorondo.
Diese so jung abgestorbenen Fichten am Coltorondo stellten eine Frage: Waren sie nur die ersten, so wie noch vor wenigen Jahren auf den jetzt kahlsterbenden Kuppen der deutschen Mittelgebirge einzelne, besonders empfindliche Exemplare die ersten waren? Noch ist die Grundfarbe dieser Wälder grün. Aber die Nadeln und Kronen zeigen schon Verlichtungen als wohlbekannte Krankheitssymptome. Werden auch diese Wälder in einigen Jahren nur noch Gerippe von totem Holz mit kahlen Zweigen und abblätternder Rinde sein? Sind die urwüchsigen Zirben über dem Höhlensteiner Tal und die Fichten über dem Valgrande doch gar nicht so sicher? Nicht nur Axt und Säge, auch das „Einsparen" von Rauchgasreinigung und Abgasentgiftung ist eine Methode, diesem Land seine Schätze zu nehmen. Sie enteignet sogar noch seine Menschen.
Es ist ein großer Unterschied, ob einzelne Bäume sterben, während daneben neues Jungholz wuchert, oder ob der Wald stirbt.
Genauso wie es ein großer Unterschied ist, ob ein Mensch an Altersschwäche oder durch einen Unfall stirbt oder durch eine Krankheit, die er ungefragt und ungewarnt dazu erhielt, als er eigentlich nur seine Arbeitskraft verkaufen oder eine Bequemlichkeit kaufen wollte.
Leiden und Tod aus der Hand von Naturgewalten entgegenzunehmen, das ist leichter zu ertragen, als wenn sie aus den kühlen, am Gewinn orientierten Kalkulationen einiger ferner Manager folgen.
Dies macht mich immer wieder neu traurig und zornig.

◀ *Am Coltorondo.*

Torre Lago Nero, etwa 2500 m Ostwand

Der Turm ist zwar nur eine bessere Verzierung der gewaltigen Ostabstürze des Mittleren Zwölfers. Aber gerade deshalb ist der Wunsch „Hätten Sie es nicht ein bißchen kleiner?“ in dieser Gegend durchaus verständlich und kann hier erfüllt werden. Die Kletterei wird nach oben hin zunehmend schöner und interessanter. Bei unsicherem Wetter empfiehlt sich als Abstieg weiteres Abseilen über die Ostwand.

Erstbegehung: R. Goedeke, S. Hornburg, 2. August 1982.
Schwierigkeit: V– (2 Stellen), meist IV+, IV und III. Abstieg III und mindestens 2 Abseilstellen.

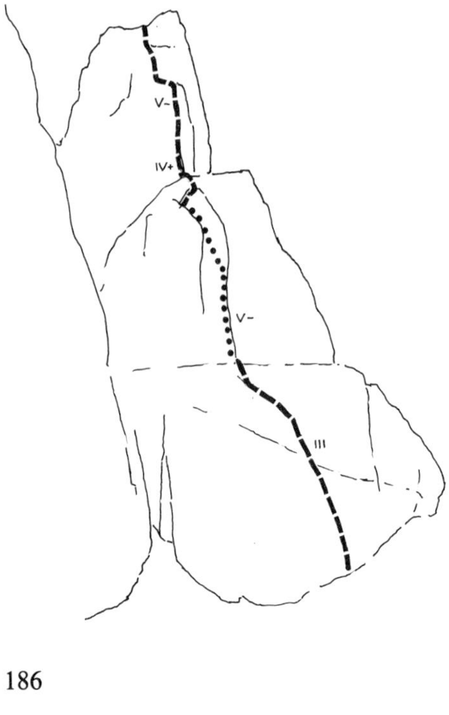

Höhenunterschiede: Rif. Carducci – Wandfuß 150 mH, Wand 250 mH, Abstieg 250 mH bis Kar.
Zeiten: Zustieg ½ Std., Wand 3 Std., Abstieg 2 Std.
Ausquermöglichkeiten: Band in Wandmitte.
Material: Zwei 40-Meter-Seile (wegen des Abstiegs), Sortiment Klemmkeile, einige Haken, 10 Karabiner.
Routenbeschreibung: AVF Sextener Dolomiten R 1481 (Skizze), 1482 A.
Weitere lohnende Route: Torrione-Carducci-Ostwand.

Nur ein kleiner Turm

Der Pfeiler der Morgensonne und der Vino vom Abend hätten mir auch durchaus erlaubt, an diesem Tage Abstand vom Fels zu halten. Aber Susanne hatte beim Zusehen eine Menge Auftrieb entwickelt. Und am übernächsten Tage wartete sowieso tausend Kilometer entfernt eine Schulklasse, und für den Rest des Sommers wäre das Gebirge unerreichbar weit weg. Obendrein war der Torre ein rares Objekt. Nicht weil er so unwiderstehlich grandios war, sondern weil er gerade wegen seiner relativen Kleinheit noch nicht die Ehre eines menschlichen Besuches erfahren hatte.
Piero wäre gern mitgekommen. Aber ausgerechnet an diesem Tage sollte der Hubschrauber Baumaterial für die Hüttenerweiterung einfliegen. So blieb ihm wieder nur, mit dem Schicksal seines Hüttenwirtjobs zu hadern.
Der Sockel war Allerweltsgelände ohne jeden Glanz. Der darauf folgende Kamin glänzte dagegen deutlich – von Wasser. Die Kletterei in dem finsteren Schlund entbehrte jedoch nicht der Originalität. Immer mehr nach innen ge-

▶ ***„... An der Flanke eines schmalen Pfeilers bot eine überhängende Verschneidung Genußkletterei. Wir feierten uns hinauf, mit frei durchhängenden Seilen und in großartiger Luftigkeit...“***

drängt schlieften wir in den Eingeweiden des Berges empor, bis wir auf eine Terrasse unter der kompakten Gipfelwand entlassen wurden. Unten an der Hütte brummelte der Hubschrauber. Der Lago Nero lag schon weit unter uns. So klein war der Torre gar nicht, seine Nachbarn waren eben nur viel größer.

An der Flanke eines schmalen Pfeilers bot eine überhängende Verschneidung Genußkletterei. Wir feierten uns hinauf, mit frei durchhängenden Seilen und in großartiger Luftigkeit. Noch eine steile Schlußwand, dann der Gipfelgrat.

Der Blick zur anderen Seite in die bröckelnden Abbrüche zur Schlucht schlug mir auf den Magen. Nein, von dort war noch keiner heraufgekommen. Und dort würden wir auch nicht absteigen. Weit über uns ragte der „Pfeiler der Morgensonne" aus gar nicht sonnigen Nebeln und schien zu fragen, ob ich am Vortage denn nicht gesehen hätte, daß diese Seite des Torre ungenießbar ist.

Wir bauten kein dickes Gipfelzeichen und hinterlegten auch keine sonstigen Produkte menschlicher Erfindungskraft, hielten uns statt dessen an den alten indianischen Grundsatz, keine Spuren zu hinterlassen.

Das Abklettern hinab zur Verschneidung wurde nicht leicht. Von dort seilten wir ab und querten dann auf der Terrasse in die dämmrige, nebelgefüllte Schlucht zwischen unserem Turm und dem Zwölfer. Der warme Sommer hatte den Firn stark ausgeapert. Überall hing lockerer Schutt. Wir standen in einem geladenen Kanonenrohr. Ich dachte an die Nervenschlucht. Ein Platzregen würde Tausende von Steinen lösen.

Der Platzregen kam nicht.

Aber wir hatten viel Zeit, uns vor ihm zu fürchten, denn der steile, mit Schutt überzogene Firn war hart und zwang uns zu Stufenschlagen und weiteren Abseilmanövern.

Und Piero fragte am Abend, warum wir eigentlich an dem kleinen Turm so lange gebraucht hatten.

Campanile Dülfer, 2706 m
Südkante

Hans Dülfer und Walter von Bernuth betrachteten den aufregend schlanken Turm bei der Erstbesteigung noch als Teil der Cima Eötvös. Erst später wurde er von Italienern im Gedenken an Dülfer zum Gipfel ernannt. Wenn man das unter bestimmten Blickwinkeln oberflächlich als Geringschätzung beurteilen will, wird man spätestens bei einer Besteigung des Turmes eines Besseren belehrt. Die Südkante bietet eine der elegantesten Dolomitenklettereien im mittleren Schwierigkeitsbereich. Vom Rifugio Città Carpi läßt sich der Einstieg rasch erreichen. Der Fels ist fest und meist verschwenderisch griffig, dabei selbst in den leichteren Seillängen trotz der seltenen Begehungen fast frei von Schutt. Die schwierigste Stelle verlangt zwar in Freikletterei einige Züge an Winzigkeiten, aber die mögliche Zuflucht zum nahen Haken beruhigt. Ganz anders dagegen die lange, kompakte Ausstiegsseillänge – sie ist zwar technisch weniger schwierig, dafür jedoch fast ungesichert zu klettern. Insgesamt: Wer sich auf die Kante einläßt, sollte viel Luft ringsum genießen können und im Abseilen erfahren sein. Vor allem empfiehlt es sich jedoch, die Hinweise auf die nötige Länge der Seile genau zu lesen. Sonst könnte es einem so ergehen wie Wastl Mariner und seinem Gefährten – oder schlimmer:

Nach einigen Metern rutschte ich über einen bauchigen Überhang hinaus ins Leere. Ich sehe an den Seilen hinunter und muß feststellen, daß deren Ende noch weiter vom Fels entfernt sind und die angestrebte Scharte bei weitem nicht erreicht werden kann. Laut Beschreibung müßten aber die Seile reichen! Etwas tiefer, aber mehrere Meter rechts drüben, pendelte eine Seilschlinge, vom Winde leicht bewegt. Nach weiterem Abseilen bis in die Höhe der Schlinge erreiche ich mit den Füßen einen kleinen Felsvorsprung, welcher mir das Abstoßen für den notwendigen Pendler gestattet, um die Seilschlinge zu erreichen. Diese ist natürlich wieder unbrauchbar und außer einem dürftigen Stand für einen Fuß der Fels überhängend. Zuerst schlage ich einen zweiten Haken, an dem ich mich mit der Reepschnur sichere, dann rufe ich den Freund zum Nachkommen. Er seilt sich sofort zu mir ab.

Für beide ist der Platz zu klein. Der Freund steht mit seinem Fuß auf dem meinen und hält sich an meiner Selbstsicherung, bis ich die Seile abgezogen und neu eingefädelt habe. An Stelle der Abseilschlinge tritt wiederum ein Karabiner. Rasch verbinde ich die beiden Seilenden, dann fährt Erich, befreit aufatmend, hinunter. Die Seile laufen unter uns über einen Wulst ins Leere, und wir können ihre Enden nicht sehen.

Bald entschwindet der Freund meinen Blicken. Leicht federt der Haken, an dem er zur Tiefe fährt. Plötzlich ein: „Hallo! Die Seile sind noch zu kurz!"

Ein lähmender Schreck durchfährt meine Glieder. Ich beuge mich weit hinaus und sehe den Freund dreißig Meter tiefer, vom Wind leicht bewegt und gleich einem Kreisel sich drehend. Die Scharte, von den beiderseits aufstrebenden Kanten begrenzt, etwa sechs bis sieben Meter lang, bildet einen Reitgrat. Sie liegt gute drei Meter unter ihm und ebensoviel aus der Fallinie. Von der Scharte stürzt eine Steilschlucht etwa zweihundert Meter tief ins Kar ab. Ein Verhängnis?...

Unsere Lage ist sehr ernst, eine Befreiung im ersten Augenblick ziemlich aussichtslos. Dabei gibt es kein langes Denken, sondern rasches Handeln. Wir denken an eine Seilverlängerung als dem Naheliegendsten, doch wie soll dies geschehen? Ich selbst habe eine Sicherungsschlinge, an der ich hänge, eine Hammerschnur und eine dünne Brustschlinge, in welcher die Karabiner hängen, Erich hat dasselbe. Die Schnüre sind alle nur fünf bis sechs Millimeter stark, also für eine Abseilverlängerung sehr fraglich. Es vergehen lange, bange Minuten. Der Freund hängt stöhnend im Endknoten, ich im schlechten Stand, der Rückzug ist abgeschnitten, der Weiterweg scheinbar zu Ende. Ein heller Blitzstrahl durchreißt die schwarze Wolkenbank über uns, und dröhnend fährt ein Donnerschlag nieder, daß alle die kühnen Türme und Zacken erzittern. Einzelne schwere Regentropfen klatschen auf unsere Köpfe.

Es muß rasch eine Entscheidung herbeigeführt werden. Ich rate Erich, er soll sich mit Schnüren an einem Seil festbinden, den Verbindungsknoten der Seile lösen, worauf ich ihn an einem Seil zur Scharte hinunterlassen könnte. Doch er traut mir dieses Manöver nicht zu und versucht durch Schwingen zum Fels zu kommen. Er erbittet meine Mithilfe zum Schwingen, doch diese ist sehr gering. Nach Minuten vergeblicher Versuche geben wir dieses Manöver als aussichtslos auf. Der Freund stöhnt unten, seine Kraft scheint zu erlahmen, tief schneiden die Seile in seinen Körper ein, er ringt um Luft. Er ruft zu mir hinauf, ich möge ihm alle Schnüre und Schlingen hinunterlassen, vielleicht langt's bis zur Scharte. Bis auf die Selbstsicherung lasse ich alles am Seil hinuntergleiten, wobei der Wulst unterhalb, an dem sich alles verklemmt, große Schwierigkeiten bereitet; die Schnüre sind kaum drüber hinwegzubringen. Wieder vergeht eine lange Zeit, bis Erich unter Aufwand seiner letzten Kräfte das Schnürlwerk zusammengestückelt hat. „Noch um einen Meter zu kurz!" ruft er. Ich löse meine Selbstsicherung und lasse ihm auch die hinunter. Nun habe ich nur noch meine linke Hand frei, die rechte verkrampft sich im Karabiner, es ist mein einziger Halt, die beste Sicherung, die mir möglich ist. Aber dann sind die Schnüre noch einmal zu kurz, worauf ich als letztes meinen Hosenriemen hinunterschicke. Als nun endlich die Verbindung zum Fels hergestellt ist, wagt Erich dieses fragliche Abseilmanöver wegen der dünnen Schnüre nicht. Er wickelt sich alle Schnüre um den Körper und stöhnt: „Ich kann nicht mehr!" – sinkt kopfüber zurück, läßt seine schlaffen Hände vom Körper hängen und rastet in dieser Lage aus. Ich fahre mit der freien Hand in den Karabiner, um die schwer beanspruchte Rechte, die schon lange Zeit den abgedrängten Körper halten muß, zu entlasten. Der rechte Fuß ist vollkommen gefühllos, ohne Halt zu finden, scharrt der eine über das glatte Gestein. Mehr und mehr spüre ich die Kraft in mir erlahmen...

Noch einmal rufe ich Erich zu, sich doch an einem Seilende hinunterzulassen. Entschlossen reißt er sich zur Höhe, sitzt nun in einer Schlinge, die schon unterhalb des Seilverbindungsknotens ist, bindet die Hammerschnur in Prusikschlingenart an einem Seil fest und wickelt sie dann mehrmals um die rechte Hand. Dann versucht er den Verbindungsknoten zu öffnen. Doch der hat sich festgezogen, und an ein Lösen ist nicht zu denken. „Seil abschneiden!" rufe ich. „Habe kein Messer!" kommt es zurück. Rasch wickle ich mein Messer ins Taschentuch und lasse beides mit einem Karabiner am Seil hinuntergleiten.

„Wenn ich rufe, mußt mich schnell hinunterlassen", sagt er, „ich hänge nach dem Abschneiden nur an einem Arm!" Noch einige Sekunden, dann ruft er: „Schnell hinunterlassen!" und – o Schreck, er hat das falsche Seil abgeschnitten... Mein Verbindungsknoten müßte nun durch den Karabiner durch, was jedoch unmöglich ist. Jetzt geht's ums Ganze: Rasch entschlossen, packe ich das gespannte Seil so tief wie möglich, ziehe den Freund vielleicht einen halben Meter hoch,

▶ *Links Cima Eötvös mit dem davor aufragenden Campanile Dülfer, rechts Gemelli mit Südkante und Südostwand.*
◀◀ *Tiefblick in der letzten Seillänge der Südkante.*
◀ *Abseilen vom Campanile Dülfer.*

wickle den freien Fuß einige Male um das gewonnene Seil und hänge den Knoten am Karabiner um. Dann läuft das belastete Seil langsam und gleichmäßig durch den Karabiner, einige Meter, – unendlich lange dünken mich diese Sekunden stärkster Beanspruchung... ich spüre die Entlastung, der Freund hat Boden gewonnen, ist gerettet.
Mein Körper zittert von der Anstrengung der letzten Minuten, die Finger widersprechen meinem festen Willen und drohen sich zu öffnen, einen Augenblick wird mir schwarz vor den Augen, ich fühle das nahe Ende. Krampfhaft fahre ich mit der linken Hand in die Seile, zitternd presse ich mich an den Fels, alles auf eines konzentriert: Nur jetzt nicht stürzen! Als ich mich nach und nach wieder erhole, gehe ich in Seilsitz und fahre, ohne zu überlegen, wie ich den Boden erreichen werde, im Seilsitz hinunter. Eines ist mir bewußt, es muß schnell gehen, meine Kraftreserven sind verbraucht. Unten angekommen, versucht Erich, mich mit den Schnüren zur Scharte zu ziehen. Doch es gelingt ihm nicht, und ohne zu überlegen, seile ich mich an den Verlängerungsschnüren ab. Fürwahr ein sehr eigenartiges Gefühl, diese dünnen Schnüre und Riemen mit Knöpfen und Schnallen über den Körper laufen zu sehen und das Reißen derselben abzuwarten. Doch auch das geht gut vorüber, bald packt mich der Freund bei den Füßen, und wir sind beide auf der Scharte.
(Aus: Wastl Mariner, Die mangelhafte Routenbeschreibung, in: Walter Pause, Der Tod als Seilgefährte, München 1977)

Erstbegehung: H. Dülfer, W. v. Bernuth, 1913.
Schwierigkeit: V+ (1 Stelle, wenn frei geklettert; sonst IV+ / A 0) und V– (in 1 Seillänge), meist IV und III. Abstieg luftiges Abseilen (je 45 m!) und Abklettern bis III.

Höhenunterschiede: Rif. Città Carpi – Wandfuß 300 mH, Kante 280 mH, Abstieg 200 mH bis Kar, dazu 400 mH bis Hütte.
Zeiten: Zustieg 1 Std., Kante 3 Std., Abstieg 2 Std. bis Kar.
Ausquermöglichkeiten: Wenig einladend.
Material: Mindestens 45-Meter-Seile (besser 50 m), Sortiment Klemmkeile und Bandschlingen, 10–12 Karabiner.
Routenbeschreibung: AVF Sextener Dolomiten R 3171 (Skizze), 3172 A.
Weitere lohnende Routen: Übergang zur Cima Eötvös; Gemelli-Südkante.

Einladung zum Horror

In meiner alpinistischen Anfängerzeit, als sich meine Begeisterung noch überwiegend im Verschlingen alpiner Literatur äußerte, hatte sich mir Wastl Mariners Schilderung seines Abseilabenteuers lebhaft eingeprägt. Solche Horrorgeschichten, besonders wenn sie obendrein mit „Folgen einer mangelhaften Routenbeschreibung“ betitelt sind, verpflichten natürlich den zuständigen Kletterführerautor, den Ort der Handlung selbst aufzusuchen und sich ein eigenes Urteil zu bilden.
Als ich dazu kam, da waren die Tage schon kurz und die Lärchen gelb. In der milden Oktobersonne stiegen wir am bereits winterfest verschlossenen Rifugio Carpi vorbei der schlanken Kante entge-

◄ ***Im mittleren Teil der Südkante des Campanile Dülfer, in der kleinen Verschneidung, die zur Schulter führt.***

gen. Es war *die* Linie auf der gesamten Südseite des Massivs, die sich der Dülfer da ausgesucht hatte.
Erst kurz vor Mittag griffen wir mit nochmals reduziertem Gepäck in den Fels. Die Sonne streichelte unsere Hände und Gesichter und schenkte mit ihrer Lichtfülle eine Illusion von Wärme. Aber in jedem schattigen Winkel lauerte empfindliche Kühle auf die vorwitzigen Kletterer, die sich jetzt noch hier oben herumtrieben. Schon bald forderte eine kleingriffige Verschneidung präzises Steigen. Verführerisch steckte ein Haken genau dort, wo die Haltepunkte besonders mager wurden, ließ sich dann aber doch auslassen. Eine gestufte Rampe. Ein ungemein luftiger Stand direkt an der Kantenschneide. Eine gutgriffige Wand. Ein ruppig aussehender Hangelriß mit überraschend gemütlichen Griffen. Eine Henkeltraverse. Eine Kletterhimmelwunderverschneidung. Pure Genußkletterei.
Sobald wir einmal in die schattige Seite gerieten, klapperten wir rasch vor Kälte, in der Sonne tauten wir wieder auf. Zuletzt ging es steil und luftig direkt an der Kante empor. Der Fels legte sich zurück. Wir waren am Gipfel.
Ich hatte gewußt, daß der Abstieg nicht einfach sein würde, wenn ich auch trotz der alten Schauergeschichte recht gelassen an die Suppe dachte, die so heiß nun auch wieder nicht gegessen wird. Aber die Wirklichkeit übertraf doch die Erwartung, besonders was die Länge des Sockels anging. Und in drei Stunden würde die Nacht hereinbrechen und lange dauern. Die schon beim Heraufsteigen im Unterbewußtsein grummelnde Vorahnung von Komplikationen hatte nicht getäuscht.
Susanne fiel die Aufgabe zu, die erste Abseilstelle zu suchen. Sie tauchte in den Schatten. „Das ist aber tief!" und „Da ist nichts!" – „Da muß etwas sein!" Tatsächlich fand sich etwas seitlich das erwartete Bündel Schlingen. Sie waren alt und vergammelt und hatten wohl schon manchen Sommer gesehen. Ich opferte eine neue Schlinge. Es würde ein teurer Abstieg, wenn das so weiterginge. Aber der Blick hinab ließ dem Geiz keine Chance.
Die Herren Berti empfehlen dringend, und unter Androhung schlimmer Folgen bei Nichtbeachtung, zuerst nur zehn Meter schräg abzuseilen und dann gleich wieder Stand zu beziehen. Dieser Rat schien vor Ort sehr plausibel, denn die Endknoten unserer Fünfundvierzigmeterseile baumelten unten im Leeren weit neben der Scharte. Ich erlaubte mir, diesmal als erster abzuseilen und ging nach einigen Metern auf Seilzug nach rechts. Dort kam an überhängender Wand eine Leiste in Sicht. Aus zwei Uralthaken quollen bleiche Schlinglein zu einem etwas weniger alten Profilhaken, der hinter einer abgesprengten Schuppe steckte. Etwas Adrenalin im Blut mag ja ganz schön sein, aber mir mißfällt eine Überdosis. Von diesem Schrott würde ich nicht abseilen.
Ich ließ die Seile um meinen Körper geschlungen und hakte mich an dem Schlingenbündel fest. Daraufhin brach einer der beiden Uralthaken ab. Er war durchgerostet. Die abgesprengte Schuppe schepperte hohl.
Ich versuchte, zusätzliche Verankerungen zu schaffen. Die Schuppe mit den Uralthaken war unbrauchbar, und die mit dem Profilhaken hätte jeder weitere Versuch demoliert. Mehr Risse waren nicht da. Dafür gab es Felslöcher. In einem brachte ich einen kleinen Klemmkeil unter, in einem anderen die Spitze eines Hakens. Als ich den mit einer Schlinge abbinden wollte, fiel er wieder heraus. Ich probierte weiter mit Haken. Die Zeit flog dahin, die Hakenspitzen wurden stumpfer und krumm. Ich ertappte mich bei dem Gedanken an das natürlich nicht mitgeschleppte Bohrzeug. Nach eineinhalb Stunden Bastelei versank endlich in einem weiter oben befindlichen Löchlein ein fingerlanger Haken bis zum Auge. Himmelsmusik.
Ich knotete neue Schlingen. Susanne kam herunter. Wir vermieden erfolgreich den sich anbahnenden Seilsalat, und sie entschwebte in Richtung auf die unverschämt schmale Scharte. Als das Seil zu Ende war, hing sie neben der Scharte in der Luft, drehte sich dabei und wurde laut. Ich riet ihr zu pendeln. Aber das ist gar nicht so einfach, wenn man sich nirgends abstoßen kann. Schließlich erwischte sie eine an einem Zacken modernde Seilschlinge und zog sich an Land. Ich folgte. Bei dem Gedanken an die Schnürbändchen der Herren Mariner und Seilgefährten wurde mir schwummerig und leicht ums Herz zugleich. Verglichen mit ihnen war es uns prächtig gegangen. Das Seilabziehen klappte wie geschmiert. Die Farben der sonnenbeschienenen Felsflächen spielten schon ins Gelb.
Wir trennten uns von weiteren Schlingen, seilten über Kamine und Schluchtsperren, landeten auf der Kanzel am Beginn der Querung. Es dämmerte.
Die Querung war gar nicht so leicht. Besonders nicht in der nun einsetzenden Dunkelheit. Wir sicherten und begannen wehmütige Betrachtungen über den am Einstieg deponierten Rucksack. Die Stirnlampe wäre jetzt praktisch gewesen. Und die eingesteckten Aludecken würden nur ein mäßiger Ersatz für den dort unten ruhenden Biwaksack sein.
Aber noch kämpften wir. Hinter jeder Ecke erwarteten wir den leichten Weg zum Wandfuß, und immer wieder grinste die nächste Wandstufe. Im Stockfinstern schrubbelten wir schließlich einen letzten überhängenden Kamin hinab, nahmen die letzte Stufe, begrüßten den Schutt der Rinne wie früher die Seefahrer den Strand nach langer Irrfahrt. Unter unkonventionell starkem Einsatz der Sitzflächen arbeiteten wir uns die Rinne hinab, ahnten den Fuß der Kante, fanden unseren Rucksack mit all den nützlichen Dingen. Das Biwak zogen wir vor, im Gehen zu absolvieren. Wir waren ausgelassen dabei.

Wege

Leitlinien.
Steigbahnen der geringsten Mühe.
Fließbahnen von Besucherströmen, oft mit bösen Eingriffen in die Natur gefräst. Aber zugleich konzentrieren sie die Belastung und machen sie für die Landschaft erträglicher.
Andere haben hier geplant und Hindernisse geräumt.
Man braucht nur zu folgen und ist frei für Ausblicke und Gedanken.

◀ *Der Weg zum Rifugio Berti zeigt deutlich, wie schlimm die Erosion an den Abschneidern angreift. Dabei hätte doch jeder, der auf dem Weg nicht ausgelastet ist, die Möglichkeit, im Laufschritt hinaufzueilen.*

Gipfelzeichen

„Hier war schon jemand", sollen sie sagen. Und es gibt allerhand Möglichkeiten, das auszudrücken.
Da ist an erster Stelle der Steinmann, bescheiden hingehäufelt wie etwa auf der Cima Bagni oder auf der Cima Cadin di San Lucano, oder auch kunstvoll gefügt und gleich in mehrfacher Ausfertigung wie auf der Hochbrunner Schneide.
In der Goldenen Zeit des Alpinismus steckten Flaschen auf den Gipfeln, mit den Visitenkarten der Besteiger. Dieser Brauch ist heute abgewandelt: Die Visitenkarten läßt man weg, dafür werden um so mehr Getränkebehälter gehäuft. Die Entdeckung, daß man diese auch wieder zu Tale tragen kann, soll zwar schon gemacht worden sein, zumal die Behälter leer weniger wiegen. Aber Bergsteigen ist ja sooo anstrengend...
Noch auffälligere Gipfelzeichen als die Müllhalden sind die Gipfelkreuze. Während die Größe der Müllhalde am Gipfel dessen Besucherzahlen recht zuverlässig spiegelt – siehe etwa Große Zinne – dokumentiert die Größe des Gipfelkreuzes die Finanzkraft der aufstellenden Körperschaft. Besonders die Geistlichkeit scheint hier ein weites Aufgabenfeld entdeckt zu haben, die letzten Steinhaufen zu missionieren und zugleich ihre Jugendgruppen zu beschäftigen. An Ursprünglichkeit gewinnen die Gipfel dadurch allerdings ebensowenig wie durch die Reste der Bergfeuer.
Damit Gipfelzeichen auch im Nach-Visitenkarten-Zeitalter Namen verkünden können, wurden die Gipfelbücher erfunden. Wenn man einen Gipfel ohne Gipfelbuch findet, dann ist man entweder auf einem Mugel oder auf einem richtig ursprünglichen Berg. Die Gipfelkreuze dienen übrigens nicht zuletzt der übersichtlichen Aufhängung des Gipfelbuches sowie – wenn das Buch weg ist – als Gipfelbuchersatz. Auch deshalb können sie gar nicht groß genug sein...
Das schönste Gipfelzeichen der Sextener Berge fand ich auf dem Birkenschartlturm: einen kleinen, uralten Steinmann, der ganz mit gelben und grauen Flechten überzogen war. Und es lag keinerlei Müll daneben.

Arzalpenkopf, 2371 m
Ostwand

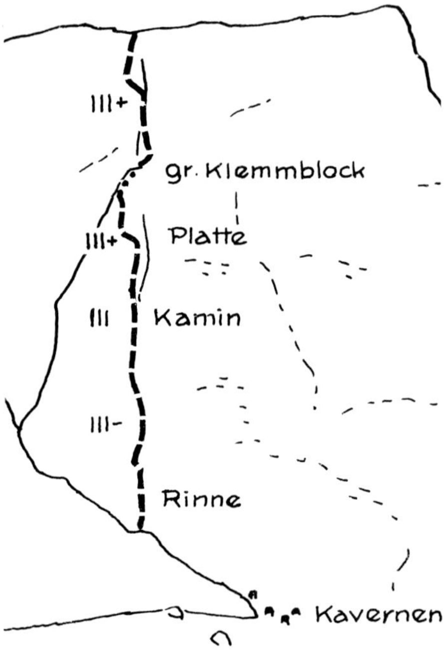

Ein Zustieg über üppige Wiesen, eine Route in festem Fels, dazu ein leichter Abstieg – insgesamt eine hübsche, genußvolle Unternehmung. Es empfiehlt sich allerdings, genau auf der Route zu bleiben, weil die seitlichen Wandpartien teilweise mit Grasschrofen durchsetzt sind.

Erstbegehung: M. Happacher solo, 1964 (zumindest im oberen Teil), im unteren Teil vermutlich erst R. und A. Goedeke, T. Handzsuj, 1983.
Schwierigkeit: III+ (in mehreren Seillängen), meist III und II.
Höhenunterschiede: Kreuzbergpaß – Einstieg 350 mH (vom Rif. Berti 150 mH), Wand 300 mH, Abstieg 400 mH bis Rif. Berti (zum Kreuzbergpaß zusätzlich 150 mH Gegenanstieg).
Zeiten: Zustieg vom Paß 1 Std. (vom Rif. Berti ¾ Std.), Wand 2–3 Std., Abstieg ½ Std. bis Rif. Berti (1¼ Std. bis Kreuzbergpaß).
Material: Mindestens 40- (besser 45-Meter-Seil), Sortiment Klemmkeile und Bandschlingen, 8 Karabiner.
Beschreibung: AVF Sextener Dolomiten R 1813 (Skizze im Anhang), 1811A.

Umkehr zum Leben

Der erste Urlaubstag im Juni 1983, strahlend schön, mit Nordwind und Morgenkühle. Wir steigen über die Wiesen des Schuß. Die Hektik der letzten Zeit ist noch nicht richtig von mir abgefallen. Das Violett der Glockenblumen erinnert an die lila Halstücher des Kirchentages vor einer Woche. „Umkehr zum Leben" stand drauf, und „Die Zeit ist reif für ein Nein ohne jedes Ja zu Massenvernichtungswaffen". Für Dagmar und Thomas hat das Wochenende das Erlebnis einer großen Gemeinschaft von Gleichgesinnten gebracht, für mich gleichzeitig das Erlebnis eines Saales voller Feindseligkeit, weil ich gewagt hatte, das von Dagmar mitgebrachte Tuch als Hauptausschußmitglied bei der Hauptversammlung des Deutschen Alpenvereins zu tragen. In diesem Verein, den ich für sinnvoll halte, in dem ich viele Freunde habe und für den ich nun schon seit zwanzig Jahren eine Menge Freizeit hergebe, ist die Zeit offenbar noch nicht reif für die Einsicht in die Dringlichkeit solcher Forderungen. Wann wird endlich auch dort begriffen, daß das Wettrüsten uns noch radikaler bedroht als der endlich nicht mehr verharmloste saure Regen?

Immer noch nicht verarbeitet habe ich das haßverzerrte Gesicht des mich anspuckenden alten Mannes. Fühlte er sich von der verhaltenen Aussage des lila Tuches in der scheinbaren Sicherheit des Abschreckungsdenkens persönlich bedroht? Macht ihn die Angst vor einem als Gegner verteufelten Volk blind dafür, daß immer präzisere und schnellere Waffen auch immer wahrscheinlicher machen, daß selbst ohne Absicht schon durch ganz banale Zufälle der große Krieg ausgelöst werden kann?

Der Morgen ist so schön, die unerquickliche Szene erscheint so absurd wie die Welt der Vernichtungsmaschinen überhaupt. Aber auch diese vordergründig friedliche Wiesenkuppe trägt mit ihren verfallenen Schützengräben die Spuren des Krieges ebenso wie der Sockel des Arzalpenkopfes mit seinen erschreckend gut erhaltenen Geschützbunkern und Schießscharten. Von dort herab sollte der Paß beschossen werden können, genauso wie man heute von den Raketenbasen aus Städte zu Staub verwandeln kann. Was für eine Steigerung der Zerstörungskräfte, möglich gemacht durch abstrakte, scheinbar vernünftige Kalkulationen und viel fleißige Arbeit, hinter deren technischen Details die Auswirkungen auf alles Lebendige vergessen werden. Der Gedanke, daß auch diese Berg und Täler in einem Flammenmeer oder unter giftigem Fall-Out in kurzer Zeit für immer zu einer lebensfeindlichen Wüste würden, daß sich dann niemand mehr an all dem freuen könnte, daß solche Zerstörung erst durch Menschen möglich gemacht wird, und daß sich trotzdem immer noch nicht alle Menschen spontan dagegen auflehnen, ist schwer auszuhalten.

Vor den Bunkern trennen sich unsere Wege. Tuttu und Dagmar gehen den Steig zum Rifugio Berti, Astrid und Thomas folgen mir zur Wand. Für Astrid ist es die erste größere Alpenkletterei, für Thomas die erste Bergtour überhaupt. Was für ein Unterschied zu damals, als ich mit angelesenem und aufgeschnapptem Halbwissen nach der Methode Versuch und Irrtum die ersten Kletterwege anging.

Das Steigen beginnt, Wegsuche, Griffeprüfen, Sicherungen legen. Die Anforderungen des Augenblicks drängen die deprimierenden Gedanken aus dem Bewußtsein. Die ersten Seillängen in dem Rinnen- und Kaminsystem sind rasch gestiegen. Der Happacher Much hatte geschwärmt von dem Fels hier, und eigentlich hat er nicht zu viel versprochen. Meine vom Klettergarten verwöhnten Begleiter mäkeln allerdings, daß noch etwas Schutt herumliegt. Aber es ist eben eine Wand im Urzustand.

Am Standplatz klingen die Eindrücke der Seillänge nach, färben das Bewußtsein. Die Schützengräben unten auf der Wiesenkuppe sehe ich jetzt von hier oben aus als ein verspieltes Muster, ein Stück „Land-Art".

Einmal schicke ich Astrid voraus. Sie steigt ruhig die Rinne hoch, führt das Seil überlegt, vermeidet sorgfältig, die herumliegenden Steine zu lösen. Ich bin richtig stolz, wie meine Tochter das macht.

Weiter oben gibt es einen Zwischenfall. Mitten in einer ausgesetzten Plattenquerung kriegt Astrid ein Gesteinskrümelchen ins Auge und unter ihre Kontaktlinse. Auch Tränen waschen den Anlaß der Schmerzen nicht weg. Blind klettern mag sie nicht, das Etui mit den Reinigungsutensilien muß her. Das aber steckt zwanzig Meter höher in meinem Rucksack. Thomas rettet die Situation, indem er heraufsteigt, den Rucksack holt und Astrid dann assistiert, damit die kostbare Linse nicht hinabfällt. Die ganze Veranstaltung findet auf mageren Tritten in luftiger Wand statt. Improvisation und Zusammenarbeit lösen schließlich das ungewöhnliche Problem, und wir freuen uns darüber.

Rampferei in einem tiefen Kamin leitet weiter. Ein Durchblick unter dem riesigen Klemmblock inspiriert mich zu einem Foto. Thomas wird in die wirkungsvollste Position auf einer Felsschuppe dirigiert, von der dann auch prompt ein Stück abbricht. Die Sicherung ist zwar gut und die Sturzbahn des Blockes unbevölkert, aber Thomas schlottern hinterher doch etwas die Knie.

In der herrlichen Schlußwand ergreift mein Gefolge dafür an einem unbequemen Stand die Gelegenheit zu einem gewaltigen Makramee aus sechzig Metern Seil, während ich kurz vor einem gutem Zacken warten darf.

Mit dem Schritt auf den Grat liegt vor uns das gewaltige Panorama des Vallon Popèra, mit wuchtigen, firnbesetzten Graten, Wänden, Türmen – und als Kontrast zu unseren Füßen die kleine Welt eines Murmeltierbaues.

Das Erlebnis des Zusammenspiels und die wichtig unwichtigen Ereignisse während der Kletterei, der grandiose Rundblick, der Abstieg ins Grün des Tales, der Heißhunger und der Tiefschlaf danach sind pralles Leben.

Und was ist schon mehr wert als Freude am Leben, aus der immer neu der Wille zum Leben wächst?

War Leben nicht schon immer gefährdetes Leben, gelebt im Augenblick?

Monte Zovo, 1711 m

Der Monte Zovo liegt vor den letzten Felsgipfeln des Südostkammes.

Schwierigkeit: 0,0.
Höhenunterschiede: Von der Straße oberhalb des Lago Santa Anna (südlich des Passo Zovo = Passo di San Antonio) 300 mH.
Zeit: 1 Std. Aufstieg von der Straße.
Material: Wanderkarte Sexten und Umgebung, 1:25 000.

Der Wiesenberg

Ein Hohlweg zwischen lichtem Fichtenwald und blütenübersäten Wiesen. Auf einem Plateau uralte, verwitterte Heustadel. Steilere Hänge, Graslilien, Enziane, Habichtskräuter, Glockenblumen, Grasrispen, darüber gemütlich brummelnde Hummeln und hauchzarte Schmetterlinge.
Hier haben Menschen gelebt und gearbeitet, Tag für Tag. Es war Knochenarbeit. Und sie haben über der Gewöhnung und Erschöpfung vielleicht gar nicht viel von der Schönheit dieses Berges bemerkt. Als sie andere Verdienstmöglichkeiten im Tal fanden, haben sie diese hier aufgegeben. Seit fünfzehn Jahren werden die Wiesen nicht mehr beweidet. Auf der Gipfelkuppe kommen stellenweise sogar junge Fichten auf.

Nein, keine Felsen heute. Der Monte Zovo ist nur ein Wiesenberg. Wir haben ihn ausgewählt, weil wir eine kleine Familientour mit Blümchen machen wollten.
Aber ganz plötzlich wird mir bewußt, daß so etwas auch für mich selbst wichtig ist, genauso wie das Erkunden und Schreiben von Wanderführern für mich eine wichtige Erfahrung war. Denn wenn ich auch eben noch mit Vergnügen über schwierigen Fels steigen kann, so wird doch irgendwann der Tag kommen, an dem die Leistungsfähigkeit schwindet. Ich möchte dann nicht nur aus der Erinnerung leben, sondern offene Horizonte behalten, Wünsche und Ziele haben, auf die ich mich freuen kann. Auch im Gebirge.
Deshalb begreife ich es als sinnvoll, auch die einfachen Freuden bewußt zu genießen. Die leichten Klettereien. Das Wandern. Das Weitergeben von Erfahrungen.
Es ist wie das Legen eines guten Klemmkeils vor einer schwierigen Kletterstelle, als Absicherung gegen den Sturz ins Bodenlose.
Die Besteigung dieses Wiesenberges ist so gesehen ein zukunftsträchtiges Unternehmen, weil sie mir helfen kann, gelassen älter zu werden.
Ganz das Hier und Jetzt auskostend suchte ich uns den günstigsten Weg hinab durch das Gestrüpp eines überwucherten Tälchens.

Campanile II di Popèra, 2657 m
Normalweg

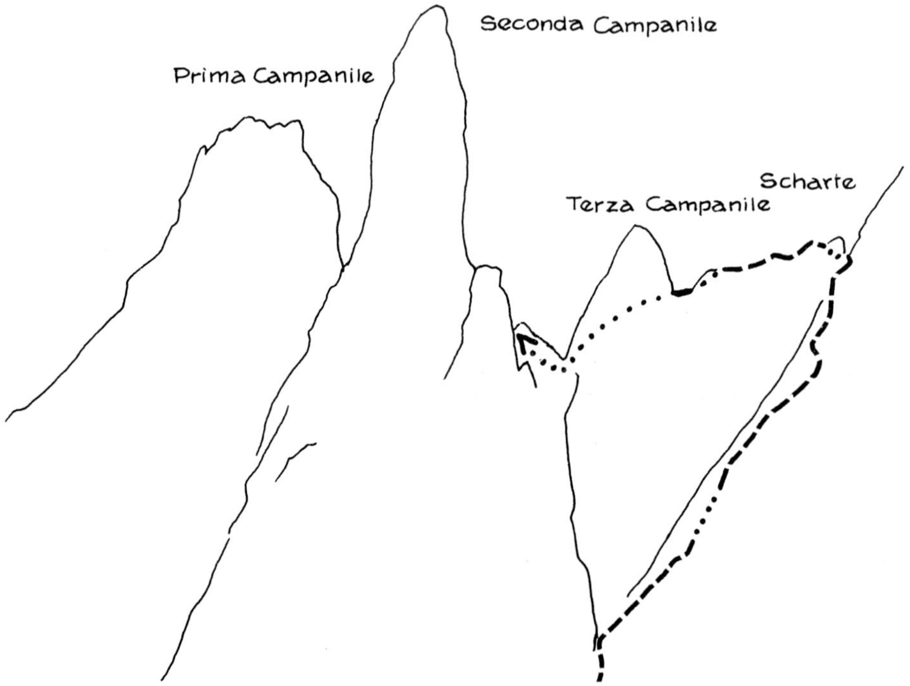

Atemberaubend kühn sieht der Campanile aus, wenn man ihn vom Vallon Popèra aus erblickt. Dabei ist dieser Anblick pures Imponiergehabe, fast Hochstapelei. Denn wer den von unten so unnahbar scheinenden Gipfelturm in den griffigen Rinnen der Rückseite emporsteigt, wundert sich, wie einfach er sich ergibt. Das Hochschleppen der am Gipfel angebrachten Glocke und ihres Gestells muß trotzdem eine Tiererei gewesen sein.

Erstbesteigung: L. Tarra, D. Cappari, 27. August 1914.

Schwierigkeit: III (5 m), sonst II. Im Abstieg 1 Abseilstelle.

Höhenunterschiede: Rif. Berti – Wandfuß 500 mH, Normalweg 250 mH (Kletterstrecke etwa 400 m).
Zeiten: Zustieg 1–1½ Std., Normalweg 2–3 Std., Abstieg 2–3 Std.
Ausquermöglichkeiten: Keine.
Ausrüstung: Seil, einige Bandschlingen und Klemmkeile, 6 Karabiner.
Routenbeschreibung: AVF Sextener Dolomiten R 2301, 2301 A.
Weitere lohnende Anstiege: Nordostwand.

Warum so zufrieden?

Regentage, obendrein ein verheerender Wetterbericht – und dann frühmorgens überraschend ein vom Nordwind blankgeputzter Himmel.
Tuttu, Astrid und Thomas wollen mit. Bruno gibt noch ein paar Tips. Schließlich ist der Secondo Campanile sein Lieblingsberg. So rasch es geht, brechen wir auf. Mal sehen, wie weit uns das Wetter kommen läßt.
Schon nach einer Stunde sind wir am Einstieg. Aber damit hat das zügige Aufsteigen ein Ende. Eine Viererseilschaft ist nun einmal nicht schnell, zumindest nicht unsere. Wir sichern der mangelnden Routine wegen auch im leichten Gelände. Und in der dritten Seillänge gibt es eine Erste-Hilfe-Übung als Einlage, um eine Steinschlagschmarre auf Tuttus Stirn zu verpflastern.
Nach der Steilwand öffnet sich der Blick nach Süden, zum Cengia Gabriella, zur Marmarole, zum Sorapis, weckt Erinnerungen und neue Wünsche. Sie kommen genauso reflexartig, wie die Rauhigkeit des Gesteins unter Fingern und Sohlen, das Spiel der Farben auf Fels und Wolken, der Windhauch und das Kollern eines Steins Erinnerungen anstoßen und die Stimmung anderer Tage im Gebirge wieder lebendig machen.
Das Wetter spielt mit. Wir ranken uns um den Terzo Campanile herum, folgen

der Rampe hinauf zur oberen Scharte und der Kaminrinne zum Gipfel.
Es ist ein herrlicher Tag.
Wir sind zufrieden.

Die Wochen seit Ferienbeginn sind rasch vergangen. Der Abstand zu den Alltagsproblemen klafft weit. Und der Wahnwitz der Rüstung und der Raketendiskussion ist gar nicht mehr richtig faßbar - wenn er es jemals war.
Ist es nicht gefährlich, so auszusteigen, die anderen ungestört die Entscheidungen fällen zu lassen? Sie auch tun zu lassen, was wir nicht wollen, was vielleicht sogar gegen unsere eigenen Lebensinteressen geht? Bleibt das nicht immer das Problem, wenn wir glücklich sind? Glück kann den Horizont schrumpfen lassen.
Aber Glück wird ohnehin schal, wenn wir es ständig haben und festhalten wollen.
Darum lebe der Kontrast!
Nach den Ferien werde ich wieder in der Schule stehen und einem Schwarm quirliger Achtkläßler die englische Sprache und zwei trägeren Sekundarstufekursen die Grundbegriffe der Ökologie nahezubringen suchen. Und mich mit politischen Freunden und Gegnern darüber streiten, wie wir am raschesten und wirksamsten eine Rauchgasreinigung in das Kraftwerk unserer Stadt kriegen, damit es nicht die Bronchien von Kindern und die Bäume kaputtmacht. Und daß alle jungen Menschen Lehrstellen und Arbeitsplätze bekommen und nicht gegen ihren Willen zu Aussteigern gemacht werden.
Und ich werde all das gern tun.
Jetzt aber sind wir hier und genießen den Tag.
Und ich kann den Tag hier auf dem Campanile deshalb mit gutem Gewissen genießen, weil ich weiß, daß ich bald auch wieder die Aufgaben zu Hause in Beruf und Politik anpacken werde.

Eigentlich nur deshalb.

Aus einer anderen Perspektive

▶ *Blick von der Forcella A über das Ostkar zum Nordgipfel der Rotwand.*

Als ich meinen Mann vor 18 Jahren heiratete, wußte ich, ich heirate die Berge mit. Fünf Jahre gemeinsamer und getrennter Kletterfahrten lagen bis zu dem Tag hinter uns. Zuerst war ich glücklich gewesen, für meine eigene Bergbegeisterung einen Seilersten gefunden zu haben. Alle Touren – zunächst im Klettergarten – wollte ich nachsteigen. Gemeinsames Erleben stand als leuchtender Stern vor mir. Doch dann kam das Erwachen. Die Grenzen meiner psychischen und physischen Konstitution zeigten sich sehr rasch. Richard fuhr also allein ins Gebirge. Und damit kam die Angst, das sehnsüchtige Warten auf Post. Im gleichen Augenblick, wenn das Lebenszeichen kam, das Bewußtsein: „Alles veraltet". Und dann die jähe Panik beim Eintreffen eines Telegramms – Telegramme kannte ich nur als Katastrophenmeldung – „Komme nach Haus".

Diese Ängste wuchsen in unseren ersten gemeinsamen Jahren von Urlaub zu Urlaub und gipfelten stets in dem Gedanken: Wenn du dabei wärest – bloß als Bodenpersonal – wüßtest du, was Sache ist. Aber dieser Gedanke war, als er Realität wurde, auch nicht der Weisheit letzter Schluß. Gut, ich wußte, welche Tour an der Reihe war, las auch die Routenbeschreibung, kannte Einstiegszeit und ungefähre Rückkehrzeit, sah das Wetter. Doch was hilft Wissen gegen Gefühle! Was für Bocksprünge können menschliches Hirn und Herz machen, wenn man einen ganzen Tag vorm Zelt sitzt, auf eine Wand starrt, in der kein Kletterer auszumachen ist (trotz Wissen um die Routenführung), wo nur ab und zu Steine fallen, sonst nichts als knisternde Stille – wenn sich plötzlich verdächtige Wolkentürme aufbauen oder Regen einsetzt – wenn die Zeit der geplanten Rückkehr lang überschritten ist, die Nacht kommt und kein Lebenszeichen! Wenn dann doch endlich das wie Musik klingende Geklimper der am Klettergurt baumelnden Karabiner sich näherte, brauchte ich meist lange, um wieder normal zu werden.

Ich probierte es wieder andersherum und blieb zu Haus. Bloß nichts sehen, bloß nichts wissen, Geborgenheit spüren in der häuslichen Umgebung, abgelenkt von den Kleinen. Und ich merkte, daß ich mich besser fühlte. Ich klammerte mich durch die Kinder nicht mehr so ausschließlich an meinen Mann. Ich hatte ein Äquivalent. In der Zeit habe ich Richard oft nicht verstanden, daß er die Berge dem Familienleben vorzog. Als sich dann beides wieder verbinden ließ, verstärkte sich der Groll, daß das schöne Wetter für Bergtouren mit Freunden genutzt wurde und wir – seine Familie – nur die Schlechtwettertage bekamen. Ich glaube, diese Wut half mir damals über manche Angst hinweg. Mittlerweile sind die Kinder groß, die Jüngere macht inzwischen selbst Touren mit ihrem Vater. Auch ich kann jetzt wieder ungebundener mit meinem Mann in Touren einsteigen. Ich weiß, daß ich keine leistungsgleiche Partnerin bin und daß wir die gemeinsamen Touren recht bewußt aussuchen müssen. Trotzdem genieße ich – und ich glaube auch er – unsere gemeinsamen Unternehmungen. Ich bin gelöst und vertraue blind auf seine alpinistischen Fähigkeiten und sein Vermögen, mich auf diesen oder jenen Gipfel zu bringen. Lediglich mein Horror vor Abstiegen verlangt von ihm oftmals seelsorgerische Beredsamkeit, um uns ein Biwak am Gipfel zu ersparen.

Damit sind aber die Gefühle, von denen ich zuvor erzählte, nicht aus der Welt geräumt. Ich kenne durchaus noch heftige Angst, besonders wenn Vater und Tochter unterwegs sind. Ebenso kann mich heute noch ein gewaltiger Zorn packen, wenn ich mich vor lauter Bergsteigerei oder Bergbeschreiberei oder anderen Ambitionen meines Mannes vernachlässigt glaube. Trotzdem haben diese Gefühle heute an Intensität verloren. Vielleicht, weil ich auch wieder mitgehen kann und wir unseren Kompromiß gefunden haben, verstehe ich Richard jetzt besser. Ich weiß, wie sehr er die Berge liebt, ich kann seine Empfindungen teilen. Sie sind die Quelle, aus der er lebt, aus der er zum großen Teil das ist, was er ist. Da ich ihn so behalten möchte, wie er ist, muß ich die Angst um ihn, wenn wir nicht gemeinsam unterwegs sind, ertragen. Aber die Angst hat heute andere Züge. Unsere Kinder werden allmählich selbständig und sind bereits so geprägt, daß sie ihr Rüstzeug fürs Leben haben. Sie brauchen uns nicht mehr so ausschließlich. Zum anderen bin ich selbständiger geworden. Ich bin wieder im Beruf, habe meinen eigenen, mir wichtigen Lebenskreis. Gedanken von finanzieller Angst und gesellschaftlicher Abhängigkeit, die damals bestimmt eine Rolle spielten, sind heute überwunden. Ebenso weiß ich nach all den Jahren, wie wenig Richard das Risiko liebt. Was nach all diesen Abstrichen von der Angst geblieben ist, ist die Sorge um den lieben Menschen, der sich ab und zu in Regionen begibt, in der Gefahren und Fehlleistungen nicht auszuschließen sind. Beispiele gibt es genug, und eine Reihe kann er selbst erzählen. Aber wo leben wir sicher?

Gertrud Goedeke

Alpinistische Fachausdrücke

Abseilen	=	Abstieg mit Hilfe eines doppelt genommenen, fixierten Seiles, das man hinterher von unten abzieht.
Abbindeschlingen	=	Knebelschlinge, die man um den Schaft eines nicht weit genug in den Fels eingedrungenen Hakens legt, damit er bei Belastung nicht durch die Hebelwirkung ausbricht.
Biwak	=	Übernachtung am Berg ohne Schutz von Hütte oder Zelt.
Biwaksack	=	große Plastikhülle, die beim Biwak als Wind- und Regenschutz dient.
Biwakschachtel	=	sehr kleine Hütte.
Bohrhaken	=	in ein künstlich geschaffenes Loch geschlagener Haken.
Direttissima	=	direkte Aufstiegslinie zum Gipfel.
Fifi	=	Metallhaken (mit Schnur zum Nachziehen), mit dem eine Leiter/Trittschlinge in einen Haken gehängt wird, siehe „Trittschlinge“, vgl. z.B. Foto S. 105.
Freikletterei	=	sportlich ideale Form des Kletterns, bei der zur Fortbewegung nur die natürlichen Felsvorsprünge, -löcher und -risse genutzt werden. Seil, Haken, Klemmkeile usw. werden dabei nur zur Sicherung verwendet.
Haken	=	Metallstift mit Öse (Hakenauge), der mit dem Hammer in Felsrisse oder -löcher geschlagen wird und der zur Sicherung oder auch als Fortbewegungshilfe benutzt werden kann.
Halbmastwurfsicherung	=	Methode der Seilsicherung über einen Karabiner, mit der ein Sturz des Kletternden elastisch abgefangen werden kann.
Kamin	=	Spalt im Fels, in den der Körper des Kletternden hineinpaßt und in dem man sich stemmend oder spreizend höherbewegt.
Karabiner	=	Schnappring, durch den zwischen Sicherungspunkten (Haken, Klemmkeilen) und Seil eine Verbindung hergestellt wird.
Klemmkeil	=	Konischer Metallkeil mit Draht- oder Perlonschlinge, der in Rissen entsprechender Breite verklemmt wird und in Klemmrichtung eine feste Verankerung bietet.
Klettersteig	=	it. „Via ferrata“; mit fixierten Drahtseilen, festen Leitern, künstlichen Tritten usw. erleichterte Route
Künstliche Kletterei	=	Kletterei unter Verwendung von Haken usw. als Griff oder Tritt, in längeren Passagen meist auch mit Trittschlingen
Leiter	=	siehe Trittschlinge
Piazriß	=	mit Gegendrucktechnik (anstrengend) zu erkletternder Riß
Prusikknoten	=	Klemmknoten, mit dessen Hilfe man am Seil aufsteigen („hochprusiken“) kann
Riß	=	Felsspalt von Finger- bis Schulterbreite (Fingerriß, Handriß, Schulterriß)
Scharte	=	Einsattelung in einem Grat oder zwischen zwei Zacken
Schrofen	=	geneigte, klettertechnisch leichte Felsen, die jedoch meist brüchig und deshalb gefährlich sind.
Sicherung	=	Kombination und Verankerung und Seilbremse, durch die ein möglicher Sturz des Kletternden abgefangen werden kann. Man unterscheidet die Standsicherung (= Verankerung des Sichernden) und die Zwischensicherungen (= Sicherungspunkte, die zwischen den Standplätzen für den Vorsteigenden die mögliche Fallhöhe verringern sollen).
Steigklemme	=	Klemmgerät, mit dem man am fixierten Seil aufsteigen kann (= Weiterentwicklung des Prusikknotens).
Trittschlinge	=	kurze (gebundene oder mit einigen festen Sprossen versehene) Leiter, die mit einem „Fifi“haken in ein Hakenauge o.ä. gehängt wird und künstliche Tritte bietet. Nach Überwindung der Kletterstelle kann der Fifi und damit die ganze Leiter mit der Fifischnur aus dem Hakenauge gezogen und nachgeholt werden.
Verschneidung	=	Felswinkel in der Form eines geöffneten Buches, oft mit einem Riß in seinem Grunde.

Bildverzeichnis

Hinweise für Kletterer

Es soll zwar niemandem hineingeredet werden, wenn er unbedingt für seine Bequemlichkeit Kopf und Kragen riskieren will. Der Autor empfiehlt jedoch, unabhängig von den unter „Ausrüstung" genannten Gegenständen, für alle in diesem Buch vorgestellten Anstiege (mit Ausnahme von Zinnenplateau, Monte Cengia und Monte Zovo) die folgende *Mindest*ausrüstung:

- Steinschlaghelm
- Überanorak
- 2 Alufolien (Rettungsdecken)
- Verbandspäckchen, Elastikbinde, Heftpflaster
- Klettergürtel (Sitz- und Brustgurt)
- 2 Reepschnüre (3,5 m lang, 5 mm ∅)
- 2 Bandschlingen (am besten Schlauchband 2 cm breit, 1,5 und 3 m lang, Enden mit Bandschlingenknoten verbunden oder vernäht)
- 4 Karabiner (mindestens einer davon mit großem Querschnitt und Schraubverschluß für Halbmastwurfsicherung und Klettersteige).

Wenn Haken zur Mitnahme empfohlen werden, heißt das immer auch Hammer. Die Sextener Dolomiten sind Hochgebirge. Wetterstürze können auch im Sommer Eis und Schnee bringen. Bei der Wahl der Kleidung sollte man dies berücksichtigen.

Die Routenskizzen und technischen Angaben in diesem Buch können nur eine ungefähre Vorstellung über Verlauf und Charakter der Anstiege vermitteln und sollen keine genauen Routenbeschreibungen ersetzen. Diese finden sich im nach den Richtlinien der UIAA bearbeiteten „Alpenvereinsführer Sextener Dolomiten" (verfaßt wie dieser Band von Richard Goedeke, erschienen im Bergverlag Rudolf Rother, München), dessen Randzahlen jeweils vermerkt sind.

Sachregister

▶ Tiefblick vom Ausstieg aus dem „Pfeiler der Morgensonne" zum Lago Nero. Von oben sieht in den Dolomiten selbst die schönste Genußkletterei aus wie ein Schuttfeld – ganz im Gegensatz zum verklärenden Rückblick in der Erinnerung, bei dem die Höhepunkte alle Widrigkeiten und Leiden überstrahlen...

Quellennachweis

Dieser Band enthält Textauszüge aus folgenden Veröffentlichungen:

Emilio Comici, Berge – Klettern. Ein Leben, eine Kunst. Hornung-Verlag Viktor Lang, München.

Walter Pause, Der Tod als Seilgefährte. Abdruck mit freundlicher Genehmigung des Autors.

Paul Grohmann, Wanderungen in den Dolomiten. Wien 1877.

Hanns Helversen, Zwei Erstlingstouren in den Sextener Dolomiten. In: Mittheilungen des Deutschen und Oesterreichischen Alpenvereins, Nr. 5, Wien 1891.

Paul Preuß, Kleinste Zinne (Sextener Dolomiten). I. Ersteigung und Überschreitung des der Kleinen Zinne (resp. Punta di Frida) östlich vorgelagerten Turmes. In: Mitteilungen des Deutschen und Österreichischen Alpenvereins, Nr. 20, München-Wien 1911.

Fritz Kasparek, Vom Peilstein zur Eiger-Nordwand. Verlag Das Bergland-Buch, Salzburg 1951.

Georg Böhm, Die Cadinspitzen bei Schluderbach. In: Zeitschrift des Deutschen und Oesterreichischen Alpenvereins, München 1879.

Die Abbildungen stammen von:

Reinold Leitner, Seite 67 und 166. Rudolf Rother, Seite 45. Alle übrigen Fotos sowie sämtliche Skizzen Archiv Goedeke.

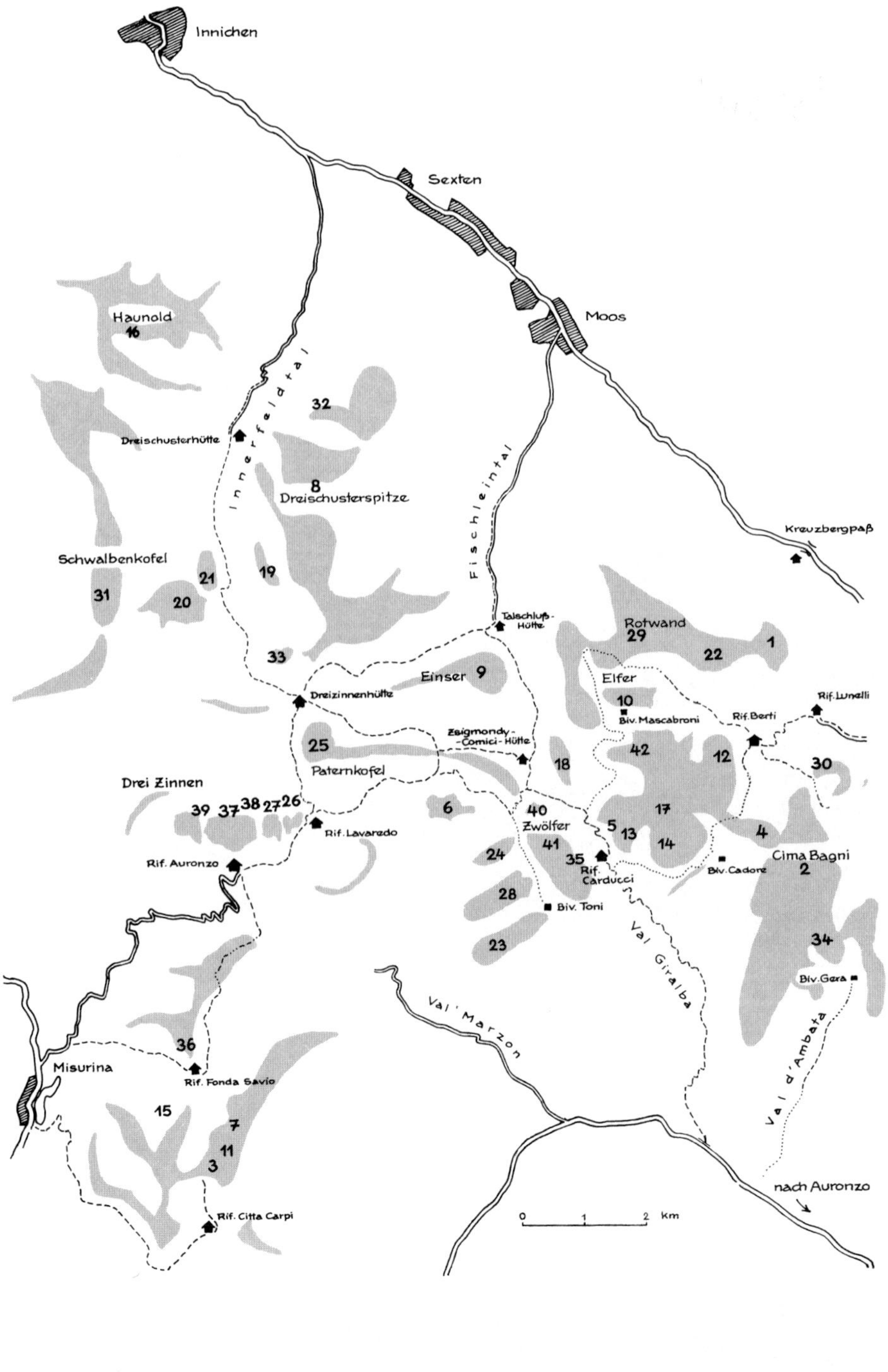

1 Arzalpenkopf
2 Cima Bagni
3 Campanile Dülfer
4 Campanili di Popèra
5 Campanile Rifugio Carducci
6 Monte Cengia
7 Cima Cadin di San Lucano
8 Dreischusterspitze
9 Einser
10 Elferkofel
11 Cima Eötvös
12 Fulmini di Popèra
13 Monte Giralba di Sopra
14 Monte Giralba di Sotto
15 Gobbo
16 Haunold
17 Hochbrunner Schneide
18 Hochleist
19 Innichbachernspitze
20 Morgenkofel
21 Morgenkofelturm
22 Neuner
23 Pala del Márden
24 Pala Val dei Toni
25 Paternkofel
26 Preußturm
27 Punta di Frida
28 Punta Grigia
29 Rotwand
30 Sasso di Selvapiana
31 Schwalbenkofel
32 Steinalpentürme
33 Toblinger Knoten
34 Torre Brunsviga
35 Torre Lago Nero
36 Torre Wundt
37 Große Zinne
38 Kleine Zinne
39 Westliche Zinne
40 Hoher Zwölfer
41 Mittlerer Zwölfer
42 Zsigmondygrat